WILL SCHUTZ

MUT ZUM SELBST

WILL SCHUTZ

MUT ZUM SELBST

Leben verändern
durch »Profound Simplicity«

Aus dem Amerikanischen
von Kurt Baudisch

nymphenburger

Titel der amerikanischen Originalausgabe:
Profound Simplicity

© 1979, 1982, 1988 by Will Schutz Associates.
Für die deutsche Ausgabe nymphenburger in der F. A. Herbig
Verlagsbuchhandlung GmbH, München 1994.
Alle Rechte, auch der photomechanischen Vervielfältigung
und des auszugsweisen Abdrucks, vorbehalten.
Schutzumschlag: Volkmar Schwengle, BuW Berlin
Satz: Schaber Satz- und Datentechnik, Wels
Gesetzt aus der 11/13 Punkt Optima in PostScript
Druck und Binden: Wiener Verlag, Himberg
Printed in Austria
ISBN 3-485-00715-3

Inhalt

Vorwort zur deutschen Ausgabe

Seit »Mut zum Selbst« vor fünfzehn Jahren zum ersten Mal erschien (das Buch wurde 1989 geringfügig überarbeitet), haben sich viele neue Entwicklungen ergeben. Schon immer ist das Aufspüren von sogenannten Trends eine sehr subjektive Angelegenheit. Aus einer Vielzahl von Ereignissen werden einige wenige ausgewählt, die gewisse Parallelitäten aufweisen. Und doch möchte ich auf einen solchen Trend hinweisen, der meines Erachtens in den verschiedensten Bereichen auszumachen ist und die Bedeutung hervorhebt, die den Themen dieses Buches zukommt.

Vor kurzem sagte Bill Moyers, ein sehr bekannter amerikanischer Journalist: »Die großen Religionen der Welt suchen tastend nach einer neuen Umwelt-Ethik, einer Ethik des sorgsamen Umgangs, nicht der Beherrschung der Natur, einer Ethik der Kooperation statt der Eroberung.« Warren Bennis, ein Beobachter neuer Trends im Unternehmensbereich, riet: »Gebt die Kommando- und Überwachungsmethoden der Vergangenheit zugunsten eines Arbeitsplatzes auf, der das Selbstwertgefühl, die Kreativität, den Dissens, die Eigeninitiative und die Teamarbeit der Beschäftigten fördert.« Diesen Bestrebungen entsprechen auch die gesellschaftlichen Trends zur Gleichstellung der Frau und zu einem partnerschaftlichen Miteinander.

»Mut zum Selbst« war ein früher Versuch, eine Lebensweise philosophisch zu untermauern, die die Möglichkeiten des Menschen voll ausschöpft. Im Laufe der Jahre bin ich immer mehr von der zentralen Bedeutung der Eckpfeiler dieses Konzepts überzeugt: Wahrheit, Selbstbestimmung, Selbstbewußtsein, Selbstachtung.

In den letzten fünfzehn Jahren habe ich ein praxisorientes Programm für Unternehmen und für den einzelnen entwickelt. Das Training – ein fünftägiger Lehrgang mit der Bezeichnung »The Human Element« – ist ein Versuch, die Ideen von »Mut zum Selbst« praktisch im Alltag und in der Arbeit anzuwenden. Die dort gemachten Erfahrungen bestärkten mich in der 1978 noch sehr theoretischen Auffassung, daß die sicherste und kostengünstigste Methode zur Gewinnsteigerung in einem Unternehmen die Steigerung des Selbstwertgefühls aller Beschäftigten ist. Ich bin davon überzeugt, daß dies ebenso für gesellschaftliche und politische Organisationen gilt. Die Steigerung des Selbstverständnisses erfordert keine neuen Ausgaben, kein neues Personal und keine hohen Kosten und bewirkt, daß jeder einzelne mehr leistet und jedes Team effektiver arbeitet. Die ganze Einstellung verändert sich, und die Menschen freuen sich auf ihre Arbeit. Das geschieht, weil die Menschen sich selbst in höherem Maße engagieren. In meinem Buch »Freude« definierte ich Freude als ein Gefühl, das ich habe, wenn ich die in mir angelegten Möglichkeiten voll entfalten kann. Damals verstand ich noch nicht genau, was das bedeutet, aber die Erfahrungen, die ich mit Menschen in der Praxis gesammelt habe, bestätigen die Richtigkeit dieser Auffassung.

Die Prinzipien von »Mut zum Selbst« habe ich nun auf sechs Kontinenten getestet, und zu meiner großen Überraschung und Freude stelle ich fest: Wenn Menschen entsprechend ihren Gefühlen und ihrer Selbstachtung mit sich und den anderen umgehen, verschwinden die ethnischen und nationalen Unterschiede. Ich hoffe, daß das auch für diese deutsche Ausgabe gilt.

Will Schutz
Juni 1994, Muir Beach, Kalifornien, USA

Prolog

»Es ist unglaublich. Ich habe noch nie jemanden kennengelernt, der so redet wie du.«

»Wir können uns alle eine kleine Weile unterhalten, wenn wir wollen.«

»Wirst du meine Fragen beantworten?«

»Mit Vergnügen.«

»Ich lebe schon sehr lange, und ich weiß nicht, warum. Wozu bin ich auf der Welt?«

»Alle Dinge, seien es Computer, Städte oder Blumen, sind dazu da, sich zu entfalten, zu dem zu werden, was sie sein können.«

»Das ist gewiß wunderbar, aber es gibt so viele Menschen, die mich daran hindern, so zu sein, wie ich sein möchte.«

»Du bist die einzige Person, die dich daran hindert. Die Entscheidungen, die du triffst, bestimmen das Leben, das du führst.«

»Meinst du, daß ich alles, was ich tue, selbst entscheide?«

»Ganz recht. Du bestimmst, was für ein Leben du führst.«

»Ich kann mich nicht entsinnen, daß ich mich bei vielen Dingen, die ich getan habe, frei entscheiden konnte. Sicherlich hätte ich manches nicht getan, wenn ich eine andere Wahl gehabt hätte.«

»Du hattest die Möglichkeit, das eine oder das andere zu tun. Du hast den Gedanken verdrängt, daß du selbst die Wahl treffen kannst. Du glaubtest, ihn nicht ertragen zu können.«

»Was du sagst, erschreckt mich. Sicherlich gibt es Grenzen für das, was ich zu entscheiden vermag. Ich denke, schließlich bin ich nicht ...«

»Grenzen existieren nur dann, wenn du glaubst, daß es sie gibt. In Wirklichkeit gibt es keine. Du kannst alles sein, was du möchtest. Und du bist nicht dazu verpflichtet, überhaupt etwas zu sein. Es hängt alles von dir ab... Bitte, sieh mir in die Augen; ich fühle mich besser, wenn du das tust.«

»Entschuldige... du scheinst ein wenig traurig zu sein... Was folgt daraus, selbst wenn du recht hast? Wie kann ich all die Möglichkeiten nutzen, die in mir sind?«

»Der Schlüssel zum Geheimnis liegt in der Wahrheit.«

»In der Wahrheit? Was hat sie damit zu tun?«

»Um optimal zu handeln, mußt du dich selbst kennen. Du mußt gewillt sein zu erfahren, wie du wirklich bist.«

»Okay, ich verstehe das. Was ist mit den anderen Personen? Können sie helfen?«

»Andere sind in der gleichen Lage wie du... Bitte, wiege mich ein bißchen... Sie können helfen, weil sie Spiegel sind. Eines ist jedoch erforderlich.«

»Was denn?«

»Du mußt ehrlich sein. Wenn du von ihnen lernen sollst und sie von dir, müßt ihr einander aufrichtig sagen, was ihr empfindet. Sonst macht ihr euch gegenseitig etwas vor.«

»Du sprichst jetzt anscheinend langsamer.«

»Ja, meine Kraft läßt nach. Ich kann mit dir nicht mehr lange reden.«

»Noch etwas. Sicher ist alles viel komplizierter, als du es schilderst. Es gibt viele Variablen in der Welt.«

»Nein. Es gibt viele Existenzebenen, aber sie sind alle nur Aspekte von dir. Alles ist eins... Ich bin jetzt wirklich müde. Ich möchte nach nebenan. Bis später!«

Ich hob meinen neugeborenen Sohn Ari hoch und legte ihn seiner Mutter sanft an die Brust.

Einführung

Stil

Um eine sexistische Sprache zu vermeiden und um mich direkt und einfach ausdrücken zu können, werde ich zur Bezeichnung des universellen Selbsts das Wort »ich« und zur Bezeichnung des universellen anderen das Wort »du« gebrauchen. Diese Methode hat sich bereits in zwei anderen Büchern (»Elements of Encounter«[1] und »Body Fantasy«[2]) bewährt. Dadurch wird die lästige Er-Sie-Diktion vermieden, wenn sowohl das Männliche als auch das Weibliche bezeichnet werden sollen.

Der Einfachheit des Textes zuliebe habe ich die meisten Literaturangaben und fachlichen Kommentare in die Anmerkungen am Schluß des Buches verbannt. Der Text soll ohne sie verständlich sein. Die Verweise auf die Anmerkungen sind durch hochgestellte Ziffern gekennzeichnet.

Viele Methoden, die im Human Potential Movement zur Entfaltung der im Menschen angelegten Möglichkeiten entwickelt wurden – wie zum Beispiel Encounter, Gestalt- oder Imaginationstherapie –, sind nicht unbedingt Allgemeingut. Wann immer für das Verständnis der Darlegungen erforderlich, habe ich eine kurze Beschreibung dieser Techniken in den Text aufgenommen oder in die Anmerkungen eingefügt. Der Leser, der sich über diese Methoden ausführlicher informieren will, findet in den Anmerkungen zahlreiche Literaturangaben.

Das neue Zeitalter

Die Menschheit geht einer großen Umwälzung entgegen. Der sozialen Revolution der sechziger Jahre folgte die Bewußtseinsexplosion der siebziger Jahre. Durch diese Anstöße gelangen wir zu einer weiteren Erkenntnis, die vielleicht die wichtigste ist: Jeder von uns gestaltet sein eigenes Leben.

Das erste Zeitalter des menschlichen Lebens beruhte auf Unwissenheit und Aberglauben. Die Gesetze des Universums, der Physik, der Psychologie, der Soziologie, der Physiologie waren uns unbekannt. Wir schufen Religionen und Mythen und lebten danach.

Die wissenschaftliche Revolution ersetzte Unwissenheit durch Wissen und veränderte die Welt. Wir lernten, wie die Natur funktioniert, wie wir sie überwinden oder wie wir uns in Einklang mit ihr bringen können.

Heute machen wir nun eine ganz neue, überraschende Entdeckung, nämlich, daß die Naturgesetze vielleicht nur funktionieren, wenn wir das wollen.

Überall sind wir von Menschen umgeben, die den Naturgesetzen zuwiderhandeln. Menschen sind durch Biofeedback beispielsweise in der Lage, ihren Blutdruck zu verändern[3], Krebspatienten stoppen das Fortschreiten ihrer Krankheit[4], medial veranlagte Menschen verbiegen durch ihre spirituelle Kraft Schlüssel oder bewegen Gegenstände, Menschen können mit Gefühlen wie Eifersucht umgehen... Wir sind nicht verpflichtet, uns irgendwelchen Gesetzen unterzuordnen. Wir selbst inszenieren diese Show.

In dem Maße, wie sich mein Bewußtsein entwickelt, erhöht sich die Kontrolle über mein Sein. Bin ich unwissend, gestatte ich mir nicht zu wissen, wie ich mich in Einklang mit den Naturgesetzen bringen kann. Erwerbe ich Wissen, vermag ich vielleicht, mich mit der Natur in Einklang zu bringen, doch weiß ich nicht unbedingt, wie die Dinge verändert werden müssen, die ich gern verändern möchte. Wenn ich gewahr werde, daß ich alles selbst entscheide, kann ich mein Leben in die Hand nehmen und es nach meiner Wahl frei gestalten. Je bewußter ich lebe und je mehr ich beginne, die Wahrheit zu sagen, desto mehr Kraft entdecke ich in mir. Die Wahrheit befreit mich. Die Wahrheit hilft mir zu verstehen, wie ich mein Leben führen soll.

Die schöpferischen Möglichkeiten des Menschen

Die Bewußtseinsrevolution begann an mehreren Orten, zuerst mit einem scheinbar provinziellen, an der Westküste beobachteten Phänomen, das als Human Potential Movement bekannt wurde. In den späten sechziger Jahren wurden Kalifornien, dann Amerika und schließlich der Welt verschiedene Theorien und Methoden vorgestellt, die darauf abzielten, die potentiellen Möglichkeiten des Menschen zu erkennen. Im Jahre 1976 machte Adam Smith[6] diese salonfähig, als er über seine diesbezüglichen Erfahrungen berichtete. Große Teile der Öffentlichkeit waren den einzelnen Methoden zur Mobilisierung der Kräfte des Menschen gegenüber sehr aufgeschlossen. Und es war ganz typisch, daß sie in einem Bestseller ihren Niederschlag fanden. Doch bescherte dies jeder Methode auch viele Anhänger. Encounter, Rolfing, Transaktionsanalyse, Bioenergetik, transzendentale Meditation, Psychosynthese, Arica, Entspannung, Atemtechnik, T'ai chi, Aikido, die Techniken von Alexander, Feldenkrais und Trager, Jogging, Fasten, Yoga, die Fisher-Hoffman-Methode, Scientology, die Primaltherapie, Ram Dass, est sowie eine kleine

Schar von Gurus und Swamis – alle haben Ende der sechziger, Anfang der siebziger Jahre ihren Platz in der amerikanischen Gesellschaft gefunden.[7]
Die Reaktion auf dieses Übermaß an Methoden zur Verbesserung der »Lebensqualität« sind sehr unterschiedlich. Einige Beobachter setzen größte Hoffnungen in die Bewegung, von der sie die Verbesserung und Weiterentwicklung der Menschheit erwarten. Andere vergleichen sie mit Hula-Hoop, mit einer Modeerscheinung, deren Popularität steigt und sinkt, bis sie schließlich wieder von der Bildfläche verschwunden ist. Tatsache ist, daß keine dieser Methoden verschwunden ist, auch wenn die nationalen Medien nicht mehr über sie berichten. Genauer gesagt, jede ist nur für eine begrenzte Zeit eine »Neuigkeit«. Sobald das öffentliche Interesse erlahmt, breitet sie sich jedoch im Hinterland – sowohl innerhalb als auch außerhalb von Amerika – aus. Und so werden Methoden zur Entfaltung der im Menschen angelegten Möglichkeiten in Gefängnissen, Schulen, Kirchen, Krankenhäusern, Firmen, in der Psychotherapie, im Theater, im Sport, in der Politik, in der Eheberatung, im Eheleben, bei der Kindererziehung und sogar bei Streichquartetten angewendet.

Jede Methode, die populär geworden ist, hat vielen Menschen genützt. Jede von ihnen beinhaltet auf unterschiedliche Weise einige sehr tiefe und sehr einfache Ideen, die sich im Laufe der Jahrhunderte in vielen Ländern herausgebildet haben.

Jede Methode eignet sich für eine ganz bestimmte Person oder eine ganz bestimmte Lebensphase. Für diejenigen, die Antworten suchen, sind vielleicht Gurus am besten, die den Menschen helfen, die nächste Stufe ihrer Entwicklung zu erreichen. Für Personen, die eine starke Konfrontation suchen, um ihr ruderloses Boot wieder steuern zu können, sind die Gestalt-Therapie, Kontaktgruppen und »est« am besten geeignet. Andere

Menschen fühlen sich innerlich wie tot und versuchen selbst, sich wieder aufzuwecken – um ihren Körper neu zu spüren und in ihrem Leben eine Wende herbeizuführen. Für solche Menschen können Rolfen, Bioenergetik oder die Techniken von Alexander, Trager und Feldenkrais angebracht sein.

All diese neuen Theorien und Erkenntnisse haben ihren eigentlichen Ursprung in den ältesten Wahrheiten. Die meisten Antworten gibt es seit Jahrhunderten: »Die Wahrheit soll dich befreien«; »Du bist für dich selbst verantwortlich«; »Der Körper ist der Tempel der Seele«.

Wir wissen alles, und wir wissen nichts, weil wir diese Wahrheiten nicht wirklich akzeptieren. Neu ist, daß wir heute anfangen, an sie zu glauben, und beginnen, Methoden zu entdecken und zu entwickeln, die es uns ermöglichen, sie in unserem Leben nutzen zu können.

Die Prinzipien, die den Methoden zur Entfaltung der im Menschen angelegten Möglichkeiten zugrunde liegen, helfen, das Dilemma des Menschen zu erkennen. Ihre Auswirkungen sind weitreichend. Ihre Anwendung auf die moderne Gesellschaft würde deren kulturelle Struktur von Grund auf verändern. Die Medizin würde weiterentwickelt werden; die Staatsverwaltung wäre chaotisch, bis sich Klarheit und Offenheit durchsetzen würden; die Rechtsprechung, Wohlfahrtsprogramme, Wirtschaft, Sport, Religion, das Steuerwesen, Familienleben, Bildungswesen, die Industrie und die menschlichen Beziehungen, ja sogar unsere Sterblichkeit würden stark beeinflußt werden.

Dieses Buch ist ein Versuch,

▶ die tiefe Einfachheit zu erfassen, die den vielen Methoden zur Entfaltung aller im Menschen angelegten Möglichkeiten zugrunde liegt,

▶ diese Prinzipien mit der wissenschaftliche Methode in Übereinstimmung zu bringen,

▶ die Anwendung dieser Prinzipien auf unsere heutige Existenz zu beschreiben.

Voraussetzungen

Ich möchte Sie auch über meine Erfahrungen informieren, die ich auf dem Gebiet der Anwendung von Methoden zur Entfaltung der im Menschen angelegten Möglichkeiten sowie auf dem Gebiet der akademischen Lehre und Forschung gesammelt habe:

▶ Studium der wissenschaftlichen Methodik, der Forschungsplanung, der Wahrscheinlichkeitstheorie, des logischen Empirismus und der Psychologie bei Hans Reichenbach und Abraham Kaplan an der Universität von Kalifornien. 1951 Promotion zum Dr. phil. auf dem Gebiet der Psychologie.

▶ Zwanzig Jahre lang Lehre und Forschung als Fakultätsmitglied der Harvard-Universität, der Universität von Chicago, der Universität von Kalifornien in Berkeley und anderen Hochschulen. Acht Forschungsverträge mit staatlichen und privaten Institutionen (dem Ministerium für Unterrichtswesen, dem Amt für Marineforschung und der Rosenberg-Stiftung).

▶ Fünf Jahre lang Arbeit mit psychotischen Patienten an der Albert Einstein Medical School (New York).

▶ Zwanzig Jahre lang Leitung von Kontaktgruppen in Amerika und in Australien, in Kanada, England, Frankreich, Deutschland, Holland, Israel, Mexiko, Neuseeland, Nigeria, Puerto Rico und Schweden.

▶ Zwanzig Jahre lang Beratertätigkeit für Firmen, staatliche Stellen und Kommunen.

▶ Sechshundert Stunden Psychoanalyse.

16

- Zehn Sitzungen didaktische Psychosynthese.
- Ein Jahr Erfahrungen mit der Bioenergetik.
- Dreiundvierzig Behandlungen nach der Rolf-Methode.
- Grundausbildung für die est-Therapie.
- Vierzigtägiges Arica-Training.
- Trainings mit Jack Schwarz, einem Medium.
- Theoretische Ausbildung auf dem Gebiet der Akupunktur.
- Feldenkrais-Theorie und Übungen.
- Qualifikation als Praktiker der Rolf-Therapie.
- Qualifikation als Praktiker der Zonentherapie.
- Mitglied der American Group Psychotherapy Association.
- Seit 1950 Mitglied der American Psychological Association.

Ich ließ mir die Tarotkarten legen, mein I-Ging-Orakel deuten, mein Horoskop analysieren, meine Biorhythmen aufzeichnen und meine Augen diagnostizieren (Iridologie). Von Bhagwan Rajneesh in Poona, Indien, ließ ich mir das Darshana erklären. Ich ließ Mantras über meine Chakren intonieren. Fritz Perls unterzog mich seiner Gestalt-Therapie, Ida Rolf behandelte mich nach ihrer Methode, und Alexander Lowen führte mich in die Bioenergetik ein. Judith Aston bestimmte meine Verhaltensstruktur, ich wurde mit der Aikido-Methode bekanntgemacht und erlernte die Alexander-Technik. Ich hörte Vorträge von Alan Watts, Abraham Maslow, Carl Rogers und Rollo May, meditierte in einem Zen-Zentrum (Tassajara), betrieb sechs Monate lang regelmäßig Yoga, erlernte T'ai Chi (in einer Kurzform), joggte sechs Jahre lang täglich etwa drei Meilen, sah Auren, probierte die meisten der bekannten psychedelischen Drogen aus, fastete vierunddreißig Tage lang und trank destilliertes Wasser. Ich lernte Timothy Leary kennen, als er gerade Zigaretten rauchte, und Ram Dass (Richard Alpert), als er sich rasierte.

Dieses Buch ist ein Produkt all dieser Wege.

Das Leben in Freude

John Dewey hat einmal gesagt, jede Theorie benötige eine unbeweisbare Annahme. Danach seien letztlich alle Erklärungen überprüfbar.
Die unbeweisbare Annahme der heutigen Philosophie ist die folgende:

Mein höchstes Ziel als Mensch ist ein Leben in Freude. Freude ist das Gefühl, das daraus resultiert, daß ich meine eigenen Kräfte – meine Fähigkeit zu denken und zu fühlen, meine Sinne, meinen Körper und meinen Geist – auf jede nur erdenkliche Weise gebrauche. Ich bin weniger glücklich, wenn ich meine Kräfte nicht gebrauche und mich selbst blockiere.

Wenn Meinungsforscher die Leute nach dem Ziel der Menschheit fragen, lautet die Antwort meist:»Frieden.« Gehe ich von unseren Fähigkeiten aus, ist Frieden für mich ein zu geringes Ziel angesichts unserer Möglichkeiten. Frieden als gesellschaftliches Ziel ist einfach die Abwesenheit von Krieg; Frieden als persönliches Ziel ist, wenn es keinen Streit gibt. Das Erfahren von Freude geht jedoch über das Nichtvorhandensein des Negativen weit hinaus.
Freude als Ziel entspricht dem Human Potential Movement mehr als der traditionellen Psychotherapie.

Vor vielen Jahren arbeitete ich als Psychologe in einer Nervenklinik mit mehreren Psychiatern zusammen. Wir hatten, was mich überraschte, ständig unterschiedliche Auffassungen. Ich war entsetzt, als ich bemerkte, was die Psychiater als eine normale Familie ansahen. Zwischen den Familienmitgliedern existierte fast keine Kommunikation; sie förderten sich so gut wie gar nicht; alle schienen nur einen geringen Teil ihrer Kräfte und Fähigkeiten aufzubieten, und sie lebten freudlos dahin. In welcher Hinsicht war das eine normale Familie? Die Psychiater sahen sie als normal an, weil es in der Familie keinen Alkoholismus, kein Verbrechen, keine Drogenprobleme, keine Kindesmißhandlungen, keine Leseschwäche und keine Geisteskrankheit gab. Es erwies sich, daß wir unterschiedliche Kriterien hatten. Das Ziel der Psychiater war, einer Familie oder einer Person zu helfen, von minus zu null zu gelangen, während ich bestrebt war, von minus zu plus zu kommen.

Die Philosophie eines Lebens in Freude unterscheidet sich auch von jenen östlichen Philosophien und Religionen, die auf der Idee beruhen, daß man Opfer bringen muß, um ein höheres Bewußtsein zu erlangen. Entsprechend diesen Auffassungen wird auf Aktivitäten der »Zentren niederer Ordnung«, wie z. B. Sexualität und Konkurrenzverhalten, verzichtet, damit die Energie in die höheren, spirituellen Zentren kanalisiert werden kann. Ich möchte, daß sich alle Zentren voll entfalten, damit Sexualität und Spiritualität, Konkurrenz und Zuneigung, Intellekt und Gefühl optimal funktionieren. Ich sehe keine Notwendigkeit und habe keine Lust, irgendeine Fähigkeit zugunsten einer anderen zu unterdrücken.

Um Freude ungeteilt erfahren zu können, muß ich mir meiner selbst, einschließlich meiner Fähigkeiten, voll bewußt sein. Ich bin mir jedes Teils von mir bewußt und in der Lage, jeden Teil unabhängig von allen anderen Teilen zu steuern. Ich stelle mich auf jede neue Situation ein, indem ich mein ganzes Sein entsprechend organisiere, damit ich ihr so begegne, wie ich es wünsche. Zu jedem Zeitpunkt bin ich in der Lage, meinen Körper in den Zustand zu versetzen, in den ich ihn versetzen möchte. Ich kann durch meinen Willen übersinnliche Erfahrungen machen, psychedelische Zustände herbeiführen, Körperbewußtsein erzielen oder beliebig andere Empfindungen bei mir wunschgemäß hervorrufen. Ich kann dies ohne mechanische Hilfsmittel und ohne Zuhilfenahme von Drogen erreichen. Ich vermag dies, indem ich mich einfach entscheide, es zu tun. Wenn ich bis in die kleinste Einheit meiner Existenz den Zustand des totalen Bewußtseins erreiche, bin ich im Jetzt, an jedem Punkt.[8] Dann erfahre ich Freude ganz und gar.

Überzeugung

Ich bin im Begriff, viele sonderbar scheinende Aussagen zu machen, die sicherlich so manches in Frage stellen, von dem sowohl Sie als auch ich jahrelang überzeugt waren. Wenn jedoch Überzeugung bedeutet, daß ich mich auch spontan danach verhalte, so glaube ich nur sehr wenig von dem, was ich vertrete.

Vor einigen Jahren sagte mein damals sechzehnjähriger Sohn Caleb zu mir, er wolle die High-School verlassen. Da ich mich selbst für einen liberalen – beinahe wunderbaren – Vater hielt, reagierte ich auf seine Ankündigung betont gleichgültig. »Natürlich, es ist deine Entscheidung«, antwortete ich. »Wenn du das machen willst, bin ich dafür.« Pause. »Ich bin sicher, du bist dir darüber im klaren«, wandte ich ein, »daß du nicht so leicht einen guten Job finden wirst. Schließlich müßtest du nur noch eineinhalb Jahre in die Schule. Glaubst du nicht...?« »Was sagst du da, Dad? Ich hörte erst neulich abends deinen Vortrag über die Irrelevanz von allzuviel Erziehung.« »Nun ja, ich...« »Und du sagtest, die Leute sollten sich von ihrer Energie leiten lassen. Meine Energie für die Schule ist gleich Null; ich hasse es, zur Schule zu gehen. Aber ich bleibe bis zwei Uhr nachts auf, um meinen Job zu machen. Und ich spiele jeden Abend Bowling.«

Ich erholte mich von meinem Schock (»Oh, mein Sohn, der Bowlingspieler!«), lächelte verkniffen, sagte zu ihm, er solle still sein, und entschuldigte mich. Es dauerte nur einen Moment, bis ich erkannte, daß Caleb recht hatte. Jahrelang hatte ich diese Grundsätze verkündet. Wenn ich aber auf der persönlichen Ebene reagierte, verhielt ich mich so, wie mein Vater vor dreißig Jahren reagiert hätte.

Bildlich gesprochen, reichte mein Glauben an die von mir verfochtenen Prinzipien gerade mal vom Scheitel meines Kopfes bis etwa zu meiner Kehle. Habe ich theoretisch eine Frage zu beantworten, welche die Erziehung betrifft, so sprühe ich vor Geist und befinde mich mit meinen öffentlich verkündeten Anschauungen in Einklang. Messe ich dagegen meine Überzeugung an meiner spontanen Reaktion, an »meinem Gefühl im Bauch«, so vertrete ich diese Prinzipien offenbar überhaupt nicht.

Diese entmutigende Entdeckung führte dazu, daß ich über alle Überzeugungen nachsann, die ich jahrelang mündlich und schriftlich von mir gegeben hatte. Und ich mußte feststellen, daß sie auf alle zutraf. Obwohl ich meine Ideen mit tiefster Überzeugung vertrete, gibt es doch Situationen, in denen sich – wenn ich ganz ehrlich bin – mein Magen verkrampft, mein Hals trocken ist und meine Stimme gepreßt klingt. Die betreffenden Teile meines Körpers glauben nicht hundertprozentig an das Konzept der Ehrlichkeit.

Die Bücher, die ich verfaßt habe, gehen auch auf die Entstehung von Überzeugungen ein. Dort werden Aussagen getroffen, die mein Kopf akzeptiert. Der übrige Teil von mir akzeptiert das von mir Geschriebene nur in einer chaotischen, partiellen Weise: Teile von mir akzeptieren die Ansicht, andere Teile haben davon keine Ahnung, und wiederum andere sind strikt dagegen. Als ich die Feldenkrais-Methode[8] kennenlernte, wurde der partielle Charakter meiner Überzeugungen klarer.

Feldenkrais-Übungen erfordern harmonische Körperbewegungen. Für eine ganz spezielle Übung braucht man sehr viel akrobatisches Geschick. Sobald ich nach und nach gelernt hatte, meine Arme, Hände, Beine, Schultern und meinen Kopf miteinander zu koordinieren, fühlte ich mich wunderbar ruhig, leicht, ausgeglichen und offen. »Wie froh ist mir zumute«, dachte ich. »Ich empfinde Freude, wenn ich das mache, wozu ich in der Lage bin, und wenn ich mir meiner Fähigkeiten bewußt werde.« Dieser Gedanke kam mir irgendwie bekannt vor. »Bei Gott, so hatte ich vor neun Jahren Freude definiert.[9] Das ist es also, was ich gemeint hatte!«

Die Definition, die ich in meinem Buch »Freude« gegeben hatte, war richtig. Als ich es schrieb, hatte ich dieses Gefühl empfunden, aber mir war nicht bewußt gewesen, was es bedeutete. Ich hatte nicht *bewußt* Freude empfunden. Nun, sieben Jahre später, fühlte ich, was ich vom Intellekt her *wußte*. Und mir wurde klar daß das im Grunde genommen auf alle meine Schriften zutraf. Ein Buch von mir ist eine geistige Aussage darüber, was ich im Begriff bin zu erleben.

Mein Lernprozeß ist dreistufig. Zuerst erfahre ich etwas, ohne mir dessen bewußt zu sein, zum Beispiel das Gefühl der Freude, wenn ich meinen Fähigkeiten entsprechend handle. Später, wenn ich ein Konzept formuliere oder von einem anderen Konzept erfahre, lasse ich mich von meinen Erfahrungen leiten, bin mir aber des Zusammenhangs mit dem früheren Erleben nicht bewußt. Genau dies geschah, als ich definierte, was »Freude« ist. Auf der letzten Stufe werden die Erfahrung und die intellektuelle Formulierung miteinander verbunden, wie das bei den Feldenkrais-Übungen geschah. In diesem Stadium wird mein Organismus ausgeglichen. Die Erfahrung und das Bewußtwerden der Erfahrung – Gefühl und Verstand – vollziehen sich gleichzeitig.

Ich glaube erst wirklich dann an etwas, wenn meine spontanen Reaktionen mit der betreffenden Idee übereinstimmen. Das, was ich Caleb erwiderte, entsprach nicht meiner Überzeugung, daß er sich von seiner Energie leiten lassen solle. Wäre das der Fall gewesen, hätte ich gefühlt, daß ich seinen Wunsch unterstütze, und hätte mich dahingehend geäußert. Mein Herz wäre nicht verschlossen, mein Magen nicht verkrampft gewesen, und meine Worte hätten spontan geklungen. Tatsächlich waren meine Worte jedoch erst zustimmend, als Caleb mich mit meiner ersten Antwort konfrontiert und ich darüber nachgedacht hatte.

In diesem Sinne werden die Ideen dieses Buches dargelegt. Mit meinem Kopf glaube ich, daß sie richtig sind. Ich bin davon überzeugt, daß man ihre Wahrheit schließlich weithin erkennen wird. Ich bin mir dessen absolut sicher. Es gibt aber auch Teile von mir, die das einen Moment lang nicht tun. Je länger ich jedoch mit diesen Ideen lebe, ihre Implikationen begreife und sie in ihrer Wirkung erlebe, um so überzeugter vertrete ich sie mit einem größeren Teil von mir selbst.

Ich stelle Ihnen mit diesem Buch Ideen vor, mit denen Sie sich auseinandersetzen können. Sie werden nicht als richtig oder falsch hingestellt. Sie sollen sich als nützlich oder als nicht nützlich erweisen. Nachdem Sie sich mit ihnen beschäftigt haben, können Sie sie akzeptieren und

sich zu eigen machen oder sie ablehnen oder Teile von ihnen akzeptieren, ganz wie es Ihnen beliebt. Es ist Ihre Wahl.

Manche Gedanken, wie beispielsweise »Es gibt keine Zufälle«, bieten Vorteile, wenn ich voraussetze, daß sie richtig sind. Wenn ich beispielsweise annehme, daß es keine Zufälle gibt, habe ich die Möglichkeit herauszufinden, ob dies zutrifft. Wenn ich davon ausgehe, daß viele Dinge das Ergebnis eines Zufalls sind, werde ich nie wissen, inwiefern ich selbst die Verantwortung dafür trage, was in meinem Leben passiert. Es ist deshalb lehrreich anzunehmen, daß der Gedanke richtig ist.

Was ist aus Caleb geworden? Er verließ die Schule, sein geschäftliches Vorhaben scheiterte, und er fing wieder an, seine ganze Zeit auf Bowlingbahnen zu verbringen. Die Folge war, daß er ein erstklassiger Bowlingspieler wurde. Dann wurde er der Sache überdrüssig. Aus eigenem Antrieb fing er an, sich auf eine dem High-School-Examen gleichwertige Prüfung vorzubereiten, bestand sie und besuchte eineinhalb Jahre lang ein Junior-College, das noch über der High-School lag. Einen Teil der Kosten seines Studiums bestritt er mit seinen Siegerprämien von Bowling-Turnieren. Er wechselte zur Universität von Kalifornien nach Santa Cruz über, erwarb dort einen Honors Degree, wurde zur Graduate School der Universität von Kalifornien zugelassen und erwarb dort den Grad eines MBA (Master of Business Administration).

Der Aufbau dieses Buches

Als ich mich und die Welt mit Hilfe von Kontaktgruppen, Körperbeobachtung, Energiemethoden oder anderen spirituellen Techniken entdeckte, machte ich eine entscheidende Erfahrung: Wenn ich jeden dieser Wege gründlich verfolgte, schien er wie alle anderen Wege etwa zu ein und demselben Ergebnis zu führen. In jedem Fall wurde ein System von Prinzipien erkennbar. Diese Prinzipien können in verschiedenen Sprachen unterschiedlich benannt sein oder sich in anderer Hinsicht geringfügig voneinander unterscheiden, doch ähnelte jede Gruppe von Prinzipien auf bemerkenswerte Weise denjenigen, die sich bei der Wahl anderer Ausgangspunkte ergaben. »Finde darin Gott« zum Beispiel ähnelte sehr dem »Erkennen aller in mir angelegten Möglichkeiten«.

Der erste Teil des Buches nennt und beschreibt diese Prinzipien, die ich als die einfachsten Einheiten ansehe, die dem Streben nach dem Verständnis des menschlichen Verhaltens zugrunde liegen.

Der zweite Teil des Buches faßt diese Prinzipien zu einer Sozialphilosophie zusammen und schlägt mehrere Anwendungsgebiete vor. Die Prinzipien bilden eine umfassende und spezifische Basis für eine Sozialpolitik, die die Philosophie der maximalen Entfaltung der im Menschen angelegten Möglichkeiten zum Ausdruck bringt. Damit einher geht die Schaffung von sozialen Bedingungen, die es Ihnen und mir erlauben, all das auszuschöpfen, wozu wir fähig sind, also ein freudvolleres und erfüllteres Leben zu führen.

PRINZIPIEN

Wahrheit

*»Und werdet die Wahrheit erkennen, und die
Wahrheit wird euch frei machen.«*

Johannes, 8, 32

Für fast alle psychologischen und geistigen Strömungen und
Versuche, das Göttliche zu entdecken, ist der Wahrheitsbe-
griff von zentraler Bedeutung. Dank der Wahrheit vermag ich,
mich weiter zu entfalten, sie ermöglicht mir zu wissen, was
geschieht, dank ihrer sehe ich, was ist.
Lügen sind Hemmnisse. Wenn ich lüge, blockiere ich meine
Energie auf eine unproduktive und größtenteils unangenehme
Weise, ich verkrampfe mich physisch, vergifte meine Beziehungen zu anderen Menschen und werde depressiv und
ängstlich. Ich enge meine Erfahrungsmöglichkeiten ein, und
mein Leben wird fade und armselig.
Wahrheit macht dich frei, und Offenheit ist die beste Verhaltensweise. Diese Wahrheiten sind schon jahrhundertealt,
doch die meisten von uns glauben nicht einen Augenblick
daran. Wir leben mit diesem Widerspruch, indem wir Euphe-
mismen für das Lügen erfinden – Worte und Phrasen, wie
zum Beispiel »Takt«, »Diplomatie«, »Notlügen«, »Geschäft ist
Geschäft«, »wir wollen realistisch sein«. Wir erschaffen ein
komplettes Umfeld, um das Lügen zu rechtfertigen. Man bezeichnet das als Gepflogenheiten und als Protokoll, und es
wird gesagt: »Handle auf die vorgeschriebene Weise, egal, ob
es deinen wahren Gefühlen entspricht oder nicht.« Wir rechtfertigen das Lügen, indem wir ein wenig moralisierend sagen:
»Verletze nicht die Gefühle anderer Menschen.« Alle diese Re-

29

dewendungen besagen im Grunde: »Lügen ist die erwünschte Form der Kommunikation.«

In diesem Bereich wurde inzwischen in zweierlei Hinsicht ein entscheidender Schritt nach vorn getan. Erstens fangen wir an zu begreifen, daß viele alte Vorstellungen absolut richtig waren. Wahrheit macht dich frei – in organisatorischer, zwischenmenschlicher, persönlicher und rein physischer Beziehung. Und zweitens verfügen wir heute über Hilfsmittel und Techniken – im Biofeedback, in der Imaginationstechnik und im Körperbewußtsein –, um herauszufinden, was wahr ist, um die Folgen von Offenheit zu testen und um bewußter zu leben.

Ich möchte die von mir verwendeten Begriffe präziser fassen. *Wahrheit* ist das, was ist, ob wir es wissen oder nicht. Meine Wahrheit ist das, was mich, meine Erfahrungen, meine Erinnerungen, den Zustand jeder Zelle, jedes Atoms, meines Körpers, meine Gedanken, meine Gefühle, meine Sinneswahrnehmungen betrifft.

Je mehr ich von mir, von meiner Wahrheit wahrnehme, desto größer ist mein *Bewußtsein*. Manche Dinge, die mich betreffen, ängstigen mich, für manches schäme ich mich oder fühle mich schuldig. Die Wahrheit, die ich vor mir selbst verberge, bezeichne ich als das *Unbewußte*. Für das Leben in Freude und für viele Methoden, mit denen die im Menschen angelegten Möglichkeiten zur Entfaltung gebracht werden sollen, ist es entscheidend, daß ich mir die verborgenen Wahrheiten bewußt mache.

Wenn ich mich dazu entschließe, dir zu sagen, was mir bewußt ist, bin ich *ehrlich*. Wenn ich es vorziehe, dir etwas zu erzählen, was im Widerspruch dazu steht, *lüge* ich. Wenn ich es vorziehe, dir etwas nicht zu sagen, *enthalte* ich dir etwas *vor*.

Um dir meine Wahrheit mitzuteilen, muß ich mir ihrer bewußt sein und muß ehrlich sein.

Ehrlich sein, aber nicht sich selbst bewußt sein, könnte man als das Gerald-Ford- oder das Eisenhower-Syndrom bezeichnen. Wenn Menschen zwar aufrichtig und ehrlich sind, sich aber nie ein großes Maß an Selbstbewußtheit zugestanden haben, sind sie in der Regel eher langweilig. Sie geben sich nicht in vollem Maße so, wie sie sind, da sie ihre Wahrheit bereits innerlich zensiert haben.

Sich selbst bewußt sein, aber nicht ehrlich zu sein, entspricht dem Machiavelli-Syndrom. Solche Menschen kennen ihre Wahrheit, täuschen die anderen jedoch bewußt; Machiavelli hatte seinen Prinzen, und all sein Sinnen und Trachten diente dazu, diesem Prinzen zu helfen, ganz gleich, ob seine Aussagen der Wahrheit entsprachen oder nicht. Wahrheit verkörpert in einer solchen Situation nicht den höchsten Wert.

Ehrlichkeit

Nehmen wir an, ich habe mit meiner Nachbarin ein Verhältnis und verschweige es meiner Frau, »weil ich ihr Wohl im Auge habe« (ein Grund, der fast immer unwahr ist). Sobald ich mich nach einem Rendezvous auf dem Lande meinem Haus nähere, merke ich, daß sich meine Muskeln anspannen, ich empfinde eine gewisse Schwere in den Gliedern und spüre eine leichte Beklemmung: »... ich muß daran denken, was ich ihr darüber erzählt habe, wohin ich fahren mußte ... habe ich Gus gesagt, er solle meine Story bestätigen? ... rieche ich nach irgendeinem Parfüm?«
Sie begrüßt mich liebevoll an der Tür. (Warum ist sie bloß so nett?) »Hallo, Liebling, wie war dein Tag?«
»Wie oft muß ich dir sagen, daß ich dir nicht alles erzählen möchte, was ich tue. Wenn eine Ehe funktionieren soll, dann

müssen sich die Eheleute von Zeit zu Zeit aus dem Weg gehen. Die Arbeit des Mannes sollte von seinem Leben zu Hause getrennt sein.« (Ich denke, ich werde darüber einen Artikel schreiben!)

Nach dem Abendessen – ich hatte geschickt vermieden, viel zu sagen, und hatte mich vorwiegend in meine Zeitungslektüre vertieft – begebe ich mich ins Wohnzimmer, um mich zu entspannen. Ich bin sehr müde und sehr nervös – merkwürdigerweise viel nervöser wie wenn ich nicht zu Hause bin.

»Heute abend gibt es eine wunderbare Sendung im Fernsehen, Liebling. Möchtest du sie dir ansehen? Es geht um Ehebruch.«

»Nein!... Ich möchte lieber etwas Leichtes sehen. Läuft das Baseballspiel schon? Egal, ich bin müde ... Ich denke, ich werde zeitig zu Bett gehen.« (Ich bin wirklich erschöpft. Vielleicht werde ich krank – oder alt.)

»Die Ralstons haben gefragt, ob wir heute abend nicht auf einen Sprung vorbeikommen. Mir scheint, sie haben einige Probleme.«

»Nein.«

Und so geht es weiter. Je mehr Worte wir wechseln, desto erschöpfter fühle ich mich. Meine Muskeln sind verspannt, meine Geduld ist am Ende, und unsere Beziehung wird sehr unangenehm. Wenn ich nicht verstehe, was geschieht, nehme ich nur wahr, daß meine Ehe immer öder wird. Wir sprechen über nichts mehr. Das ist verständlich. Ich lasse nicht zu, daß wir über irgend etwas miteinander sprechen.

Was ich in erster Linie aufgegeben habe, ist meine Spontaneität. Ich kann es mir nicht leisten, spontan zu sein, weil man sonst hinter mein Geheimnis kommen könnte. Der Preis, den ich für die Unterdrückung meiner Spontaneität zahle, läßt sich an meinem Verlust an Energie und an der Verschlechterung unserer Beziehungen messen. Ich bin physisch erschöpft, weil Lügen absichtlich oder aus Zurückhaltung – immer eine große Menge an physischer und geistiger Energie beansprucht. Das wird deutlich, wenn ich später am Abend einen Anruf von den Jungs erhalte und dann bis zwei Uhr morgens beim Bowling bin – voller Energie.

Meine Ehe verschlechtert sich hauptsächlich deswegen, weil ich einen großen Teil meines Selbst zurückhalte. Ich erzähle nicht nur nichts von meinem Verhältnis, sondern lasse auch nicht zu, mich mit den Schwierigkeiten meiner Ehe oder den Gefühlen meiner Frau gegenüber zu konfrontieren. Ich benutze meine Selbstverleugnung, um ihr ja nicht näherzukommen.

Die Unehrlichkeit hemmt und blockiert mich, sie stoppt meinen Redefluß, bindet meine Energie und führt dazu, daß ich ausgepumpt bin.

Sagen wir einander die Wahrheit, so bereichert das die gegenseitigen Beziehungen. Damit wir einander wirklich verstehen lernen, uns gegenseitig vollständig öffnen und im höchsten Maße befriedigende menschliche Beziehungen haben, müssen wir sowohl uns selbst *bewußt* sein als auch *ehrlich* sein.

Das gilt in einer Ehe, in der gegenseitige Offenheit dazu führen kann, daß wir uns so akzeptieren, wie wir wirklich sind, und nicht nur die Bilder annehmen, die wir gegenseitig projizieren.

Gegen diese Art der Offenheit gibt es oft Einwände. »Wenn ich meinem Chef tatsächlich die Wahrheit sagte«, so heißt es, »würde ich gefeuert werden.« »Die Wahrheit« ist gewöhnlich gleichbedeutend mit Empörung, Beschimpfung, Ärger und Kritik.

Das Problem besteht normalerweise nicht darin, daß es zu viel Offenheit gibt, sondern eher darin, daß es zu wenig davon gibt.

Ärger und Kritik sind in der Tat wahre Gefühle, doch sind sie meist Reaktionen auf ein tiefersitzendes Gefühl, wie zum Beispiel: »Ich fühle mich verletzt, wenn ich den Eindruck habe, daß Sie mich nicht schätzen«, oder: »Ich bin deprimiert, weil ich glaube, daß Sie mich nicht mögen.« Wenn *diese* Gefühle ehrlich transportiert werden, ist ein berufliches Aus viel weniger wahrscheinlich.

Ich, der Autor, habe immer noch Schwierigkeiten, an die Offenheit zu glauben, obwohl ich »weiß«, daß es richtig ist, ehrlich zu sein.

Als ich ein Haus bauen wollte, schien es mir notwendig, daß ich wegen eines noch offenen persönlichen Darlehens die Unwahrheit sagen »müßte«, um einen Kredit für den Bau des Hauses zu erhalten. Ich begann mir vorzunehmen, der Bank nichts über mein persönliches Darlehen mitzuteilen. Meine Tochter Laurie erinnerte mich an die Bücher, die ich über Wahrheit geschrieben hatte. »Ja, ja, aber es ist wichtig!« Doch Laurie setzte sich durch. So sagte ich der Bank die ganze Wahrheit. Warum sagte ich sie ihr? Weil ich wußte, daß es besser wäre, ehrlich zu sein. Das Schlimmste, was passieren konnte, war, den Kredit nicht zu bekommen. Was wäre dann? Etwas anderes würde geschehen. Aber ich würde mich mit Sicherheit besser fühlen. (Ich erhielt den Kredit.)

Stufen

Wenn ich »die Wahrheit« sage, meine ich »was du wirklich bist«; wozu auch Aussagen gehören wie: »Du bist ein Armleuchter.« Diese Aussage hat keinen sehr tiefen Wahrheitsgehalt. Doch betrifft sie, auch auf diesem oberflächlichen Level, den anderen.

Ein tieferer Wahrheitsgehalt ist dann gegeben, wenn es sich um etwas handelt, was ich aus der direkten Erfahrung weiß, und weniger um meine Spekulationen darüber. Mit anderen Worten, meine Wahrheit bekommt einen tieferen Gehalt, wenn ich aufhöre zu sagen, was *du* bist, und dazu übergehe, mein Augenmerk darauf zu lenken, was *ich* erlebe.

Es gibt mehrere Stufen der Wahrheit. In den meisten Fällen ist die Wahrheit um so tiefer, je wertvoller unsere Interaktion ist und je geringer die Wahrscheinlichkeit ist, daß ich Schwierigkeiten bekomme. Ich unterscheide folgende Wahrheitsstufen:

Wahrheitsstufen

Stufe	Aussage	Beispiel
−1	(*Selbsttäuschung*)	(ich bin mir nicht bewußt)
0	(*Zurückhaltung*)	(ich möchte nicht sagen)
1	*»Du bist...*	schlecht.«
2	*»Dir gegenüber empfinde ich...*	Abneigung«
3	*»Weil...*	du mir meine Arbeit nicht dankst.«
4	*»Du vermittelst mir das Gefühl...*	daß du mich für inkompetent hältst.«
5	*»Ich fürchte, ich bin...*	inkompetent.«

Stufe minus ein (*Selbsttäuschung*) In diesem Stadium verberge ich meine Gefühle und Gedanken vor dir und vor mir selbst. Diese Stufe wird oft dem Unbewußten zugeschrieben und umfaßt alles, was ich mir – aus freier Wahl – vorenthalte.

Stufe null (*Zurückhaltung*) Ich empfinde etwas Wichtiges und bringe es nicht zum Ausdruck. Diese Stufe trifft für den überwiegenden Teil all meiner Gefühle zu. Ich habe viele rationale Gründe dafür, weshalb ich Zurückhaltung übe: »Es ist nicht taktvoll«, »es ist nicht diplomatisch«, »es wäre nicht gut«, »es wird sie verletzen«, »ich könnte gefeuert werden«, »er kann sowieso nichts in dieser Angelegenheit tun«, »ich kann mich irren«, »es geht mich nichts an«, usw.

Stufe eins (»*Du bist*...«) Ich bin gewillt, mich zu äußern. Eine Meinungsäußerung, sogar Beschimpfen, ist ein Schritt zur Wahrheit hin. Bei der Stufe eins bist du im Visier. Ich bin ein Kritiker.

Stufe zwei (»*Dir gegenüber empfinde Ich*...«) Ich bringe meine Reaktion auf dich zum Ausdruck, zum Beispiel »ich mag dich nicht.« Dazu ist erforderlich, daß ich mir über meinen Gefühlszustand bewußt bin. Ich richte meine Aufmerksamkeit nicht auf dich, sondern darauf, was ich dir gegenüber empfinde.

Stufe drei (»*Weil*...«) Ich nehme auf einer rationalen Ebene wahr, welche Ereignisse zu meinen Gefühlen geführt haben. Ich gewinne Klarheit über die Ursachen meines Gefühls, das ich rationalisiere und »vernünftig« begreife. Die Vernunft erklärt, und sie rechtfertigt. Je bewußter ich bin, desto mehr ist diese Stufe wirklich rational.

Stufe vier (»*Du vermittelst mir das Gefühl*...«) Ich bin mir bewußt, was andere Menschen mir vermitteln. Ich bin mir meiner Gefühle nicht vollauf bewußt. Oft bin ich ein *Opfer*.

36

Stufe fünf (»*Ich fürchte, ich bin ...*«) Ich nehme meine Furcht und meine Ängste wahr. (Auf diese werden wir im Kapitel über »Dimensionen« (Seite 159 ff.) noch näher eingehen, meist liegt ihnen die Angst, *unbedeutend, inkompetent* und *nicht liebenswert* zu sein, zugrunde.) Ich hatte den Eindruck, daß du so fühlst, weil ich selbst so fühle und weil ich es vorzog, dir dieses Gefühl zuzuschreiben, statt zuzugeben, daß ich selbst so fühle. Wenn ich dieses Bewußtsein habe, werde ich keine wirklichen Schwierigkeiten haben, da ich mein negatives Gefühl nicht einmal erwähnen muß, weil in erster Linie ich selbst dafür verantwortlich bin.

Wir hatten die Gewohnheit, nachts über unsere Beziehung zu sprechen. In dieser Nacht begann ich: »*Du Miststück (Stufe eins:* ›*Du bist ...* ‹). *Du weißt, daß es mich ärgert, wenn du den ganzen Abend mit deinem Ex verbringst. Du bist immer noch nicht fertig mit ihm.*«

»*Du bist so unsicher*« *(Stufe eins), erwiderte sie.* »*Ich darf nicht mal einen alten Freund besuchen. Ich fühle mich total eingeengt*« *(Stufe zwei:* »*Dir gegenüber empfinde ich ...*«).

»*Wenn du so redest, habe ich das Gefühl, daß du dir aus mir überhaupt nichts machst (Stufe vier:* ›*Du vermittelst das Gefühl ...*‹). *Ich fühle mich beschissen. Ich würde mich genauso fühlen, wenn du mich nicht vom Flugzeug abholst, weil du mit deinen Freunden gerade zu Abend ißt*« *(Stufe drei:* »*Weil ...*«).

»*Ich habe Angst, bei einer Freundin zu bleiben, selbst wenn es spät geworden ist*« *(Stufe drei), sagte sie.* »*Ich befürchte, du wirst denken, daß ich dich nicht liebe. Ich fühle mich unterdrückt*« *(Stufe zwei).*

Nachdem das Gezänk beendet war, überkam mich Traurigkeit. »*Ich glaube, ich verberge einfach mein Gefühl, daß du mich nicht richtig liebst (Stufe vier). Das Geringste, was du tust, benutze ich, um es dahingehend zu interpretieren.*«

»Nun ja«, gab sie zur Antwort, »ich gebe es ungern zu, aber ich denke, ich möchte sicher sein, daß ich jemanden habe, zu dem ich gehen kann, falls du meiner überdrüssig bist. Ich glaube, du wirst mich schließlich verlassen« (Stufe vier).
Ich erwiderte: »Natürlich fürchte ich, du liebst mich nicht, weil ich mich selbst nicht liebe (Stufe fünf: ›Ich fürchte, ich bin ...‹). Mir fällt es schwer zu glauben, daß mich jemand liebt. Ich kann einfach nicht verstehen, weshalb man mich lieben könnte.«
»Ich habe das Gefühl, ich bin langweilig«, sagte sie nachdenklich. »Ich glaube, ich vermag einen Mann nicht genügend zu fesseln« (Stufe fünf).

Dieser komprimierte Bericht über eine fünfstündige Diskussion verdeutlicht die Stufen, die beim Ergründen der Wahrheit durchlaufen werden können, wenn das Gespräch aus Angst vor dem, was zum Vorschein kommen könnte, nicht vorzeitig abgebrochen wird.

Grenzen

Ständig die Wahrheit zu sagen mag absurd klingen. Soll ich jeden auf der Straße anhalten und ihm sagen, wie sein Aussehen auf mich wirkt? Muß ich einer Kellnerin eine Stunde lang erklären, was ich von ihrer beruflichen Eignung halte, statt einen wichtigen Termin rechtzeitig wahrzunehmen? Nein. Selbst wenn ich *gewillt* bin, der Kellnerin meine Meinung zu sagen, ziehe ich es vielleicht vor, meine Zeit anderswie zu verbringen.
Wie soll man nun abwägen, wie sich entscheiden, was so relevant ist, daß man es mitteilt? Die beste Faustregel ist:

Sobald ich darüber nachdenke, ob ich etwas sagen sollte oder nicht, sollte ich mich dafür entscheiden.

Meine Unentschlossenheit spiegelt den Kampf wider, den ich mit mir selbst führe. Ein Teil von mir weiß, ich sollte mich mitteilen, und ein Teil von mir versucht, sich einen Grund auszudenken, meine Zurückhaltung zu rechtfertigen. Eine zweite Einschränkung, die Wahrheit zu sagen, bilden extreme, Leben verneinende Situationen. Wären zum Beispiel die Nazis in mein Haus gestürmt und hätten von mir, in der Absicht, meine Kinder zu erschießen, Auskunft über deren Aufenthaltsort gefordert, so hätte ich nicht gesagt: »Sie sind im Wandschrank.« Ich hätte nicht einmal geäußert: »Ich werde es Ihnen nicht sagen.«
Eine Beschränkung des Wahrheitsprinzips gilt jedoch nur in Fällen, die in diesem Sinne lebensverneinend sind. Unter lebensbejahenden Bedingungen gilt sie nicht.

Heuchelei

Wenn wir nicht die Wahrheit sagen, führt das oft zu einer entsetzlichen Heuchelei, die in vielen Fällen auch die nationale Politik kennzeichnet.
Diese Doppelzüngigkeit wird zu einer wahren Kunst entwickelt: »Herr Regierungssprecher, warum sagten Sie uns nicht...« »Nun ja, Sie haben mich nicht danach gefragt.«
Das Zurückhalten und Nichtmitteilen von Informationen sind zwei raffinierte Arten des Lügens. Im Rechtssystem ist eine Lüge, die nicht bewiesen werden kann, eigentlich keine Lüge. Wir bemühen uns, diese Ethik unseren Kindern schon frühzeitig beizubringen. Als mein Sohn Ethan etwa sechs Jahre alt

war, begleitete ich ihn auf den Spielplatz, und wir wurden Zeugen einer typischen Szene.

Ein kleines Mädchen, das einer Spielkameradin Sand ins Gesicht geworfen hatte, wurde von ihrer Mutter ermahnt. »Du gehst jetzt zu ihr und entschuldigst dich«, verlangte die Mutter.
»Nein, das tue ich nicht«, erwiderte das Mädchen. »Es tut mir nicht leid, was ich getan habe. Ich mag sie nicht.«
Die Mutter bestand darauf, mit lauterer Stimme. Die Tochter gab nach. Schmollend ging sie zum Opfer und sagte gleichgültig: »Es tut mir leid.« Dann rannte sie zurück.
»Nein, das reicht nicht«, erklärte die Mutter. »Du gehst zurück und sagst ihr, daß es dir leid tut – aber so, als ob du es wirklich auch so meintest.«

Diese Szene, die leider typisch ist, verdeutlicht das Bemühen unserer Gesellschaft, uns Werte aufzuzwingen. »Lüge«, wurde dem kleinen Mädchen gesagt. »Lüge nicht nur, sondern tue es so, daß die Leute nicht merken, daß du lügst.«
Das Lügen rührt daher, daß wir nicht bereit sind, uns selbst zu akzeptieren. Habe ich das Gefühl, daß ich dumm, im Unrecht oder lächerlich bin, so lüge ich, damit die Leute nicht wissen, daß ich dumm, im Unrecht oder lächerlich bin. Wenn ich unsicher bin, mich schuldig fühle oder mich schäme, lüge ich. Wenn ich etwas haben will und annehme, daß ich es nicht haben darf oder daß mich jemand daran hindern will, es zu bekommen, lüge ich. Wenn ich das Gefühl habe, nicht mit den Konsequenzen der Wahrheit fertig zu werden, lüge ich. Die Richtigkeit dieser Feststellung wird durch die jetzige kontroverse Diskussion über die Privatsphäre bekräftigt. Vor allem Bürgerrechtsgruppen haben sich sehr mit dieser Frage beschäftigt. Erstaunlicherweise bin ich – ein alter streitbarer

Liberaler – nicht völlig einer Meinung mit ihnen. Wenn ich Privatsphäre beanspruche, tue ich das aus Scham. Ich fing sogar an – wie ein Akademiker es tut, der sich mit einem Problem nicht persönlich auseinandersetzt –, einen Artikel über Persönlichkeitsrechte zu schreiben, bis ich erkannte, daß die Sache komplizierter war, als ich gedacht hatte.

Es ist wunderbar, allein zu sein. Ich liebe das. Privatsphäre, sprich, mein Wunsch, ohne das Wissen anderer Leute tun und lassen zu können, was mir gefällt, ist gleichbedeutend mit Vertuschung. Je mehr ich mit mir selbst zufrieden bin und je mehr ich akzeptiere, wie ich bin, desto unwichtiger ist eigentlich die Privatsphäre. Wenn ich damit zufrieden bin, was ich in Abwesenheit meiner Frau mache, was für Phantasien ich habe, wie ich schwindle, oder was ich sonst tun mag, dann habe ich überhaupt nichts dagegen, daß andere Personen es erfahren. Tatsächlich ziehe ich das vor, weil ich dann einen richtigen Dialog mit anderen Menschen führen kann. Ich brauche nicht auf einem oberflächlichen, heuchlerischen Niveau zu verharren.

Die öffentliche Debatte über die Unantastbarkeit der Privatsphäre scheint ihr Ziel zu verfehlen. Sollen wir über John F. Kennedys Seitensprünge Bescheid wissen? Ist es fair, »die letzten Tage« von Nixon an die Öffentlichkeit zu bringen? Sollen wir das Privatleben unserer Helden kennen? Sollen Schiedsrichter Zeitlupenaufnahmen des Fernsehens für ihre Entscheidungen zu Rate ziehen oder nicht?

Die abwegigen Aspekte dieser Fragen sind in den Mittelpunkt der Aufmerksamkeit gerückt. Es wird erklärt, das allgemeine Problem bestehe darin, ob Ereignisse verschwiegen oder ignoriert werden sollen: »Es geht uns nichts an«, »Schiedsrichter wären gekränkt.« Viele dieser Äußerungen zeugen, wenn sie publik werden, von der selbstgerechten Haltung der betreffenden Persönlichkeiten: »Ein Präsident darf

das nicht tun.« »Was werden unsere Kinder davon halten?«
»Ich möchte nicht, daß mein Sohn etwas vom Alkoholismus
Mickey Mantles weiß.«

Die Aufdeckung dessen, was *ist,* ermöglicht es uns zu wachsen. Nach der Enthüllung wissen wir mehr über die Welt als
zuvor. Die Unterdrückung von Informationen dagegen hindert uns daran, uns persönlich zu entfalten, und macht die
Gesellschaft krank, genauso wie die Lügen, die jemand erzählt, bewirken, daß der Betreffende organisch krank wird.

Das wirkliche Problem besteht nicht in der Enthüllung, sondern in der öffentlichen Heuchelei. Die Verteidiger von
»Recht und Ordnung«, die selbst gegen das Recht verstoßen,
die »Moralapostel«, welche Mätressen zu Lasten der öffentlichen Hand unterhalten, die »Verschwender öffentlicher Mittel«, welche mit einem Gefolge von vierzig Personen lange,
unnötige Vergnügungsreisen auf Kosten des Steuerzahlers unternehmen, die Alkoholiker, welche sich über die Marihuana-
raucher entrüsten – diese heuchlerischen Verhaltensweisen
bilden den Kern des Problems.

Vieles von dem, was geklatscht wird, ist wahr, wie dies
Woodward und Bernstein, Jack Anderson sowie die zahlreichen Korruptionsskandale im Laufe der Geschichte wiederholt bewiesen haben. An Klatsch besteht deswegen ein so
großes Interesse, weil so vieles davon den Tatsachen entspricht. Die gräßliche Popularität von Klatsch ist dadurch be-
dingt, daß die Öffentlichkeit geradezu nach Wahrheit dürstet.

Das Argument, daß nur das gesagt werden soll, was sich
ziemt, und nicht das, was wahr ist, verdammt die Wahrheit
dazu, im Untergrund zu existieren, und trägt zum niedrigen
Status des Klatsches bei. Das beste Beispiel für dieses Paradoxon ist der »National Enquirer«, ein Sensationsblatt niedrig-
ster Reputation – mit einer Auflage von siebzehn Millionen
Exemplaren!

Lebendigkeit

Würden sich die Gebrechen, an denen die Gesellschaft krankt, vermindern, wenn alle gesellschaftlichen Skandale offen und ehrlich behandelt würden? Wahrscheinlich ja. Die Zahl der Gewaltakte würde abnehmen.

Aggression ist ein Ersatz für Wahrheit.

Nehmen wir an, ich bin Soldat in irgendeinem Krieg, es wird auf mich geschossen, ich sehe, wie meine Kameraden fallen, und erlebe sowohl Feigheit als auch Mut – aufregende Dinge. Danach kehre ich in die Heimat zurück und betreibe zwanzig Jahre lang eine Tankstelle. Worüber unterhalte ich mich, wenn ich mit den Jungs ein Bier trinke? Ich spreche über die einzige Zeit in meinem Leben, in der ich mich wirklich lebendig fühlte, in der meine Emotionen stark, meine Sinne hellwach und meine Bewegungen schnell waren. Auf Gedeih und Verderb war ich auf mich selbst angewiesen.

Wenn das Thema Krieg erwähnt wird, gebe ich zu, daß der Krieg schlecht ist, und äußere, daß in der Welt Frieden herrschen muß, aber irgendwie hemmt mein Drang nach Sensationen meine Friedensbekenntnisse. Der Gewissenskonflikt, in den ich beim Thema Krieg gerate, wird durch Begriffe gemildert, wie der »gerechte« Krieg – militärische Auseinandersetzungen, die verhindern, daß unsere Nation »herumgestoßen« wird –, Glaubenskriege, Kriege, die zur Erhaltung der staatlichen Souveränität geführt werden, oder Kriege aus Prinzip. Der Konflikt wird am Sonntag nachmittag ausgetragen, wenn Mean Joe Green und ich den Quarterback beim Football angreifen, wenn ich John Wayne, Clint Eastwood und Charles Bronson zu meinen Lieblingsschauspielern erkläre, wenn ich Filme, die von Mord und Totschlag handeln, als gut einstufe und Filme, in denen Liebesszenen vorkommen, als schlecht bewerte.

Warum ist mein Leben nicht aufregender? Weil ich lüge. Weil jeder lügt. Weil Gäste von Talk-Shows lügen, wenn sie sagen, daß jeder Sänger in der Show wunderbar und jeder Komiker umwerfend ist. Weil Politiker lügen, wenn zum Abschluß von Gipfeltreffen eine gemeinsame Erklärung veröffentlicht wird, die vor Beginn der Konferenz abgefaßt wurde. Weil ich lüge, wenn ich diplomatisch und taktvoll bin und »die Gefühle anderer Leute nicht verletze«. Weil ich mich selbst belüge, wenn ich glaube, daß anderen Leuten nicht weh tut, was sie nicht wissen. Weil der größte Teil meiner Kommunikation darin besteht zu äußern, was sich zu sagen geziemt – was dazu beiträgt, daß mich die Leute gern haben, daß sie mich zu ihren Partys einladen, daß sie meine Stammkunden bleiben, daß mein Arbeitsvertrag erneuert wird und ich mein Gehalt bekomme. All das hat sehr wenig mit dem zu tun, was ich wirklich fühle. Doch schließlich muß ich praktisch und realistisch sein.

Vor kurzem habe ich mir verschiedene Dramen angesehen, um festzustellen, wie sich totale Offenheit und Aufrichtigkeit auswirken würden. Danach neige ich zu der Auffassung, daß die meisten davon schon im ersten Akt zu Ende wären, wenn jede handelnde Person die Wahrheit sagte. In fast allen Bühnenstücken wird der Knoten anscheinend nach folgendem Muster geschürzt: »Was wird geschehen, wenn Howard erfährt, daß du Krebs hast, wenn Blanche mitkriegt, daß du ihre Schwester liebst, wenn Charles hört, daß du nicht sein richtiger Vater bist, wenn Arthur erfährt, daß Guinevere Lancelot liebt, wenn Philip herausfindet, daß sein Frisör für die Russen arbeitet?«

Wird die Wahrheit gesagt, so wirkt dies aufregend und belebend. Betty Ford sorgte für einen nationalen Aufruhr, als sie wahrheitsgemäß erzählte, wie sie auf die sexuellen Erfahrungen ihrer Kinder oder auf Experimente mit Marihuana reagieren würde. Die Öffentlichkeit war verblüfft, aber auch entzückt, entrüstet, begeistert und aufgeschlossen. Eine Frau des öffentlichen Lebens sagte die Wahrheit. Manche wollten, daß sie anstelle ihres Ehemannes für die Präsidentschaft kandidierte.

Wird die Wahrheit gesagt, so treibt das den Korken aus der Flasche, und heraus fließt eine Person. Lügen blockieren das Erfahren des eigenen Ichs. Jede Sekunde sendet der Körper Tausende von Signalen aus, denen wir uns verschließen, weil wir die Wahrheit nicht hören wollen. Die Folge davon ist, daß wir uns dumm und alt fühlen, krank werden und nach Mitteln und Wegen suchen, um uns lebendig zu fühlen, einschließlich der Anwendung von Gewalt.

Vor einigen Jahren nahm ich an der Tonight-Show von Johnny Carson teil, in der für mein Buch »Freude« Reklame gemacht wurde. Ich freute mich darüber, berühmt zu sein und den Menschen die wunderbaren Techniken vorstellen zu können, die ich übernommen oder entwickelt hatte. Ich verfügte über ein ganzes Arsenal von neuen, meist nonverbalen Methoden. Carson war neugierig. Er gab mir im Programm dreißig Minuten, und ich hatte so die Möglichkeit zu demonstrieren, wie jemand seinem Ärger Luft machte, indem er zusammen mit Carson, Ed McMahon und den Gästen auf eine Matratze einschlug. Alles verlief so, wie ich es erhofft hatte. Danach blieben nur noch drei Minuten, und er fragte mich, was ich sonst noch in den Kontaktgruppen unternehme.

»Wir sagen die Wahrheit«, gab ich zur Antwort. Ich dachte, der wichtigste Teil der Show sei vorüber, wir würden jetzt noch kurz die Zeit überbrücken und dann nach Hause gehen.

»Wie würden wir das hier machen?« fragte er.

»Nun ja«, sagte ich, »ich hatte den Eindruck, daß Ihre Sängerin

heute abend ziemlich viel kicherte und daß Ihnen das auf die
Nerven ging. Einige Male zuckten Sie zusammen. Wenn das
hier eine Gruppe wäre, würde ich Sie auffordern, es der Sän-
gerin direkt zu sagen, statt zu schweigen und eine größere Di-
stanz zu ihr zu wahren.«
Nachdem Carson das mehrmals verneint hatte, gab er
schließlich doch zu, ein solches Gefühl gehabt zu haben. Auf
meinen Vorschlag hin sagte er ihr das direkt.
»Oh, ich bin froh, daß Sie mich darauf hinweisen«, sprudelte
sie hervor. »Ich dachte mir, daß Sie das so empfunden haben,
und ich freue mich, daß Sie es mir sagen.« So tauschten sie
Freundlichkeiten aus, und alle waren zufrieden.

Am nächsten Vormittag hielten mich auf den Straßen von
New York mindestens ein Dutzend Leute an. Sie hatten die
Show gesehen, und jede Person äußerte sich zu meinem Er-
staunen nur über die letzte Episode. Zuerst kränkte mich das.
Nun hatte ich all meine neuesten Techniken demonstriert,
aber offensichtlich hatten sie nicht das geringste Interesse ge-
weckt. Jeder reagierte nur auf das einfachste Grundelement
meiner Gruppentherapie – die Ehrlichkeit. »Seit vier Jahren
schauen wir uns die Show von Johnny Carson an, und zum ersten Mal habe ich ihn so gesehen, wie er wirklich ist« – das
war der Tenor aller Bemerkungen. Die Menschen hatten das
Gefühl, einen alten Bekannten einfach deswegen näher kennengelernt zu haben, weil er sich offen und ehrlich verhalten
hatte.
Ich erkannte damals den elektrisierenden Reiz der Ehrlichkeit.
Die nonverbalen Techniken waren gut, aber viel spannender
war es, jemanden zu sehen, der die Wahrheit sagt. Durch
Wahrheit kommt Spannung ins Leben; und durch sie verringert sich so auch der Reiz, zu Mitteln der Gewalt zu greifen,
um sich lebendig zu fühlen.

Du wirst für mich sehr interessant, wenn ich weiß, wie du bist, wie du dich fühlst, was du denkst, was dir Sorgen bereitet, was dich glücklich macht. Die große Verlockung, das große Abenteuer ist das Wesen eines Menschen. Das Lügen verschleiert dieses Wesen und macht unser Leben stumpf.

Bewußtsein

Ein größeres Selbst-Bewußtsein beginnt mit der Bereitschaft, nach innen zu schauen. Wenn ich das Prinzip der freien Wahl akzeptiere, bedeutet das: Die Kraft zur Selbsterkenntnis ist in mir selbst vorhanden. Ich werde mich selbst am besten erkennen, wenn ich Situationen erlebe, die mich ganz fordern.
Und ich werde mich dann am besten erkennen, wenn ich die Angst davor überwinde, mich so zu sehen, wie ich wirklich bin. Statt nach einem vorhandenen Muster zu urteilen, muß ich den Dingen auf den Grund gehen, ganz gleich, was ich vielleicht entdecken werde und wieviel Energie ich aufgewendet habe, um Teile meines Selbsts vor mir zu verbergen. Als Teil meiner Selbsterkenntnis muß ich meinen Körper besser kennenlernen.
Einige Techniken zur Steigerung der Selbsterkenntnis sind an einem Guru und einige am eigenen Selbst orientiert. Guruorientierte Methoden erheben den Anspruch, daß ich, wenn ich dem Guru folge, Erleuchtung finden werde. Die selbstorientierten Methoden schaffen Bedingungen, die es mir ermöglichen, meine eigene Stärke zu entdecken.
Zwischen selbstorientierten Methoden, wie Feldenkrais, Fasten, Encounter und Imaginationstechnik, und guruorientierten Methoden, wie Yoga, Rolf-Technik, westliche Medizin und

Verhaltenstherapie, besteht ein grundlegender Unterschied: Da selbstorientierte Methoden auf meinem Körperbewußtsein aufbauen, um herauszufinden, was am besten für mich ist, liegt das Hauptaugenmerk auf meiner Entscheidung. Ich steigere mein Bewußtsein, indem ich mir die Unterschiede der einzelnen Entscheidung bewußt mache. Guruorientierte Methoden dagegen trainieren mein Körperbewußtsein in der »richtigen«, von einer äußeren Autorität – dem Guru – entschiedenen Weise. Der Unterschied zwischen den beiden Methoden wird durch die physikalischen Aspekte der Feldenkrais-Übungen und des Arica-Trainings deutlich.

Bei einer Arica-Übung, bei der es erforderlich ist, daß man mit gespreizten Beinen dasteht, ordnet der Übungsleiter an, daß der Abstand zwischen den Füßen der Länge des Unterarms entsprechen soll. Wenn ich eine andere Stellung einnehme, korrigiert mich der Übungsleiter. Ich stehe »richtig« da, wenn ich mir die Instruktion genau gemerkt und sie richtig befolgt habe. Die Instruktion geht auf den Arica-Guru, Oscar Ichazo, zurück.
Wenn eine Feldenkrais-Übung es erfordert, daß die Beine gespreizt werden, so werde ich angewiesen, meine Füße sehr dicht nebeneinander zu setzen und darauf zu achten, inwieweit ich das als angenehm empfinde. Dann wird mir gesagt, ich solle meine Beine weit spreizen und darauf achten, wie angenehm diese Beinstellung für mich ist. Dann ändere ich den Abstand zwischen den Füßen so lange, bis ich die Beinstellung am bequemsten finde. Die bequeme Stellung ist die »richtige«. Ich weiß aufgrund meiner eigenen Gefühle, was richtig ist.

Guruorientierte Techniken bewähren sich besonders bei Menschen, die sehr verwirrt sind und sich stärker an Disziplin gewöhnen möchten. Ich habe Menschen kennengelernt, die ihr Leben dadurch, daß sie auf einen Guru hörten, viel besser in den Griff bekamen. Die einen bleiben seine Anhänger, und die anderen verlassen ihn schließlich, nachdem sie von ihm angenommen haben, was sie wollten. Wenn Menschen zu lange einem Guru folgen, hege ich den Verdacht, daß dieser Bedingungen schafft, die es den Betreffenden zu leicht machen, seine Anhänger zu sein.

Die besten Gurus haben keine Gefolgsleute, zumindest haben sie sie nicht lange.

Um den Prinzipien des Strebens nach einem Leben voller Freude gerecht zu werden, schafft der Lehrer einer selbstorientierten Technik Bedingungen, in denen Menschen danach trachten zu »wachsen«. Techniken, die sich dem Natürlichen anpassen – Encounter, Imaginationstechnik, Fasten und Feldenkrais – sind selbstorientiert.

▶ *Feldenkrais* ist sich bei seinen Übungen[10] über diesen Punkt völlig im klaren. Seine Anweisungen besagen, daß man alle Bewegungen und Körperhaltungen erleben und sich bewußt werden muß, welche Gefühle sie im Körper auslösen. Feldenkrais nimmt an, daß der Körper ganz natürlich jene Bewegung auswählen wird, die im Hinblick auf Energie, Stärke, Ausdauer und Flexibilität am effizientesten ist.

▶ Beim *Fasten* – so wird angenommen – weiß der Körper am besten, wie er sich selbst heilt und welche Kost als nahrhaft und lebenspendend zu bevorzugen ist. Das Fasten ist eine Methode, durch Entschlackung des Organismus und durch den Abbau überschüssigen Fettgewebes das Körperbewußtsein zu erhöhen.

▸ Bei gelenkten *Imaginationsübungen*[11] wird angenommen, daß das Körperbewußtsein in Gedanken in jene Körperregionen wandert, in denen ein Problem existiert, und daß es dort mit Hilfe eines Tagtraums unter Anleitung eines Therapeuten eliminiert wird. Der Therapeut hat unter anderem die Aufgabe, mir zu erlauben und mich zu ermutigen, im Tagtraum alle Möglichkeiten auszuprobieren. Falls irgendwelche Aspekte beängstigend sind, setze ich die Übungen fort, bis diese Aspekte beherrscht sind und ich keine Angst mehr habe. Alles ist erlaubt, alles darf ausprobiert, jedes Mittel darf angewendet werden.

▸ Als Mitglied einer Kontaktgruppe (*Encounter*) werde ich dazu angehalten, alle meine Entscheidungsmöglichkeiten auszuprobieren und dabei zu beobachten, wie ich mich fühle. Gleichzeitig werde ich ermutigt, meine Körpersignale verstehen zu lernen, damit ich die Wahrheit besser erkennen kann. Statt daß mir beispielsweise gesagt wird, ich solle verheiratet bleiben, werde ich aufgefordert, zu sagen:»Ich möchte verheiratet bleiben«, und dann zu sagen:»Ich möchte nicht verheiratet bleiben«, und jedesmal zu beobachten, wie ich mich fühle, wenn ich einen der Sätze sage. Mein Gefühl wird mir sagen, was ich wirklich möchte.

Der Körper wählt aus. Er ist der Angelpunkt. Die selbstorientierten Methoden gehen von der Annahme aus, daß das Körperbewußtsein die Quelle des elementaren Wissens, der innere Gott ist.
Damit die selbstorientierten Methoden am besten funktionieren, ist es erforderlich, daß der Körper alle Entscheidungsmöglichkeiten kennt, daß er weiß, wie jede davon empfunden wird und wie sich die eine von der anderen unterscheidet. Er muß frei sein, um jede Möglichkeit furchtlos zu erle-

ben. Dann wird er jene Möglichkeit wählen, die am befriedigendsten ist – die mit dem eigenen Sein am besten übereinstimmt.

Um den Menschen zu helfen, ihre eigenen Fähigkeiten zu erforschen, konzentriert man sich bei den selbstorientierten Methoden auf das Erkennen und Ausprobieren der verschiedenen Möglichkeiten. Habe ich Angst vor den Konsequenzen einer dieser Möglichkeiten, ist es sinnvoll, diese Konsequenzen zu erleben. Feldenkrais lehrt mich, einen Kopfstand zu machen, indem er mich lehrt, wie man *nicht* auf dem Kopf steht. Zuerst lerne ich, wie man umfällt. Dann lerne ich, wie ich mich fühle, wenn ich das Gleichgewicht verliere. Fühle es und erfahre es, und sei dir dessen bewußt. Dann halte ich das Gleichgewicht so, daß ich nichts von all dem empfinde. Und schon stehe ich auf dem Kopf.

»Bringe zuerst alle Katastrophen hinter dich«, sagt er. »Die Furcht in deinem Körper hindert dich daran, auf deinem Kopf zu stehen. Erlebe zuerst die Ängste. Durchlebe sie nach und nach. Dann überwinde sie immer wieder, bis es keine Ängste mehr sind.«

Sharon wollte im Urlaub ihre Familie zu besuchen. Sie hatte sich immer sehr vor ihrem Vater gefürchtet. Bei der Aussicht, ihn mit ihrem Kind zu sehen, erkrankte sie. In einer Kontaktgruppe redete sie mit einem Kissen, das ihren Vater darstellte. Sie erzählte ihm von ihren Ängsten. Sie sagte ihm all die Dinge, die sie nie ausgesprochen hatte. Sie spielte seine Rolle. Sie weinte, sie entschuldigte sich, sie umarmte ihn. Als es vorüber war, hatte sie alle die erwarteten Katastrophen durchlebt.

Dann fuhr Sharon nach Hause und begegnete ihrem Vater. Das Ergebnis war erstaunlich. Das Zusammentreffen war leicht. Er reagierte viel besser, als sie sich vorgestellt hatte. Sie war sehr stark, und zu guter Letzt war ihre Liebe füreinander stärker als jemals zuvor.

Der Schlüssel zur Überwindung der Furcht liegt darin, die Katastrophen zu erleben, bevor sie sich tatsächlich ereignen. Durchlebe sie, befreie dich von ihnen, mache es nach und nach in deinem Tempo. Wiederhole es so lange, bis die Furcht vorbei ist. Dann handle. So werde ich die Möglichkeiten, die mich am Fortkommen hindern, erlebt und sie dann mit Hilfe dieser Methode eliminiert haben. Ich fühle mich sicherer, weil ich weiß, daß ich fähig bin, mit dem Schlimmsten, was passieren kann, fertigzuwerden.

Die Sehkraft ist ein weiteres Beispiel für die Vielzahl von Möglichkeiten. Seit meiner Jugend wurde ich angehalten, »richtig« zu sehen. Richtig bedeutete, daß ich alles scharf sehen mußte. Von allen möglichen Akkomodationen meiner Augen kommt nur eine in Frage. Wenn ich nicht »richtig« sehe, bin ich gezwungen, eine Sehhilfe (eine Brille oder Kontaktlinsen) zu erwerben, um eine maximale Sehkraft zu haben.

Tatsächlich aber sind meine Augen in der Lage, viele Dinge in verschiedenen Abstufungen »unscharf« zu sehen. Ich sehe die Welt ganz verschieden, wenn ich meine Augen nicht akkomodiere. Ich kann weiter sehen und erkenne die Einzelheiten nicht so genau. Ich kann Lichtsäume um Personen und Gegenstände sehen, wenn ich die Augen nicht akkomodiere. Personen, die zum Mystizismus neigen, glauben, eine andere Realitätsebene wahrzunehmen, wenn sie den Blick nicht auf das Objekt konzentrieren.

Wenn ich verschiedene Möglichkeiten verfolge, würde ich meine Fähigkeit entwickeln, meine Augen dem ganzen Kontinuum von Möglichkeiten anzupassen und die charakteristischen Merkmale jeder Akkomodation zu erforschen. Das Lesen erfordert, daß man die Augen auf Scharfsichtigkeit einstellt. Für das Autofahren ist es vielleicht das Beste, wenn die Augenmuskulatur entspannt ist, so daß eine relative Bewegung leicht wahrgenommen werden kann. Die Freude an Sonnenuntergängen ist vielleicht bei einer geringen Akkomodation der Augen am größten.

Der namhafte Psychologe L. L. Thurstone hatte einst eine Idee, wie er das Rorschacher projektive Verfahren durch ein anderes ersetzen könnte. Statt Personen zu fragen, wie sie »Klecksfiguren« deuteten, ließ Thurstone sie ein sehr unscharfes Bild betrachten.

Dann stellte er das Bild in zehn gleichen Abstufungen allmählich immer schärfer, und nach jeder Regulierung berichteten die Patienten, was sie beobachtet hatten. Dieses geniale Verfahren kann auch dazu benutzt werden, Personen zu trainieren, sich auf die verschiedenen Möglichkeiten des Sehens einzustellen und die unterschiedlichen Wahrnehmungen zu registrieren. Jeder betrachtete Punkt bietet verschiedene visuelle Möglichkeiten, wenn der Beobachter darauf hingewiesen wird, ihn wahrzunehmen.

Die Schlußfolgerung lautet hierbei: Lehre deinen Körper nicht, eine spezielle Aufgabe zu erfüllen. Lehre ihn herauszufinden, wie jeder Punkt des Wahrnehmungsbereichs genutzt werden kann, und dann lehre ihn zu entdecken, wie jeder Bereich am besten genutzt werden kann.

Gesundheit und Krankheit

Mit zunehmendem Bewußtsein erhöht sich auch die Kontrolle für den Körper. Erkrankungen und Verletzungen können vermieden werden. Ich bin mir eines Teils meines Körpers bewußt. Ich kann ihn bewußt steuern. Ich bin in der Lage zu lernen, ihn nach Belieben in jeden Zustand zu versetzen. Mit Hilfe von Biofeedback habe ich die Fähigkeit erlangt, mir einzelner Muskeln bewußt zu sein, so kann ich nach Belieben einen Muskel anspannen oder entspannen. Ebenso können der Herzschlag beeinflußt, die Verdauung beschleunigt und Schmerzen reduziert werden.

Athleten verletzen sich an den Stellen, auf die sie nicht mehr geachtet hatten. Wenn ich meine Schulter verletze, tendiere ich dazu, dieser Schulter meine Aufmerksamkeit zu entziehen. Sie schmerzt, und das möchte ich nicht wahrnehmen. Wenn mir gesagt wird, daß es unanständig sei, das Becken zu bewegen oder mit den Augen zu rollen, so verbanne ich diese Regionen aus meinem Bewußtsein. Ich distanziere mich von ihnen. Wenn ich wegen irgendwelcher Ungezogenheiten häufig Schläge auf die Hand bekommen habe, handle ich so, als ob sie nicht meine Hand wäre, und es fällt mir schwer, sie zu fühlen. Wenn mein ganzer Körper als böse, lüstern oder gewaltsam kritisiert wird, kann ich erreichen, daß er von meinen Sinnen nicht mehr wahrgenommen wird und ich ihn unterhalb des Halses nicht mehr spüre.

Wenn ich so etwas tue, führe ich Krieg mit mir selbst. Meine Haltung gegenüber den abgelehnten Körperteilen ist so, als ob ich sie entweder bestrafen möchte oder als ob sie sich selbst um sich kümmern müßten, ohne meine Hilfe. Mein Körper kann essen, was er will, kann sich selbst bewegen, alles tun, ohne mein Zutun. Meine Hand muß bestraft werden, also werde ich »zufällig« mit einem Hammer daraufschlagen, sie mir in einer Tür einquetschen, mir beim Ballspielen einen Finger verstauchen oder mit aller Wucht mit der Hand gegen eine Mauer stoßen. Ich lasse nicht zu, daß ich weiß, was diese Körperteile fühlen, ob sie sich wohl fühlen oder Schmerzen verspüren, ob sie entspannt oder verkrampft sind, heiß oder kalt sind, sich gesund oder krank fühlen.

Das führt dazu, daß, wenn irgendwelche Gifte in jene Körperteile eindringen, ich es vorziehe, nichts dagegen zu unternehmen, und daß diese Körperteile erkranken. Oder ich entschließe mich nicht dazu, eine eventuell gefährliche Situation vorauszusehen. Die Körperteile, die erkranken oder verletzt werden, sind diejenigen, denen ich meine Aufmerksamkeit entzogen habe oder die ich, anders ausgedrückt, unbewußt dazu ausersehen habe, daß sie erkranken oder verletzt werden.

Ein mit mir befreundeter Radiologe erzählte mir, daß es in seinem Beruf ein sorgfältig gehütetes Geheimnis gebe. Viele Tumore, die bei Operationen entfernt würden, sähen wie kleine Menschen aus. Man könne sich des unheimlichen Eindrucks nicht erwehren, daß in die leeren, nicht vom Bewußtsein des Patienten bewohnten Räume neue Mieter eingezogen seien.

Jede Muskelverspannung, jede Reizung, jede Entzündung oder jede andere Erkrankung sind das Ergebnis eines Konflikts, bei dem ich mir nicht gestatte, ihn wahrzunehmen. Wenn ich es vorziehe, den Konflikt nicht zu kennen, ist mein Körper gezwungen, dem Konflikt »körperliche Gestalt« zu geben. Wenn ich mir totales Selbst-Bewußtsein erlaube, kann ich wählen, nicht krank zu sein.

Alle meine Erkrankungen sind insofern psychosomatisch, als ich meine Krankheit aufgrund meiner gegenwärtigen Lebenssituation auswähle. Die Forschungen, die im letzten halben Jahrhundert auf psychosomatischem Gebiet durchgeführt wurden, haben uns vieles gelehrt. Unten folgt ein Paradigma für das Verständnis der Prinzipien, die der psychosomatischen Funktion zugrunde liegen, sowie einige erläuternde Beispiele.

Eine Erkrankung ist das Ergebnis eines Konflikts, den ich nicht bewußt wahrnehme.

Der Schlüssel zum Verständnis der spezifischen Besonderheit von Erkrankungen ist in Büchern über den menschlichen Körper zu finden, die für Kinder geschrieben sind. Jeder Teil des Organismus wird so beschrieben, als ob er ein Gemeinwesen wäre, in dem jedes Organ eine spezielle Funktion hat. Der Blutkreislauf ist das Transportsystem, Kommunikation wird durch das Nervensystem gewährleistet, Ausscheidungen sind ein Müllbeseitigungs-System usw. Faßt man diese Beschreibung wörtlich auf und nimmt an, daß zur Psyche, zu den zwischenmenschlichen Beziehungen und zum physiologischen Leben einer Person eine Parallele existiert, so liefert das einen Schlüssel zum Verständnis für die Auswahl der Erkrankungen.

▶ Ich habe mit mehreren Personen gesprochen, die an Hepatitis erkrankt waren, und wollte herausfinden, welche Rolle diese Erkrankung in ihrem Leben gespielt hatte. Hepatitis ist eine Leberentzündung. Die Leber ist ein Organ, das Nahrungsstoffe und Abbauprodukte verarbeitet und speichert. Mit anderen Worten, ihre Aufgabe besteht darin, die Stoffe, die der Körper benötigt, aufzunehmen sowie die nicht verwertbaren oder die eventuell schädlichen Stoffe beseitigen zu helfen. Nehme ich diese Funktion wörtlich, so kann ich, wenn ich an Hepatitis erkrankt bin, im übertragenen Sinn annehmen, daß ich in meinem Leben Schwierigkeiten habe, Dinge, die für mich gut sind, zu nutzen und solche, die mich vergiften, loszuwerden, aber mir dieser Schwierigkeit nicht bewußt bin. Da ich diesen Konflikt nicht bewußt wahrnehme, muß mein Körper damit fertigwerden.
Alle Hepatitispatienten, mit denen ich gesprochen habe, haben übereinstimmend berichtet, daß sie sich in einer Übergangsphase befunden haben, als sie krank geworden sind. Einige waren am Umziehen, andere wollten den Job wechseln

oder lebten in einer Scheidung. Die Frage, ob sie die richtige Entscheidung getroffen hatten und wie sie mit ihrer neuen Situation zurechtkommen würden, war entscheidend für ihr Leben. Und doch berichteten sie, ihr keine große Aufmerksamkeit geschenkt zu haben. Die Schwierigkeit, die Dinge des Lebens, die sich produktiv auswirken, auszuwählen und die zu eliminieren, die sich negativ auswirken, geht einher mit der Funktionsstörung der Leber.

▶ Bei Leukämie produziert der Organismus zu viele weiße Blutkörperchen (die den Körper normalerweise vor Erkrankungen schützen) und zu wenig rote Blutkörperchen (die Träger von Nahrungsstoffen für den Körper). Der Leukämiepatient ist eigentlich zu defensiv. Leukämiepatienten haben oft das Gefühl, verletzlich und schutzlos zu sein. Die Produktion eines Überschusses an Zellen, die den Organismus schützen sollen, kann ein Versuch sein, das Gefühl, im Leben zu wenig Sicherheit zu haben, zu kompensieren.
(In weiterem Sinne besteht die Gefahr einer »nationalen Leukämie«. Ein erheblicher Teil der Mittel des Staatshaushalts der USA ist für die Verteidigung (weiße Blutzellen) vorgesehen, mit dem Resultat, daß für viele unserer inneren Angelegenheiten (rote Blutzellen), wie zum Beispiel Beschäftigung und Wohnungsbeschaffung, zu wenig Mittel zur Verfügung stehen.)

▶ Übereinstimmend wird in der Literatur über psychosomatische Medizin festgestellt, daß Personen, die an der Basedow-Krankheit leiden, zur Abhängigkeit neigen. Das Schilddrüsenhormon Thyroxin steuert den Stoffwechsel, das Wachstum und die Entwicklung. Wenn ich mich abhängig fühle, erwachsener sein möchte und diesen Konflikt nicht bewußt wahrnehme, werde ich dieses Gefühl vielleicht kompensieren, indem ich einen Überschuß an Thyroxin produziere, genauso wie der Leukämiepatient das Gefühl der Schutzbedürftigkeit durch eine Überproduktion von Abwehrstoffen kompensiert.

Ich habe hier nur wenige Beispiele angeführt. Die einschlägige psychosomatische Literatur ist sehr umfangreich, und auf ähnliche Weise wurden mehrere andere Erkrankungen beschrieben.[12] Ich möchte hier lediglich darauf hinweisen, daß es ein einfacheres Verständnis von Krankheit geben kann.
Eine Krankheit entsteht durch einen nichtbewußten Konflikt. Sie äußert sich in jedem Körperteil, das dem Konflikt entspricht. Die Erkrankung kann entweder, wie im Fall der Hepatitis, Ausdruck des Konflikts sein, beziehungsweise, wie im Fall der Leukämie oder der Basedow-Krankheit, das unzureichende Gefühl ausgleichen. Ab Seite 181 ist ein Schema dargestellt, das die Wahl einer spezifischen Krankheit leichter verständlich macht.
Die Krankheit ist ein Bestandteil des Lebensstils. Sie kann als ein Motor zur Veränderung einer unbefriedigenden Lebensweise, manchmal aber auch, wie im Fall von Rachel, zur Rechtfertigung von bereits eingeschliffenen Lebensgewohnheiten dienen.

Rachel, die eine sehr vorsichtige Frau war, strengte sich physisch nie an und benutzte ihren sarkastischen Witz dazu, sich über körperliche Betätigung lustig zu machen. Alles, was sie unternahm, plante sie lange im voraus und war immer ziemlich aus dem Häuschen, wenn etwas nicht klappte. Sie ermahnte ihre Kinder, lange zu schlafen und Gefahren möglichst zu meiden. Sie inszenierte regelrecht die Ereignisse, die sie als wichtig betrachtete, und ihren Kindern erzählte sie beispielsweise mit ernsten Worten von den Krankheiten im Erwachsenenalter, in der Annahme, daß die Kinder sehr anfällig

wären und ohne ihre Unterstützung mit Schwierigkeiten al-
lein nicht fertig würden. Ihr Leben verbrachte sie hauptsächlich im Sitzen und zu Hause. Sie war eine stille Dulderin.
(»Oh, macht euch meinetwegen keine Sorgen.«)
Dann erkrankte Rachel an Lymphdrüsenkrebs. Ihr wurde die
Milz entfernt. Als sie wieder genesen war, kennzeichneten
Vorsicht, mangelnde Risikobereitschaft und sehr sorgfältige
Planung ihren Lebensstil, da sie Krebs gehabt hatte. Sie hatte
gelebt, als ob sie Krebs gehabt hätte, und als sie an Krebs erkrankte, änderte sich nichts. Ihr Lebensstil hatte sie darauf vor-
bereitet, als Krebspatientin zu leben.

Wahl

Das Wahrheitskonzept begleitet und stützt eine Annahme,
die in den obigen Darlegungen stillschweigend mit enthalten
ist: Ich wähle selbst mein Leben aus, einschließlich meines
Gesundheitszustandes und sogar meines Unbewußten.
Indem ich mir das, was ich aus meinem Bewußtsein verdrängt
habe, wieder ins Bewußtsein rufe, kann ich mein eigenes
Leben in die Hand nehmen. Das Verständnis des Begriffs der
Wahl ist für das vollständige Erkennen der in mir angelegten
Möglichkeiten entscheidend.

Wahl

»Wenn du bei schlechter Gesundheit bist, kannst du das ändern. Wenn deine persönlichen Verhältnisse unbefriedigend sind, kannst du sie verbessern. Wenn du arm bist, kannst du erleben, daß du von Wohlstand umgeben bist ... Jeder von euch ist unabhängig von Position, Status, äußeren Umständen oder körperlicher Verfassung Lenker seiner eigenen Erfahrung.«

Seth[13]

»Wähle dich selbst.«

Søren Kierkegaard

Anfang der sechziger Jahre leitete ich T-Gruppen (T steht für Training) der National Training Laboratories in Bethel, im Bundesstaat Maine.[14] Viele sogenannte Workshops, die aus vier Gruppen von je fünfzehn Personen bestanden, wurden gleichzeitig durchgeführt. Damit wir unseren fachlichen Verpflichtungen nachkamen, pflegte der Direktor der National Training Laboratories jeden Kurs damit zu eröffnen, daß er ungefähr folgendes bekanntgab:

Es kann vorkommen, daß Sie die Gruppenerfahrungen etwas anstrengend finden und vielleicht den Wunsch verspüren werden, mit jemandem darüber zu sprechen, welche Schwierigkeiten Sie haben. Aus diesem Grund wird sich zwischen vier und sechs Uhr im Raum 104 ein Berater zu Ihrer Verfügung halten. Wenden Sie sich an ihn, wenn Sie es für nötig erachten.

In der Regel pflegten zwei Drittel der Teilnehmer jedes Workshops den Berater aufzusuchen. 1963 wollten vier von

61

uns einige Experimente in bezug auf die Förderung von Kreativität und die Entfaltung der Persönlichkeit ausprobieren[15], und uns kam der Gedanke, daß es einen gewissen Sinn hätte, auf die Information über die Möglichkeit, einen Berater in Anspruch zu nehmen, zu verzichten. Der Direktor willigte ein, und zu unserer Überraschung wandte sich niemand von unserem Kursus an einen Berater.

Am Ende des Workshops, der ziemlich anstrengend gewesen war, versuchte ich, der Sache auf den Grund zu gehen. Nachdem ich mit vielen Teilnehmern gesprochen hatte, wurde mir klar, daß der Verzicht auf die Hilfe direkt mit der Erwartungshaltung der Übungsleiter zusammenhing. Damit, daß wir einen Berater zur Verfügung stellten, gaben wir den Teilnehmern zu verstehen, daß wir nicht von ihrer Fähigkeit überzeugt waren, mit allen unvorhergesehenen Schwierigkeiten während des zweiwöchigen Trainingskursus selbst fertigzuwerden. Sobald ein Teilnehmer einen kritischen Punkt erreicht hatte, nahm er von vornherein an, daß das der Zeitpunkt sei, an dem er, wie von den Übungsleitern stillschweigend vorausgesetzt, Hilfe brauchte.

Als die Gruppenmitglieder keine solche Information erhielten, interpretierten sie das so, daß das Personal der Auffassung sei, daß sie jede Situation selbst meistern könnten. Als sie ihren kritischen Punkt erreichten, gingen sie davon aus, daß sie mit der Sache selbst fertig würden, da die Leiter dieser Überzeugung seien – und sie schafften es.

Für mich war das etwas ganz Außergewöhnliches. Dieses Verhalten widersprach völlig meiner akademischen und psychoanalytisch ausgerichteten Ausbildung, stimmte nicht mit dem medizinischen Modell überein, und doch war es sehr logisch. Wenn ich, der Gruppenleiter, davon ausgehe, daß du, das Gruppenmitglied, schwach bist, spreche ich den schwachen Teil von dir an. Wenn ich erwarte, daß du in der Lage bist, mit einem Problem selbst fertigzuwerden, fordere ich deine Stärke heraus.

Seit dieser Zeit befasse ich mich mit Eigenverantwortung. Später beeinflußten mich die Gedanken von Fritz Perls und Werner Erhard sowie das, was ich in den Seth-Büchern las.[16] Sobald ich meine Idee bei der Arbeit anwandte und darüber sprach, stellte ich fest, daß immer mehr Leute zu ähnlichen Schlußfolgerungen gelangt waren, nämlich zu der Überzeugung, daß wir alle für das Leben, das wir führen, selbst eine Wahl treffen.

Da ich vergleichbare Erfahrungen mit Aufrichtigkeit und Offenheit in zwischenmenschlichen Beziehungen gesammelt habe, habe ich das Gefühl, daß die Zeit für das Konzept der »Wahl« gekommen ist. Darüber hinaus ist man an mehreren Orten, größtenteils unabhängig voneinander, zu derselben Auffassung gelangt, nämlich daß alle Menschen ihre Art zu leben selbst wählen.

»Axiom A: Nur du bist dafür verantwortlich, wie du dich entfaltest.«   Arica[17]

»Du bist der Gott in deinem Universum.
Du hast es erschaffen.
Du behauptest, es nicht erschaffen zu haben, um darin spielen zu können.
Und du kannst dich jederzeit, wenn es dir beliebt, daran erinnern, daß du es erschaffen hast.«   Werner Erhard[18]

»Betrachte nicht jedes Problem als eines, das nur du hast, oder als etwas, was deswegen existiert, weil du so bist, sondern (1.) als etwas, was du zu tun beschlossen hast, (2.) als eine Art, wie du sein wolltest, oder (3.) als eine Art, wie du andere sehen wolltest. Mit anderen Worten, du betrachtetest dein Problem als eine von dir getroffene Entscheidung.«   Harold Greenwald[19]

»Nur du kannst dein Befreier sein.«   Wilhelm Reich[20]

»... du bist es selbst, der in den meisten Fällen entscheidet, ob sie (die Ereignisse in deinem Leben) weiter eine Rolle spielen sollen oder nicht.«   Fritz Perls[21]

In so unterschiedlichen Quellen, wie es Shakespeare und die Boy Scouts sind, ist der gleiche Gedanke auf ähnliche Weise zum Ausdruck gebracht. Antonio sagt im »Sturm«: »Wovon, was jetzt geschah, ein Vorspiel ist, doch uns das Künft'ge obliegt.« Das Motto der Boy Scouts lautet: »Auf mich kommt es an.«
Jede Version unterscheidet sich etwas von den anderen. Was folgt, ist meine eigene Auffassung von der Sache.

Ich (das universelle Selbst) wähle meine Art zu leben und habe das immer getan. Ich wähle mein Verhalten, meine Gefühle, meine Gedanken, meine Krankheiten, meine Reaktionen, meine Spontaneität und meinen Tod.

Einige dieser Entscheidungen treffe ich, um mir bewußt zu werden, und andere wähle ich, um mir nicht bewußt zu werden. Oft bevorzuge ich es, Gefühle, mit denen ich mich nicht auseinandersetzen möchte, Gedanken, die für mich inakzeptabel sind, sowie manche Kausalzusammenhänge, die zwischen bestimmten Ereignissen existieren, nicht wahrzunehmen.
Das Unbewußte ist durch diese Formulierung entmystifiziert. Auch dieses wähle ich. Mein Unbewußtes sind all jene Dinge, die ich nicht wahrnehmen will.
Es gibt keine Zufälle. Dinge geschehen, weil ich will, daß sie

geschehen. Ich bin mir nicht immer bewußt, daß sie mit meinem Zutun geschehen. Sobald ich die Verantwortung für die Entscheidung übernehme, wie sich mein Leben gestaltet, ist alles anders. Ich habe die Macht. Ich entscheide. Ich habe mich selbst unter Kontrolle.

Die gleiche Bedeutung wie »Wahl« hat auch der Begriff »freier Wille«. Beide Begriffe sind auswechselbar. Ein ähnlicher Begriff ist »Eigenverantwortung«, doch hat dieses Wort einen moralischen Beigeschmack. Wird der moralische Unterton vermieden und liegt der Akzent auf »verantwortlich«, so kann der Begriff »Eigenverantwortung« anstelle von »Wahl« gebraucht werden.

Akzeptiere ich das Konzept der Wahl, so muß ich meine Interpretation vieler Begriffe ändern, die in der Gruppentheorie von zentraler Bedeutung sind. Hier sind solche Begriffe zu nennen wie »Gruppenzwang«, »Manipulation«, »Gehirnwäsche« oder »Sündenbock«. Alle diese Begriffe implizieren, daß etwas mit mir gemacht wird, während ich in Wirklichkeit *zulasse,* daß mit mir etwas gemacht wird. Ich verwende diese Begriffe, um andere für das verantwortlich zu machen, was ich mir selbst antue.

Nehmen wir beispielsweise an, daß ich, während ich Mitglied einer Gruppe bin, eine bestimmte Ansicht vertrete. Zu meinem Bedauern stelle ich fest, daß niemand in der Gruppe meine Meinung teilt. Nachdem die Gruppe mich »in die Mangel genommen«, mich »mächtig unter Druck gesetzt« und mir »Fallen gestellt« hat, »bricht sie meinen Widerstand« und »zwingt« mich, meine Meinung zu ändern.

Sobald ich mich wieder in meinen eigenen vier Wänden befinde, denke ich genauso wie vorher. Ich werde wütend über das, was man »mir angetan« hat. Diese Gruppe hat mich einer Gehirnwäsche unterzogen! Sie hat mich gezwungen, meine Meinung zu ändern! Der Gruppenleiter hat seine Autorität in unverantwortlicher Weise ausgenutzt und mich überfahren! Wenn ich will, kann ich mich mit dieser Erklärung zufriedengeben, ja, ich kann sogar zu einem empörten Kritiker der »Gruppentyrannei« werden. Ich kann meine Erfahrungen mit der in China praktizierten »Gehirnwäsche« gleichsetzen und einen Artikel verfassen, in dem die Forderung erhoben wird, daß Ethikkommissionen ein so tadelnswertes Verhalten unterbinden.

Wenn ich jedoch das Prinzip der Wahl akzeptiere, werde ich erkennen, daß nicht *sie* den Umschwung in meinem Denken bewirkt haben, sondern daß *ich* meine Meinung geändert habe. Das einzige, was sie getan haben, war, daß sie bestimmte Dinge sagten und taten. Ich habe die Projektionen meiner Gruppe akzeptiert. Manche Gruppenmitglieder hatten vielleicht die Absicht, mich zur Änderung meiner Meinung zu veranlassen, aber ich muß insgeheim zur Übereinstimmung mit ihnen gekommen sein, weil ich es zuließ.

Sobald ich dies erkenne, erlange ich Klarheit über mich selbst, und ich profitiere von der gemachten Erfahrung. Woher kommt mein mangelndes Selbstbewußtsein, meine Labilität, meine Exzentrik und mein Bedürfnis, akzeptiert zu werden, die mich dazu bringen, meine Meinung zu ändern, obwohl ich wirklich etwas anderes denke?

Während ich meine eigene Unsicherheit erforsche, erkenne ich, daß die Gruppe mir einen guten Dienst erwiesen hat. Sie schuf Bedingungen, die ich nutzen konnte, um herauszufinden, wie sicher ich mir in meinem Urteil bin, wie wichtig es für mich ist, beliebt zu sein, wie unbeirrbar ich meinen Standpunkt vertrete, wie leicht ich ins Wanken gebracht werden kann, oder welche anderen Gründe es noch dafür geben mag, daß ich meine Meinung änderte.

Als Leiter einer therapeutischen oder einer Kontaktgruppe besteht meine Aufgabe nicht darin vorzuschreiben, was du, das

Gruppenmitglied, nicht tun darfst (projiziere nicht, interpretiere nicht, analysiere nicht, suche keinen Sündenbock, kritisiere nicht). Ich ermutige dich dazu, dich zu äußern. Die Mitglieder der Gruppe haben dann Gelegenheit, deine Bemerkungen zu nutzen, um sich selbst besser zu erkennen.

Gruppen können nicht nur keinen Zwang auf mich ausüben, sondern Dinge mich auch nicht erschrecken. Ich könnte sagen, daß ich vor einer Person wie dir oder vor einer Situation, wie zum Beispiel der Aussicht, abgelehnt zu werden, oder vor so etwas wie Spinnen Angst habe. Aber gemäß der Theorie der Wahl habe ich in Wirklichkeit keine Angst vor den äußeren Problemen. Ich habe Angst vor meiner Unfähigkeit, dir wirksam Widerstand zu leisten, eine ablehnende Haltung mir gegenüber zu ertragen oder vor Spinnen keine Scheu zu haben. Solange ich dich als Ursache meiner Furcht ansehe, verbringe ich meine Zeit mit dem Versuch, dich zu ändern, zu kritisieren, zu meiden oder zu vernichten. Sobald ich erkenne, daß die Angst in mir steckt, kann ich lernen, mit Schwierigkeiten besser fertigzuwerden. Das ist eine viel lohnendere Aufgabe.

Es gibt nur eine Angst: nicht imstande zu sein, eine Situation zu meistern – die Angst vor dem eigenen Unvermögen.

Angenommen, ich habe Angst davor, daß du in mein Büro kommst; denn »du redest die ganze Zeit«, »du stiehlst mir die Zeit«, »ich arbeite nichts, wenn du da bist«, »du mischst dich in meine Angelegenheiten ein.« Mir sträuben sich die Haare, wenn du bei mir aufkreuzt.

Ich fürchte mich davor, daß du bei mir erscheinst, weil ich das Gefühl habe, daß ich mit dir nicht zu Rande komme. Sobald ich lerne, dich zu bitten, wieder zu gehen, wenn ich dich nicht mehr in meiner Nähe haben möchte, graut mir nicht mehr vor deinem Kommen. Wenn ich das Gefühl habe, daß ich in dieser Situation mit dir fertigwerde, habe ich keine Angst.

Wie bei den anderen von mir dargelegten Konzepten ist es nicht nötig, vom Konzept der Wahl überzeugt zu sein, um seine Konsequenzen auszuprobieren. Wenn ich davon ausgehe, daß die Aussage »alles in meinem Leben geschieht nach meiner Wahl« richtig ist, dann habe ich eine Chance festzustellen, ob sie zutrifft. Wenn ich annehme, daß vieles in meinem Leben zufällig geschieht, will ich niemals wissen, ob das stimmt oder nicht. Wenn ich mir gestatte, selbst zu untersuchen, wieviel ich entscheide, werde ich herausfinden, wie nützlich das Konzept für mich ist. Was habe ich denn zu verlieren?

Als ich, der Autor, gelernt hatte, im Laufe der letzten zwölf Jahre die Idee der freien Wahl für mich zu akzeptieren, fragte ich mich: Wieso entschließe ich mich dazu, an das Konzept zu glauben? Das Gedicht »Invictus« von William Ernest Henley war, als ich acht Jahre alt war, mein Lieblingsgedicht. Der Teil, der ich am meisten liebte, waren die bekannten Verse: *»I am the master of my fate, I am the captain of my soul«* (»Ich bin der Herr meines Schicksals, ich bin der Kapitän meiner Seele«). Offenbar wollte ich in diesem Alter unbedingt das Gefühl haben, daß ich alles selbst entscheide, oder ich erfaßte frühzeitig intuitiv, daß die Idee des Auswählens wichtig war – vielleicht spielte beides eine Rolle.
Ich liebte auch knifflige Rätsel. Einer meiner Helden war Sherlock Holmes. Ich verbrachte Stunden mit dem Lösen von Kreuzworträtseln und mit logischen Spielen. Einmal blieb ich die ganze Nacht auf und warf 12 000 mal eine Münze hoch, um zu sehen, ob die normale Kurve die richtige sei. Wenn ich

alles auswähle und wenn sich keine Zufälle ereignen, wird das Leben ein lösbares Rätsel. Wenn viele Phänomene einen zufälligen Charakter haben, lassen sich keine Schlüsse daraus ziehen. Ich ziehe das Rätsel vor.

Das Unbewußte

Nicht alle Entscheidungen treffe ich mit vollem Bewußtsein. Oder, genauer gesagt, in manchen Fällen lasse ich nicht zu, daß ich mir meine Wahl bewußt mache. So bin ich beispielsweise vielleicht schon in jungen Jahren unbewußt zu dem Schluß gekommen, daß es ein unangenehmes Gefühl ist, wenn ich mir bewußt bin, daß jedermann glaubt, ich sei dumm (oder daß *ich* glaube, ich sei dumm). Daher halte ich die Tatsache, daß ich mir dumm vorkomme, vor mir selbst verborgen.

Um die Tatsache nicht zur Kenntnis nehmen zu müssen, daß ich mir dumm vorkomme, lege ich vielleicht ein Konkurrenzverhalten an den Tag. Ich schwindle, damit meine Konkurrenten nicht besser dastehen als ich. Ich verdränge das Gefühl, daß ich schwindle, weil ich sonst der Tatsache ins Auge sehen muß, daß ich mir dumm vorkomme. Das Schwindeln wird zu einem Verhalten, bei dem ich nicht zulasse, daß ich mir über mein Tun bewußt werde.

Außerdem kann ich mich schuldig fühlen, weil ich schwindle, doch gestehe ich mir dieses Schuldgefühl nicht ein. Dieses Schuldgefühl veranlaßt mich, so zu schwindeln, daß ich dabei ertappt und bestraft werde, so daß ich die Schuld abbüßen kann. Ich bin sehr böse auf die Personen, die mich ertappt haben, obwohl ich, ohne mir darüber bewußt zu sein, alles so arrangiert habe.

Eines der Hauptziele, die mit den Kontaktgruppen und mit Therapie an sich verfolgt werden, besteht darin, dem Teilnehmer zu helfen, sich Phänomene, die ihm nicht bewußt sind, bewußt zu machen. Sobald er das erkennt, hängen die von ihm getroffenen Entscheidungen von seinem Willen ab. Der »Wille« dient dazu, bewußt eine Entscheidung zu treffen. Wenn ich, wie im obigen Fall, erkenne, daß ich mich schuldig fühle, kann ich bewußt entscheiden, ob ich schwindeln will oder nicht.

Bewertung

Bei dieser Betrachtungsweise spielen die Kategorien gut und schlecht, richtig und falsch oder moralisch und unmoralisch keine Rolle. Die Anwendung dieser Kriterien auf ein bestimmtes Verhalten ist also eine Sache der Wahl.

Etwas existiert oder geschieht – ein Verhalten, eine Interaktion. Das ist das, was *ist*. Wenn ich dieses Verhalten als richtig oder als falsch beziehungsweise als moralisch oder als unmoralisch bezeichnen will, habe ich diese Alternative. Vielleicht werden viele von uns übereinstimmend ein und dasselbe Verhalten so bezeichnen. Es handelt sich jedoch nur um *das,* was ist. Dadurch, daß wir ein Verhalten übereinstimmend als falsch bezeichnen, wird es nicht falsch; es wird nur zu einem Verhalten, das wir als falsch bezeichnen. Wenn andere jenes Verhalten als richtig bezeichnen, können sie diese Wahl treffen. Sie können auch glauben, daß es das absolut Gute gibt. Das ist ebenfalls eine Frage ihrer Wahl.

Nachdem ich dieses Verhalten erlebt habe, kann ich darauf reagieren, indem ich mich schuldig fühle oder Eifersucht, Freude, Zorn, Liebe oder Schmerz empfinde. Andere werden vielleicht anders auf dasselbe Verhalten reagieren. Oft glaube ich, daß ich keine andere Wahl habe, als genau so zu fühlen oder auf das Verhalten genau so zu reagieren. Es ist jedoch richtiger zu sagen, ich lasse nicht zu, daß ich mir bewußt bin, auf welcher Grundlage ich mich entscheide, jenes Gefühl zu haben. Wenn ich mir erlaube, dies herauszufinden, kann ich mir über die von mir getroffene Wahl klarwerden und sie, falls ich es wünsche, ändern.

Sandra kam zu einem Workshop und erklärte, daß sie sich wegen ihrer Teilnahme schuldig fühle. Ich bat sie, so zu handeln, als ob ihr Schuldgefühl eine andere Person wäre, und zu dieser Person zu sprechen.[22] Ihr Schuldgefühl antwortete: »Ich bin hier, weil du deine Kinder zu Hause gelassen hast.« Es stimmte, sie hatte sie zu Hause gelassen, aber sie wurde gefragt, was es ihr nütze, daß sie sich deswegen schuldig fühlte. Sie mußte sofort daran denken, was ihre Mutter sagen würde. Was für eine Mutter wäre Sandra, wenn sie sich nicht schuldig fühlte? Zumindest bewies das Schuldgefühl, daß sie sich wie eine »richtige« Mutter Sorgen machte.
Als sich Sandra darüber klarwurde, erkannte sie auch, daß sie sich in Wirklichkeit nicht schuldig fühlte, weil sie die Kinder zu Hause gelassen hatte. Es ging ihnen gut, und sie hatte das Gefühl, daß sie wertvolle Erfahrungen sammeln konnte. Sie war sich nun aller Faktoren bewußt und konnte wählen, ob sie sich schuldig fühlen wollte oder nicht. Sie beschloß, sich nicht mehr schuldig zu fühlen.

Bewerte ich meine Gefühle als »schlecht«, verzögere ich herauszufinden, was das für Gefühle sind. Wenn ich fürchte, kein »richtiger« Mann zu sein, werde ich es wahrscheinlich vorziehen, nicht zuzugeben, daß ich vor manchen Situationen Angst habe. Wenn ich glaube, daß sexuelles Verlangen unmoralisch sei, werde ich vielleicht den Gedanken aus dem Bewußtsein verbannen, daß ich ein solches Verlangen habe. Wenn ich es als schlecht ansehe, jemandem etwas Böses zu wünschen, unterdrücke ich das Gefühl, solche Wünsche zu haben.

Manchmal reagiere ich auf das, was ich verdrängt habe, damit, daß ich diejenigen verurteile, die die von mir unterdrückten Gefühle haben. Ich kann meine sexuellen Begierden leugnen, indem ich der *Legion of Decency* beitrete, als deren Mitglied ich selbstgerecht pornographische Kinofilme zensiere und gleichzeitig mein unbewußtes Verlangen befriedige, indem ich mir stundenlang sexuelle Exzesse ansehe.

Howard litt nach dem frühen Tod seiner Frau, mit der er drei Kinder hatte, an einer schweren Depression. Seine Frau war schon zwei Jahre tot, aber Howard hatte seine Trauer noch immer nicht überwunden. Er sagte, ihr Verlust schmerze ihn nach wie vor sehr, und er wisse nicht, wie er darüber hinwegkommen könne. Nachdem wir Howard etwas näher kennengelernt hatten, wurde uns klar, daß er wegen irgendwelcher negativen Gefühle, die er seiner Frau gegenüber empfunden hatte und die er leugnete, einen starken Schuldkomplex hatte.

Howards wahre Gefühle bestanden, wie in fast allen Fällen, in denen jemand einen nahestehenden Menschen verloren hat, aus einer Mischung gegensätzlicher Empfindungen: Er verspürte nicht nur Trauer, sondern auch Ärger darüber, daß er verlassen worden war und die Kinder nun allein großziehen mußte, sowie Erleichterung darüber, daß er vom spannungsgeladenen Teil der Partnerbeziehung befreit war. Als er erkannte, daß diese Gefühle normal waren, war er bereit, seinen Schuldkomplex abzubauen und die Gefühle zu prüfen, die er tatsächlich für seine Frau empfunden hatte. Solange er seine Energie darauf verwandte, die Lüge aufrechtzuerhalten, daß all seine Gefühle gegenüber seiner Frau positiv gewesen waren, war Howards Lebensenergie sehr gering. Er mußte zuerst seine wahren Gefühle zugeben und sie akzeptieren, bevor er seine Vitalität wiedergewinnen konnte. Als das geschafft war, leuchteten seine Augen, er atmete leichter und wirkte so, als ob ihm eine große Last von der Seele genommen sei.

Eltern

Wie weit reicht die Wahl? Wählen Kinder aus? Tun es Säuglinge? Wählen wir unsere Eltern?
Ich wähle alles in meinem Leben aus, von Anfang an.

Als Harriet sich mit Hilfe einiger Imaginationsübungen ins Alter von neun Monaten zurückversetzt hatte, konnte sie sich daran erinnern, wie sie ihre Mutter steuerte, indem sie wußte, wann sie lachen, wann sie weinen und wann sie einen Asthmaanfall bekommen mußte, damit ihre Mutter zu Hause blieb. Inzwischen beginnt man zu erforschen, wie Kinder ihre Eltern konditionieren.

Die Frage, ob Eltern ausgewählt werden oder nicht, erfordert einen metaphysischen Glauben an das, was vor dem Eindringen der Samenzelle in die Eizelle geschehen ist. Nach der im Westen verbreiteten Auffassung sind sich die Samen- und die Eizelle vor ihrer Vereinigung, die zur Herausbildung eines Fötus führt, nie begegnet, und die Befruchtung der Eizelle durch eine spezielle Samenzelle ist größtenteils vom Zufall abhängig. Diese Annahme läßt sich sehr schwer beweisen.
Eine andere Auffassung, die eher mit dem Auswahlprinzip

übereinstimmt, läßt sich ebenfalls schwer beweisen und entspringt der östlichen Vorstellung von Wiedergeburt. Wir alle sind Wesen. Wir wählen einen Körper aus und leben eine gewisse Zeit lang. In jeder Lebenszeit gibt es gewöhnlich einige ungeklärte Aspekte. Sie werden in den östlichen Philosophien *Karma* genannt. Das Wesen muß sich mit seinem Karma auseinandersetzen, um auf eine höhere Stufe zu gelangen. Hierzu sucht sich das Wesen Eltern – Gene, DNA-Sequenzen –, die es ihm ermöglichen, mit jenen ungeklärten Problemen fertigzuwerden. Wir wählen unsere Eltern teilweise deswegen aus, um unsere ungelösten Probleme zu lösen. Gewöhnlich haben wir damit Schwierigkeiten, und das ist der springende Punkt.

Wir können verständlicherweise niemanden für unser Leben verantwortlich machen. Wir haben im heimlichen Einvernehmen mit unseren Eltern gehandelt und alles von Beginn an ausgewählt. Sobald wir diese Formulierung akzeptieren, sind wir bereit, unser Leben zu ändern – wenn wir das wollen.

Freie Entscheidung

Obwohl ich immer unter verschiedenen Möglichkeiten meine Wahl treffe, lassen sich nicht alle Möglichkeiten gleichermaßen realisieren. Im Moment fällt es mir schwerer, meinen Blutdruck zu ändern, als meinen Arm zu heben. Das erstere erfordert mehr Wissen, Erfahrung, Körperbewußtsein und Körperbeherrschung, als ich mir jetzt zu besitzen zubillige. Vor einem Jahrhundert war es sogar noch schwerer als heute, den Blutdruck bewußt zu ändern. Selbst wenn ich voraussetze, daß ich die Fähigkeit besitze, alles zu tun, mich selbst jedoch nur nicht wissen lasse, daß ich diese Fähigkeit habe, so ist es doch nützlich, verschiedene Schwierigkeitsgrade in bezug auf die Realisierung verschiedener Möglichkeiten zu unterscheiden.

Die Welt schafft Bedingungen, die gewisse Entscheidungen erleichtern. Die Option »trotz Regen trocken zu bleiben« erfordert beispielsweise Fähigkeiten, die sich nur wenige Menschen zu besitzen erlaubt haben.

Wenn wir interagieren, schaffe ich Bedingungen, bei denen du das Gefühl hast, daß dir bestimmte Möglichkeiten mehr liegen als andere oder daß du dich für sie leichter entscheidest als für andere. Wenn du dich dafür entscheidest, dir einen Film anzusehen, und ich mich dafür entscheide, dich mit Handschellen an den Kühlschrank zu fesseln, schaffe ich wahrscheinlich eine schwierigere Situation für dich, als wenn ich dich zum Kino fahren würde.

Wenn ich Bedingungen schaffe, bei denen du es leicht findest, die von dir gewünschten Möglichkeiten auszuwählen, wirst du mich auswählen und mich wahrscheinlich mögen. Wenn ich Bedingungen schaffe, bei denen du es schwer findest, wünschenswerte Möglichkeiten auszuwählen, wirst du mich mit geringerer Wahrscheinlichkeit auswählen und mich mögen.

Ich habe die Wahl, Bedingungen zu schaffen, die, wie ich voraussehen kann, die Verwirklichung der von dir bevorzugten Möglichkeiten schwieriger oder weniger schwierig machen werden. Wenn du es schwierig finden solltest, die von dir ausgewählten Möglichkeiten in der von mir geschaffenen Atmosphäre zu verwirklichen, wirst du versuchen, mit der Situation fertigzuwerden, indem du (1.) mich änderst, (2.) die Wahrnehmung der von mir geschaffenen Situation so änderst, daß sie deinen Wünschen mehr entspricht, oder (3.) gehst.

Gesellschaft

Das soziale Gefüge, das daraus resultiert, daß jede Person nach ihrem freien Willen handelt, bildet die Grundlage für die bestmögliche Gesellschaft.

Angenommen, ich fange an, zu lügen und zu schwindeln, und halte meine Versprechungen nicht. Da freie Entscheidungen keiner Bewertung unterliegen, sind sie legitim. Ich entscheide mich dafür, ein Lügner, ein Schwindler und ein Gauner zu sein.

Wenn ich diese Wahl treffe, werde ich vielleicht feststellen, daß ich sehr bald keine Freunde mehr habe, daß ich gerichtlich belangt werde, ohne Arbeit bin und ein blaues Auge habe, als Folge der freien Entscheidung, die andere als Reaktion auf mein Verhalten getroffen haben. Nun werde ich sehr wahrscheinlich meine Entscheidung, zu lügen, zu schwindeln und mein Wort zu brechen, überdenken, und eine andere Wahl treffen.

Die Änderung meines Verhaltens ist weder auf irgendeine Erwägung deinerseits zurückzuführen, noch ändere ich mein Benehmen deswegen, weil ich nett, anständig oder selbstlos sein möchte. Ich ändere mein Verhalten, um von dir die von mir gewünschte Reaktion zu erhalten.

Doch steht oft ein stärkeres Motiv hinter der Änderung einer Verhaltensweise. Ich möchte mich als eine aufrechte, zuverlässige Person sehen.

Mein Selbstverständnis ist die stärkste Motivation für mein Verhalten.

Die ermutigendste Erfahrung mit diesem Konzept machte ich während der McCarthy-Zeit. Damals war ich, der Autor, als wissenschaftlicher Assistent an der Universität von Kalifornien mit dem Problem konfrontiert, die eidesstattliche Erklärung über nichtkommunistische Loyalität zu unterschreiben. Da ich zum größten Teil auf mein Gehalt als Assistent angewiesen war, bildete dieses Problem einen Prüfstein für meine Prinzipienfestigkeit – meine Prinzipien verboten mir, die eidesstattliche Erklärung zu unterschreiben.

Nach einer langen Diskussion mit meinem Vater – der die Meinung vertrat, daß ich im Prinzip recht hätte, aber mir meine Zukunft verbauen würde, wenn ich nicht unterschriebe – ging ich mit einigen Freunden in ein Restaurant. Ich erwog das Für und Wider, und mir schien es logisch, die Erklärung zu unterschreiben, aber gleichzeitig den Kampf »von innen her« fortzusetzen. Ich beschloß zu unterschreiben.

Als ich ins Freie trat, wo die Sonne schien, hatte ich das Gefühl, als ob eine dunkle, schwere Wolke über mir schwebte. Mein Körper, auf dessen Reaktionen ich gerade erst zu achten begann, sagte mir, daß irgend etwas nicht stimmte.

In diesem Augenblick sagte ich unwillkürlich: »Das ist nicht der Typ von Mensch, der ich sein möchte. Ich möchte nicht ein Prinzip aus praktischen Erwägungen opfern. Ich werde nicht unterschreiben.«

Damit verschwand die Wolke, und ich fühlte mich leicht und unbeschwert. Mein Körper hatte erneut gesprochen.

Dies war das erste Mal, daß ich klar erkannte: Mein Verhalten war etwas, was ich selbst entschied. Ich konnte jede beliebige Person sein, die ich sein wollte. Das war die einfache Basis für mein Verhalten. Es gab Dutzende Gründe für jede nur mögliche Haltung, aber sie waren nur Gründe. Auf mich kam es an.

Ein soziales Gefüge entsteht durch Menschen, die sich frei entscheiden. In der Welt der freien Wahl ist kein Platz für ein »Man sollte«. Moralische Gebote, wie beispielsweise »küm-

mere dich um andere«, »achte die Gefühle anderer«, sind
überflüssig. In einer Gesellschaft, in deren Mittelpunkt die
freie persönliche Entscheidung steht, ergeben sie sich von
selbst, ganz ohne Zwang. Da die Menschen diese Verhaltensweisen freiwillig wählen, und nicht deswegen, weil andere sie
ihnen aufzwingen, besteht eine größere Wahrscheinlichkeit,
daß sie sich durchsetzen und die Heuchelei abnimmt.

Wenn ich von dir eine positive Reaktion erhalten will,
bemühe ich mich herauszufinden, welche von mir geschaffenen Situationen du magst. Das macht es erforderlich, dich zu
sehen und zu kennen.

Das ganze Verhalten beruht auf eigennützigen Beweggrün-
den. Es hat nichts mit »gut« oder »schlecht« zu tun. Es ist einfach so.

Das Prinzip der Wahl impliziert, daß soziale Minderheiten nur
dann unterdrückt werden, wenn sie es zulassen, daß sie in
eine Lage gebracht werden, die sie Unterdrückung nennen.
Paradoxerweise gibt diese offenbar reaktionäre soziale Verhaltensweise in Wirklichkeit »dem Individuum die Macht«
zurück. Solange Angehörige der Minderheit glauben, daß
Weiße (oder Männer, oder Schichten, oder das Establish-
ment) sie jahrhundertelang unterdrückt haben, kann der Unterdrückung erst dann ein Ende bereitet werden, wenn die
Mehrheit aufhört, die Minderheit zu unterdrücken. Die Minderheit hat sich selbst in eine machtlose Situation manövriert.
Sobald die Minderheit zugibt, daß sie unterdrückt wird, weil
sie das selbst *zugelassen* hat, hört die Unterdrückung auf. Sobald sie beschlossen haben, die Unterdrückung nicht mehr zu
dulden. Sie haben nun die Macht.

In den Befreiungsbewegungen der letzten Jahrzehnte haben
die Minderheiten in dem Moment begonnen, wirkliche Fortschritte zu erzielen, in dem sie ihre eigene Verantwortung erkannten und den Entschluß faßten, die Verhältnisse zu än-

dern. »Black Power« und »Black is beautiful« waren Zeichen für diese veränderte Haltung.

Mitgefühl

Mitgefühl wird definiert als tiefe Sympathie und Sorge für einen anderen Menschen, der von Leid oder Unglück heimgesucht ist, verbunden mit dem starken Wunsch, den Schmerz der betreffenden Person zu lindern oder dessen Ursachen zu beseitigen. Doch selbst wenn ich wollte, hätte ich keinerlei Möglichkeit, dich von deinem Schmerz zu befreien. Dein Schmerz ist deine Wahl, und du bist die einzige Person, die entscheiden kann, daß du ihn nicht empfindest. Ich kann nur Bedingungen schaffen, die du als geeignet für die Änderung deines Gefühls empfindest.

Der Grad des Mitgefühls, das ich, der Autor, persönlich für dich empfinde, hängt davon ab, wie sehr ich mich um dich sorge, sowie von drei Faktoren: (1.) davon, ob du die Verantwortung für dich selbst übernimmst, (2.) davon, ob du gewillt bist, deine Probleme zu lösen, (3.) davon, ob du gewillt bist zu erkennen, wie du deine schwierige Lage verbessern kannst.

♦ Wenn du die Verantwortung für deine Situation übernimmst und gewillt und imstande bist, sie zu verbessern, bist du auf Mitleid nicht angewiesen. Mein Empfinden gleicht mehr dem Gefühl der Wärme, des Beistands und der Bewunderung für die Art und Weise, wie du die Schwierigkeiten in deinem Leben meisterst.

♦ Wenn du die Verantwortung für deine Situation übernimmst, gewillt bist, deine Probleme zu lösen, aber nicht erkennen willst, wie sie gelöst werden können, habe ich großes Mitgefühl mit dir. Wenn ich glaube, eine Methode zur Lösung deiner Probleme zu kennen, entschließe ich mich dazu, die Rolle eines Lehrers zu übernehmen. Diese Situation ist jener sehr ähnlich, in der ich Leiter einer Kontaktgruppe bin. Manche Leute zeigen ihre Bereitschaft, sich mit ihren Schwierigkeiten auseinanderzusetzen. Sie haben aber einfach nicht gelernt, ihren Kampf erfolgreich zu führen, oder sie haben nicht das erforderliche Geschick, oder sie kennen keine geeigneten Methoden. Ich entschließe mich dazu, entsprechende Techniken und Ideen als Möglichkeiten darzulegen, die sie in Betracht ziehen können. Mein Mitgefühl für solche Menschen ist noch größer, wenn auch ich mit den Methoden nicht vertraut bin, die für die Lösung eines Problems erforderlich sind.

Bob, ein guter Freund, erkrankte an Leukämie. Um seinen Zustand zu verbessern, testete er alle Heilmethoden, die er kannte, angefangen von der traditionellen Medizin bis zu den suggestiven Therapien von Heilern. Ich war völlig davon in Anspruch genommen, zusammen mit Bob neue Möglichkeiten für seine Behandlung zu erkunden. Mein Einfühlungsvermögen und mein Gefühl der Nähe zu ihm hätten nicht vollkommener sein können.

▶ Am stärksten empfinde ich Mitgefühl, wenn du erklärst, daß du dich mit deinem Zustand abfindest und dich entschließt, ihn nicht selbst ändern zu wollen. Das Ringen um die eigene Lösung für ein Problem kann anstrengend sein, und vielleicht entschließt du dich dazu, jemand anderem deine Verantwortung zu übertragen. Eine Erkrankung zählt häufig zu dieser Art von Problemen. Du bist dir darüber bewußt, daß du dir selbst die Krankheit zuzuschreiben hast, doch scheust du die gründlichen Untersuchungen, die zur Lösung des Problems erforderlich sind. Ich werde mir dann immer bewußt, wie sehr einem in einer solchen Situation die Hände gebunden sind. Zum Teufel noch einmal, eine Aspirintablette zu schlucken ist manchmal einfacher, als gelenkte Imaginationsübungen zu machen oder sich einer Sondierung entsprechend der Gestalt-Therapie zu unterziehen. Mitunter ist es sehr mühevoll, Klarheit zu erlangen, und ich verhalte mich diametral entgegengesetzt (siehe Seite 289 ff.).

▶ Wenn du keine Verantwortung für dein Verhalten übernimmst, verringert sich mein Mitgefühl. Angenommen, aus Gründen, die du dir nicht eingestehst, bist du auf mich eifersüchtig und akzeptierst nicht, daß du es vorziehst, eifersüchtig zu sein. Je nach den Umständen kann ich auf dreierlei Weise darauf antworten:

• Du schaffst dir selbst ein Problem, indem du es vorziehst, eifersüchtig zu sein. Um mit dir gut zurechtzukommen, muß ich auf mein Vergnügen verzichten, doch weigere ich mich, das zu tun.

• Ich akzeptiere es, daß du dich entscheidest, die Verantwortung für deine Eifersucht nicht zu übernehmen, aber weil ich die Qualen der Eifersucht kenne, bin ich dazu bereit, dir diese Qualen zu ersparen. Ich werde die Situationen vermeiden, auf die du mit Eifersucht reagierst.

• Ich ziehe es vor, dir zu helfen, die wirklichen Ursachen für die Qualen zu erforschen, die du als Eifersucht bezeichnest. Das kann geschehen, indem ich mein Verhalten nicht ändere (Variante eins) oder mein Verhalten, das die Eifersucht hervorruft, teilweise ändere (Variante zwei).

Diese dritte Variante ist insofern am »erfolgversprechendsten«, als sie nicht einfach nur die irritierende Situation, sondern auch die Ursache beseitigt.

▶ Am wenigsten Mitgefühl habe ich für Leute, die sich weigern, die Verantwortung für ihre Situation zu übernehmen. Wenn du es vorziehst, die Welt dafür verantwortlich zu machen, werde ich gewöhnlich versuchen, Bedingungen zu schaffen, unter denen du deine Ansicht änderst. Wenn du das ablehnst, wird mein Mitgefühl erlöschen.

Zwei Faktoren hindern mich daran, überhaupt kein Mitgefühl mehr zu empfinden. In dem Maße, in dem ich Zweifel an meiner eigenen Theorie hege, empfinde ich trotz allem Mitgefühl mit dir. Wenn du dich sehr verletzt fühlst und sehr unter Eifersucht leidest oder wenn du sehr krank bist und die Verantwortung für diese Situation nicht übernimmst, wird derjenige Teil von mir, der nicht von der Richtigkeit meiner Auffassungen überzeugt ist, sich zu dir in der traditionellen, mitfühlenden Art verhalten.
Ich reagiere auch mitfühlend, wenn ich erkenne, daß du Angst davor hast, eine Entscheidung zugunsten deines Selbsts zu erwägen. Das erfordert eine Neuinterpretation deines ganzen Lebens, was oft mit der falschen Vorstellung verbunden ist, daß dies viele Selbstanklagen und Schuldbekenntnisse erfordere. Tatsächlich ist diese Wahl nichts weiter als eine Wahl und weder mit Gut noch mit Schlecht zu bewerten.

Hilfe

Ein naher Verwandter von mir zog sich ein schweres Nervenleiden zu. Ich verbrachte eine Zeitlang bei ihm und bemühte mich festzustellen, ob er die Verantwortung für die Erkrankung übernahm. Ich wies ihn darauf hin, daß dies für das Verständnis und letzten Endes für die Heilung der Krankheit ent-

scheidend sein könnte. Er akzeptierte diese Auffassung nicht,
sondern zog es vor, die Menschen in seiner nächsten Umge-
bung der Gleichgültigkeit und Ineffektivität zu bezichtigen.
Weil er sich weigerte, das für sich zu tun, wozu er meines Er-
achtens imstande war, stand ich vor der Wahl, ihn entweder
seinem Schicksal zu überlassen oder seinen Bewußtseinszu-
stand zu akzeptieren und ihm auf dieser Stufe zu helfen, we-
niger Schmerzen zu erleiden.

Ich entschloß mich, einige Dinge zu tun, auf die er dankbar
reagierte: Ich blieb einige Zeit bei ihm und brachte ihn zu
einem Akupunkteur. Ich handelte jedoch nicht entsprechend
dem Bild, das er selbst von sich als einem hilflosen Opfer
hatte; ich stimmte ihm nicht zu, wenn er anderen die Schuld
gab, und tat für ihn nicht Dinge, die er selbst tun konnte.
Um ihm in dieser Situation helfen zu können, versuchte ich,
Zeit zu gewinnen. Ich gab ihm den Halt, den er im Moment
nicht hatte. Ich versorgte ihn zeitweilig, bis er wieder er selbst
war.
Das ist ein Modell für das Beherrschen, Lehren und Anwenden von Therapien. Ich, in der Rolle des Gruppenleiters, Lehrers oder Therapeuten, leiste zeitweilig Hilfe. Sie ist immer
von begrenzter Dauer, und sie dient dazu, daß du dein Leben
wieder in die Hand nimmst.
Das ist auch ein Modell, das zeigt, wie man »helfen« soll. Du
entscheidest dich dafür, auf einem niedrigen Niveau deines
Ichbewußtseins zu funktionieren. Du weißt nicht, daß du alles
entscheidest. Du bist dir nicht all deiner Möglichkeiten bewußt. Um dir wirklich eine Hilfe zu sein, entschließe ich mich
dazu, Bedingungen zu schaffen, unter denen du es leicht findest, dir über jene Stufen klarzuwerden, die du blockiert hast.
Meine Aufgabe als Helfer besteht darin, die Voraussetzungen
zu schaffen und möglichst wenig zu tun, damit du Klarheit

über dich selbst erlangst. Je mehr ich tue, um so weniger hilfreich bin ich, was durch die Tatsache ausgeglichen wird, daß
sich Bewußtsein einstellt, wenn manchmal ein wenig mehr
getan wird (siehe *Übergang*, S. 210).

Einfühlungsvermögen

*Eine Freundin von mir schnitt sich in die Hand. Das löste
zwei Reaktionen bei mir aus. Die erste war:* »*Du hast es so
gewollt. Welchen Sinn hat es? Offenbar wolltest du dich
schneiden.*« *Es stimmt. Sie hat es getan. Höchstwahrscheinlich war sie sich der Ursache nicht bewußt. Wäre sie sich
über sich selbst im klaren, hätte sie sich ihre Hand nicht verletzt. Meine zweite Reaktion war:* »*Es tut ihr weh. Selbst
wenn sie es so gewollt hat, leidet sie jetzt.*« *Ich reagierte,
indem ich ihr Ratschläge gab, schmerzstillende Arzneimittel
holte, sie pflegte oder das tat, was ihre Schmerzen nach meinem Dafürhalten linderte.*

Auf diese Weise werden die freie Wahl und die Fürsorge miteinander in Einklang gebracht. Du bist für dich selbst verantwortlich. Du hast es vorgezogen, Schmerzen zu empfinden,
du bist durcheinander, du hast Schwierigkeiten, du bist unglücklich. Es ist typisch, daß du dich weigerst, dir klarzuwerden, daß du eine Wahl triffst. Der Grad deines Bewußtseins
ist der Grad der Klarheit, die du dir zugestehst. Ich kann mich
dafür entscheiden, dich zu unterstützen, während du deine Eigenverantwortung entdeckst.
Als ich mir die Hand meiner Freundin ansah, schien es mir
nicht sehr angebracht, ihr dadurch »helfen« zu wollen, daß ich
sie fragte, was sie dazu bewogen hatte, sich die Hand zu ver-

letzen. Als ich ihr half, die Schaffung der Bedingungen für das Heilen als weniger peinlich zu empfinden, fühlte sie sich besser. Falls sie es wünschte, könnten wir später vielleicht zusammen herausfinden, weshalb sie sich geschnitten hatte. Das war nicht möglich, während ihre Hand schmerzte.

Je mehr ich dir ermögliche, Klarheit über dich selbst zu erlangen, um so mehr verhältst du dich wie ein einheitlicher Organismus und verspürst Freude. Wenn du dich unglücklich fühlst, so rührt das von mangelnder Klarheit über dich selbst. Wenn du willst, kann ich mich motivieren, Voraussetzungen für die Besserung deines jetzigen Zustands zu schaffen, ich kann es aber auch vorziehen, die jetzige Situation so zu gestalten, daß du sie als schwieriger empfindest.

Es gibt Zeiten, in denen du vielleicht nach mehr Bewußtsein strebst. Es gibt andere Zeiten, in denen du dich in dem Zwischenstadium, in dem du dich befindest, einfach ausruhen möchtest und dich wohl fühlst. »Ich weiß, ich bin selbst schuld daran, daß ich mich schlecht fühle, aber gib mir trotzdem Halt.« Ich kann dieser Bitte entsprechen, wie es mir beliebt.

Die wahrscheinlich erfolgreichsten menschlichen Beziehungen sind diejenigen, die folgendermaßen funktionieren: Wenn du unglücklich bist, versetze ich mich in deine Lage und schaffe Bedingungen, unter denen du dich wohl fühlst. Ich tröste dich, bringe dir Sympathie entgegen und unterstütze dich. Nachdem du dein Gleichgewicht wiedererlangt hast, bemühe ich mich, dir zu helfen, jenes Verhalten auszuwählen, wodurch du schließlich glücklich wirst. Diese Methode entspricht dem Prinzip des Übergangs (Seite 210), das auch bei der Planung von Sozialprogrammen angewandt wird.

Selbstmitleid

Die gleichen Prinzipien gelten für mein Selbstmitleid. Ich muß zugeben, daß es Zeiten gibt, in denen ich mir nicht darüber bewußt bin, weshalb ich etwas wähle, und in denen ich mir nicht die Mühe machen will, der Sache auf den Grund zu gehen. Statt dessen akzeptiere ich mich so, wie ich bin, und suche, mir das Leben so angenehm wie möglich zu machen. Will ich eine Wahl treffen, so ist es nicht nötig, daß ich unablässig mein Selbst erforsche. Es ist schon ganz in Ordnung, wenn ich mich entspannen und mal für mich sein möchte. Auf die Dauer werde ich wahrscheinlich feststellen, daß ich mich um so glücklicher fühle, je mehr ich durch Bewußtsein über mich selbst mein Leben in den Griff bekomme. Es liegt jedoch ganz und gar bei mir, welches Tempo ich wähle.

Beim Schreiben dieses Buches erhielt ich eine ausgezeichnete Gelegenheit, mein Selbstmitleid und den Grad des Überzeugtseins von den Prinzipien der Wahl zu testen. Ich erkrankte. Ich übernahm dafür die Verantwortung. Es ergab sich jedoch ein Problem: Sollte ich versuchen, mich selbst zu heilen, oder sollte ich zum Arzt gehen, damit er mich »heilt«? Es folgt ein Bericht darüber, was geschah. Er wurde während meiner Krankheit geschrieben.

Ich leide an einer scheußlichen Augeninfektion. Der Arzt bezeichnet sie als eine bilaterale Konjunktivitis. Ich habe sie seit etwa neun Tagen. Sie ist in dieser Zeit schlimmer, nicht besser geworden. Warum habe ich sie?
Jahrelang bin ich nicht krank gewesen ... ich hatte nur ein paar Erkältungen in den letzten fünf, sechs Jahren ... gewiß nichts, was der jetzigen Erkrankung vergleichbar gewesen wäre ... Warum? Ich habe dafür tausend Erklärungen: Ich hielt es für

86

überzogen, all diese Theorien über Erkrankungen in einem Buch darzulegen, das irgendwer als besonders förderungswürdig ansieht. Tausende von Menschen werden durch mich beeinflußt. Sie werden lesen, was ich sage, und es glauben, so wie das Tausende in der Vergangenheit getan haben. Es kann doch sein, daß ich nicht weiß, wovon ich rede. Ich war selten krank. Wie soll ich wissen, ob ich nicht doch zum Arzt renne, wenn ich wirklich krank bin? Könnte ich, wenn es darauf ankäme, meine Gesundheit wirklich kontrollieren?

Durch den Mechanismus dieser Erkrankung, die ich mir selbst zugezogen habe, erhalte ich eine Möglichkeit, Antworten auf diese Fragen zu finden. Mein Lebensstil war davon geprägt, daß ich zwischen Theorie und Praxis hin und her pendelte. In dieser Phase meiner Entwicklung gibt es eine große Diskrepanz zwischen Theorie und Praxis. Daher meine Konjunktivitis...

Bis jetzt sind die Ergebnisse unterschiedlich. Offensichtlich bin ich von meinen Ideen nur teilweise überzeugt. Wenn ich mich nach meinen Theorien richtete, würde ich folgendermaßen auf meine Erkrankung reagieren: 1. Ich würde fasten, 2. regelmäßig gelenkte Imaginationsübungen machen, 3. mich ausruhen, 4. in der Sonne liegen, 5. viel an der frischen Luft sein.

Statt dessen esse ich. Die Sonne scheint wenig. Die meiste Zeit verbringe ich im Bett. Schließlich gehe ich zum Arzt und rechtfertige dies vor mir selbst damit, daß ich mir vornehme, alle endgültigen Entscheidungen selbst zu treffen.

Nachdem ich meinen Überzeugungen stark zuwidergehandelt habe, beginne ich, mich selbst zu korrigieren. Ich mache zwei Imaginationsübungen, reduziere meine Kost, faste tatsächlich einen Tag lang, spiele einmal Handball und sitze in der Sonne. Die Augentropfen, die mir der Arzt gegeben hat, helfen nicht, so habe ich weniger Gewissensbisse...

Leider versagen all meine Methoden ebenfalls. Daher gehe ich noch einmal zum Arzt in der Hoffnung, daß er mir das »richtige« Medikament verschreiben wird, das mir hilft, wieder gut zu sehen. Er sagt mir, daß ich, wenn ich seine Anweisungen nicht strikt befolge, Gefahr laufe, mein Augenlicht zu verlieren. Ich setze es also für meine Überzeugung aufs Spiel.

Ich muß zugeben, daß ich nicht genug darüber nachgedacht habe, was gegen die Krankheit unternommen werden kann, oder daß meine ganze Theorie möglicherweise falsch ist; das letztere werde ich aber nur dann in Betracht ziehen, wenn alles andere versagt hat. Nun bin ich bereit, den Arzt aufzusuchen.

Das einzige, was überhaupt hilft, sind Augentropfen auf Sulfonamidbasis. Sie sollen angeblich rasch wirken. Ich wende sie weiter an, denn ich merke, daß sich mein Zustand schubweise bessert. Meine Sehkraft ist beeinträchtigt, und ich empfinde das als sehr störend. Ich bin jetzt in Palm Springs. Ich erhole mich und liege in der Sonne, doch leider faste ich nicht. Ich habe das Gefühl, daß das Sonnen genau das Richtige ist – das hätte ich längst tun sollen. Doch ich höre nicht auf, die Augentropfen anzuwenden.

Die Sonne hat Wunder bewirkt. Es ist der Tag, an dem sich mein Zustand entscheidend verbessert hat. Ich habe mit den Augentropfen aufgehört. Die Krankheit lehrt mich eines: Bis jetzt glaube ich nicht hundertprozentig daran, daß ich mich selbst heilen kann. Ich erkenne auch, daß ich, wenn mir dasselbe noch einmal passiert, nun bereit wäre, mehr Vertrauen zu meinen eigenen Ideen zu haben, und mich entsprechend verhielte.

Ich könnte mich ohrfeigen, daß ich nicht entsprechend meinen Überzeugungen gehandelt habe. Das käme einem intoleranten Verhalten anderen gegenüber gleich, die nicht im

Sinne der Eigenverantwortung handeln. Ich könnte auch das Tempo meiner eigenen Entwicklung hinnehmen. Ich denke, ich kann mich selbst heilen, doch glaube ich noch nicht hundertprozentig daran. Das heißt, ich handle nicht spontan in einer Weise, die meiner Überzeugung entspricht.

Ich bemitleide mich insofern selbst, als ich meinen nicht hundertprozentigen Glauben akzeptiere, während ich mich bemühe, volles Vertrauen zu meinen eigenen Ideen zu gewinnen. Ich helfe mir selbst, indem ich mein Ziel nicht aus dem Auge verliere, für mich selbst verantwortlich zu sein. Wenn ich zu lange an meiner unvollständigen Überzeugung festhalte, ist das meiner eigenen Entwicklung nicht dienlich.

Evolution:
Das Überleben der Vergnügtesten

Der Evolutionsmechanismus wird gewöhnlich durch Herbert Spencers Begriff vom »Überleben des Tüchtigsten« beschrieben, während Charles Darwin mehr das »Überleben der am besten angepaßten Individuen« meinte. In beiden Fällen wird davon ausgegangen, daß diejenigen Arten und Individuen überleben, die stärker, listiger, klüger, rücksichtsloser sind, also jene Eigenschaften haben, die für das Bestehen des Kampfes nötig sind. Die Mentalität, die in diesem Modell zum Ausdruck kommt, hat einen großen Einfluß ausgeübt. »Der Stärkere hat immer recht«, »Jeder gegen jeden«, »Laß dich nur nicht herumstoßen« – in diesen drei Redewendungen kommt die weitverbreitete Meinung zum Ausdruck, daß die Welt ein Dschungel ist und daß nur die Stärksten überleben. Die Richtigkeit dieser Ansicht steht außer Zweifel, und wer sie nicht ernst nimmt, zieht im Leben den kürzeren.[23]

Darwin ist jedoch bei seinen Überlegungen vielleicht nicht weit genug gegangen. Das Konzept der Wahl läßt es zu, noch einen anderen Faktor anzunehmen, der beim Überleben eine Rolle spielt, nämlich: Wie motiviert bin ich, um zu überleben? Dieses Verständnis des evolutionären Prozesses ermöglicht eine Sicht mit weitreichenden Implikationen für das persönliche Leben und für soziale Probleme. Wir sprechen oft von Selbstmorden oder von schwerkranken Menschen, die ihren »Lebenswillen« verlieren. Dieser Begriff ist für Kinder, für Unterprivilegierte und für Menschen da, deren Leben so beschaffen ist, daß sie mit ihm nicht zu Rande kommen. Es ist gar kein abwegiger Gedanke, daß wir alle uns irgendwann einmal mit der Frage auseinandersetzen müssen: Lohnt es sich, für dieses Leben zu kämpfen? Die meisten von uns beantworten sie mit Ja, aber sehr wahrscheinlich wird unser Lebenswille gering sein, wenn wir uns in einem seelischen Tief befinden. Wir sind dann weniger aufmerksam und vorsichtig, verhalten uns unbesonnen und neigen dazu, uns zu verletzen, einen Unfall zu haben oder gar zu sterben.

Macht es denn nicht einen Sinn, daß diese Gefühle für den evolutionären Prozeß relevant sind, besonders für die jüngeren Etappen der Evolution, zum Beispiel für die letzten 50 000 oder mehr Jahre, in denen die Gattung Mensch relativ unverändert geblieben ist? Ich werde nicht nur überleben, wenn ich dazu in der Lage bin, sondern meine Überlebensfähigkeit wird in hohem Grade von meinem Wunsch abhängen, am Leben zu bleiben. Lebe ich gern und sind meine Sinne scharf, dann achte ich auf mich selbst und bin motiviert, mich meines irdischen Daseins zu erfreuen und meinen Aufenthalt auf der Erde so lange auszudehnen, wie es mir gefällt. Ist das Leben dagegen miserabel, sind meine menschlichen Kontakte schlecht und komme ich mit der Welt nicht gut zu Rande, dann werde ich dazu neigen, mich nicht in acht zu nehmen. Ich werde überarbeitet sein, werde zuviel oder zuwenig essen, vielleicht übermäßig trinken oder rauchen, mich nicht genügend bewegen, oft depressiv und verstimmt sein, meine Gefühle verbergen und wahrscheinlich früher sterben. Es mag weit hergeholt scheinen, aber vielleicht hat es der massige Brontosaurus nicht als sehr vergnüglich empfunden, auf der Erde zu sein.

Diese Formulierung hat beträchtliche Folgerungen für das gesellschaftliche Leben. Der Akzent verlagert sich beim Überleben von der Tauglichkeit zum Vergnüglichen. Die Motivation zum Überleben kommt davon, daß einem das Leben Spaß macht. Neue Haushalte könnten von Bemühungen bestimmt werden, ein Land zu einem Ort zu machen, an dem es sich angenehm leben ließe, statt den Akzent auf das Überleben zu legen, wie dies zum Beispiel in den Militärausgaben zum Ausdruck kommt. Programme zur Verhinderung von Armut und Elend, zur Verbesserung der Infrastruktur, zur finanziellen Förderung der Künste, zur Hilfe für Notleidende und andere Bemühungen zur Verbesserung der Lebensqualität würden an Bedeutung gewinnen. Das mindert in keiner Weise die Notwendigkeit der Aufrechterhaltung der Stärke als eines Mittels zum Überleben, sondern betont, wie wichtig es ist, die Bedingungen für ein Leben in Freude zu schaffen. Sie sind nicht nur Selbstzweck, sondern auch eine Voraussetzung für das Überleben.[24]

Mit anderen Worten, vielleicht wollen wir alle überleben und entscheiden bewußt oder unbewußt, wieviel Energie wir aufbieten wollen, um mit der Welt fertigzuwerden. Gilt dies für Individuen, so muß das auch für die ganze Menschheit gelten. Noch vor dem Überleben des Tüchtigsten rangiert also die Motivation, fit zu sein, oder, wie meine Frau Ailish sagt, das Überleben des Vergnügtesten.

Diese Haltung ist nicht mit Selbstverleugnung gleichzusetzen, das heißt mit der Haltung eines Menschen, der über das Überleben nicht nachdenkt oder der versucht, den Gedanken daran aus dem Bewußtsein zu verdrängen. Selbstverleugnung ist insgeheim dem Mangel an Selbst-Bewußtsein über sich selbst vergleichbar. Ich ziehe es beispielsweise vor, über die Möglichkeit nachzudenken, daß ich bei einem Flug ums Leben komme, und mich dagegen zu entscheiden. Sobald diese Entscheidung getroffen ist – vorausgesetzt, ich bin mir ihrer völlig bewußt –, brauche ich sie nicht bei jeder Flugreise neu zu treffen. Ich kontrolliere gelegentlich, ob sich nicht neue Entscheidungen dazwischengemogelt haben, derer ich mir nicht bewußt bin.

Beim Tod eines anderen Menschen habe ich weit weniger Schuldgefühle, wenn ich die Idee der Wahl akzeptiere. Wenn Menschen sterben, weil sie das so wollen, sind Schuldgefühle angesichts ihres Todes unangebracht. Fühle ich mich für den Tod eines anderen Menschen verantwortlich, wird das zu einem Akt fehlgeleiteter Arroganz. Ich habe den Tod nicht nur nicht verursacht, sondern bin dazu gar nicht fähig.

Mein Schuldgefühl beruht oft darauf, daß ich mir bewußt oder unbewußt den Tod oder die Erkrankung anderer Personen *wünsche;* dieses Gefühl hat nichts mit den tatsächlichen Verhältnissen der Betreffenden zu tun. Ich kann ihrem unbewußten Teil insgeheim zustimmen, um es ihnen leichter zu machen, auf eine Weise zu sterben oder sich selbst krank zu machen, für die sie sich nie entscheiden würden, wenn sie sich darüber völlig bewußt wären. Mein Schuldgefühl existiert wegen meines Wunsches und nicht wegen ihrer tatsächlichen Erkrankung oder wegen ihres Todes.

Schuld

Wer ist schuld, wenn ich zu einem Geschäftsmann gehe, einen Vertrag unterschreibe und betrogen werde? Wer ist schuld, wenn eine Verkäuferin mir das eine verspricht und das andere tut?

Wir sind beide schuld. Ich treffe die Wahl, so behandelt zu werden, wie ich behandelt werde, und du triffst die Entscheidung, mich so zu behandeln, wie du es tust. Was für einen Sinn haben eine Bestrafung oder ein Vorwurf, wenn unsere Interaktion in heimlichem Einvernehmen geschah?

Wenn wir beide unseres Handelns bewußt sind, brauchen wir keine Gesetze. Alle Handlungen sind Übereinkünfte zwischen Personen, die sich einig sind. Gesetze und Schuldzuweisungen gibt es deswegen, weil wir uns unseres Selbsts nicht völlig bewußt sind. Zum Teil existieren Gesetze, um mich vor mir selbst zu schützen. Sie existieren für jene Situationen, in denen meine Taten, derer ich mir nicht bewußt bin, nicht den bei klarem Bewußtsein ausgeführten Handlungen gleichen.

Ich bin mir zum Beispiel bewußt, daß ich ein gutes Auto kaufen möchte, aber da ich auch Sympathie und Hilfe möchte, werde ich nicht gewahr und bin mir nicht bewußt, daß ich eigentlich übervorteilt werden möchte. Der Händler möchte bei dem Geschäft mehr Geld herausschlagen. Er befindet sich im heimlichen Einvernehmen mit meiner Ahnungslosigkeit. Er erreicht das, indem er lügt. Ich falle auf die Lüge herein, weil ich belogen werden möchte. Um hereinzufallen, muß ich alle Zeichen übersehen, durch die mir sonst deutlich würde, daß er nicht die Wahrheit sagt. Meine Ahnungslosigkeit wird dem Händler signalisiert, ohne daß ich das weiß.

Wenn ich vor Gericht stehe, haben die Geschworenen unter anderem die Aufgabe, meine bewußte Leugnung des Verbrechens mit dem mir unbewußten Wunsch in Übereinstimmung zu bringen, das Verbrechen zu begehen. Die Geschworenen entscheiden entweder, daß mein unbewußter Wunsch einem bewußten gleichzusetzen ist, oder mein unbewußter Wunsch anders zu bewerten sei, als ein bewußter Wunsch. Ist das erstere der Fall, bin ich in Schwierigkeiten. Im zweiten Fall habe ich eine Chance, als unschuldig angesehen zu werden.

Das Gesetz honoriert Unbewußtheit.

Spontaneität

Etwa sechs Wochen lang leiteten meine Frau und ich gemeinsam Gruppen in Australien. Einige Zeit lang war es angenehm zusammenzuarbeiten. Dann begann sie mir auf die Nerven zu gehen. Mich regten die abscheulichen »Verbrechen« auf, die sie beging, indem sie beispielsweise nicht über meine Witze lachte oder die Zahnpaste von der Mitte der Tube her ausdrückte. Eines Morgens wachte ich zuerst auf. Ich war sehr wütend und wollte ihr sagen, wie ich mich fühlte... mit entsprechenden Worten, versteht sich..
Eine Stimme in mir sagte plötzlich: »Warum entschließt du dich dazu, wütend zu sein?«
»Sei ruhig«, gab ich zur Antwort. »Ich bringe meine Gefühle zum Ausdruck. Sie sollte das in ihrem eigenen Interesse hören.«
»Aber du weißt doch, daß du dir deinen Ärger ausgesucht hast. Warum entscheidest du dich, wütend zu sein?«
»Mach dich nicht lächerlich. Mein Ärger ist ein spontanes Gefühl. Du wirst mir doch nicht einreden wollen, daß selbst meine Spontaneität eine Sache ist, die ich mir aussuche!«

94

Meine Frau schlief die ganze Zeit. Ein weiteres »Verbrechen«.
Ich kam ins Grübeln. Vielleicht war mein spontaner Ärger von
mir gewollt. Als ich darüber nachdachte, wurde mir klar, was
der eigentliche Grund war. Um den offensichtlichen Gegen-
satz zwischen Wahl und Spontaneität auszugleichen, war es
erforderlich, die Dimension der Zeit hinzuzufügen.
Irgendwann hatte ich einmal beschlossen, daß ich, wann
immer jemand die Zahnpaste von der Mitte der Tube her aus-
drücken oder ein ähnlich schweres »Verbrechen« begehen
würde, dem Missetäter ordentlich einheizen, ihm die Wieder-
holung seiner Tat verleiden und das Mitgefühl anderer er-
wecken wollte, indem ich wütend würde.
Dieser Entschluß wurde in meinem Computer, sprich, in mein
Nervensystem, gespeichert, und von da an wollte ich wütend
reagieren, wann immer ein solches »Verbrechen« verübt
würde. Mit anderen Worten, ich hatte in der Vergangenheit
entschieden, wie künftig meine »spontanen« Gefühle beschaf-
fen sein würden.

Ich wähle meine Spontaneität aus.

Wenn ich mir gestatte zu lernen, wie ich einen einmal gefaßten Entschluß wieder überdenken kann, vermag ich ihn zu ändern. Wenn nicht, verhalte ich mich wie ein Computer, von
dem ich vergessen habe, daß ich ihn programmiert hatte. Was
dann auf dem Bildschirm erscheint, sagt mir nicht viel.
Eine Vielzahl von Methoden zur Entfaltung der im Menschen
angelegten Möglichkeiten können dazu verwandt werden,
das Überdenken früherer Entschlüsse zu fördern: Imaginationsübungen, Psychodrama, Gestalt-Therapie, Bioenergetik,
Verarbeitung von Wahrheiten, Rebirthing, ja sogar die Psychoanalyse. Sie helfen, spontane und daher starre Verhaltensweisen zu ändern.

Begrenzte Einflußnahme

Aus dem Konzept der Wahl ergeben sich Folgerungen für das Verhältnis zwischen individueller Entscheidung und äußerer Einflußnahme. Wenn einzelne Einheiten, wie zum Beispiel Menschen oder Gruppen, in Beziehung zueinander treten, bildet sich oft eine Struktur heraus, die diese Beziehung regelt. Das Prinzip der Wahl erhellt etwas den Charakter dieser Struktur.

Einmal leitete ich ein ganzes Jahr lang eine Kontaktgruppe, deren Mitglieder die Aufseher einer großen kalifornischen Strafanstalt waren. Nachdem wir uns gegenseitig gut kennengelernt hatten, offenbarten sie sich mir vertrauensvoll. Eines ihrer Geheimnisse war, daß es ohne Hilfe der Gefängnisinsassen völlig unmöglich sei, den Gefängnisbetrieb aufrechtzuerhalten. Ihre kleine Gruppe von Aufsehern wäre trotz ihrer Autorität, ihrer Waffen und ihrer Erfahrungen der viel größeren Gruppe von Gefängnisinsassen nicht gewachsen, wenn sich diese entschlössen, zu rebellieren und Widerstand zu leisten. (Später ergänzte diese Aussage ein früherer Sträfling, der viele Jahre hinter Gittern verbracht hatte. Er behauptete, der einzige Grund, weshalb die Gefängnisse überhaupt »regierbar« blieben, sei, daß die unschuldigen Insassen – die zu Unrecht verurteilten – die nötige Stabilität gewährleisten.)

Kleine Einheiten können große Einheiten nur mit deren Mithilfe unter Kontrolle halten.

Das gleiche gilt für die Heilung von Krankheiten. Ohne die Mithilfe meines Organismus hat ein Arzt keine Möglichkeit, mich erfolgreich zu behandeln. Das Vernünftigste, was ein

Arzt tun kann, ist, in Übereinstimmung mit meinem Organismus zu handeln, dessen Heilungsprozeß zu unterstützen und manchmal den Organismus so lange daran zu hindern, sich selbst zu zerstören oder zu schädigen, bis dieser seine Heilungsreserven mobilisiert. Wenn ich zum Beispiel bei einem Autounfall verletzt wurde, verfüge ich nicht über genügend Körperbewußtsein, um ohne fremde Hilfe wieder völlig genesen zu können. Beim chirurgischen Eingriff können die Knochen gerichtet werden, und Medikamente können Infektionen bremsen, dadurch kann ich Zeit gewinnen, bis der natürliche Heilprozeß einsetzt.

Auf diesen Punkt wird in der Behandlungsphilosophie[25] eingegangen, die in »Mut zum Selbst« im Abschnitt über Ganzheitsmedizin (Seite 233 ff.) dargelegt wird. Die Krankenhauspflege gliedert sich in drei Teile: Versorgung des Körpers, Übergangsstadium und Einbeziehung des Patienten. In der ersten Phase entscheide ich mich, der Patient, dazu, auf den größten Teil meiner Selbständigkeit zu verzichten, und gestatte dir, dem Arzt, mir zu helfen. Ich bevollmächtige dich, deine Erfahrungen zu nutzen, um mich durch die unmittelbare Krise durchzubringen, mit der ich meines Erachtens nicht allein fertigwerde. In der zweiten Phase übernehme ich nach und nach die Verantwortung für mich selbst und nutze mein Körperbewußtsein, um gesund zu werden.

Dieses Buch

Das Prinzip der Wahl gilt auch für das, was du, der Leser, dem Buch entnimmst. Du kannst dich dazu entschließen, aus diesem Buch Erfahrungen schöpfen, die dein Leben verändern, oder du findest, daß es eine totale Zeitverschwendung ist, es zu lesen, oder du kannst dich über die darin vertretenen Ideen aufregen, oder du empfindest es wie eine frische Brise in einer angsterfüllten Welt, oder du reagierst darauf in einer Weise, wie es dir beliebt. Das Gesagte gilt auch für jede Lernsituation. Was der Lernende lernt, hängt vom Lernenden ab. Das Beste, was ein Lehrer tun kann, ist, Bedingungen zu schaffen, unter denen sich der Lernende dazu entschließt, zu lernen. Und das ist alles.

Du hast dich vielleicht schon selbst vorprogrammiert, bevor du dieses Buch aufgeschlagen hast. Du bist vielleicht zu der Ansicht gelangt, daß dies das Buch ist, auf das du schon gewartet hast, und daß du hier die Antworten auf wichtige Fragen finden wirst. Oder du bist der Meinung, es sei bloß Makulatur aus Kalifornien, oder du kennst das alles bereits, oder betrachtest es als wirres Geschwafel eines gefährlichen Mannes, oder du gewinnst Einblick in eine bestimmte Sache usw. Wenn du dir deiner Vorprogrammierung nicht bewußt bist, wirst du dir ihrer bewußt werden, so wie du deine Erfahrungen machst. Wenn du begreifst, daß du deinen eigenen Lernprozeß bestimmst, hilft dir das, besser zu lernen, da du dann deine Energie darauf konzentrierst, besser zu lernen, statt den Lehrer, die Umstände, die Erwartungen usw. verantwortlich zu machen – es sei denn, du hast Freude daran.

Einfachheit

> »... und jedes Atom ist eine Ganzheit, die den Stempel und die Signatur der ganzen Welt trägt, jedes Sandkorn ein Abbild des Universums ... Sind alle Dinge mit der gleichen Signatur versehen, so folgt daraus, daß einige Gesetze genügen, um die ganze Vielfalt der Erscheinungen zu beschreiben.«
>
> Manley Palmer Hall[26]

Das Konzept der Wahl ist sehr wirkungsvoll. Seine Konsequenzen sind erstaunlich. Aber das Konzept ist unvollendet. Das Yin, die rezeptive Seite, muß erforscht werden, und das führt zu weiteren wichtigen Ideen... zum Weg, zur Natürlichkeit und zur Einfachheit.

Das Yin der Wahl

Im Laufe der Jahre, als ich über das Konzept der Wahl nachgedacht habe, wurde mir mehr und mehr ein unbehagliches Gefühl bewußt. Zuerst verspürte ich eine leichte Unzufriedenheit, und dann war ich irritiert. Schließlich erkannte ich, daß das Konzept der Wahl unvollständig war. Wenn ich Kritikern antwortete, die etwas an meinem Konzept auszusetzen hatten, räusperte ich mich allzuoft – ein Zeichen dafür, daß ich mir nicht sicher war, ob ich die Antwort auf ihre Kritik wußte.

Schon die Art und Weise, wie ich die Unvollständigkeit des Konzepts entdeckte, verdeutlicht, was fehlt.

Während einer Tour durch Australien begegnete ich einer Frau, die ich attraktiv fand, aber die nichts von mir wissen wollte. Wir führten ein längeres ergebnisloses Gespräch und reisten mit unterschiedlichen Zielen weiter, ich schmollte ein bißchen und vergaß sie.

Sechs Monate später bekam ich einen langen Brief, der folgendermaßen begann: »Es wird Sie wahrscheinlich verwundern, diesen Brief zu erhalten.« Am Schluß des Briefes machte sie eine Bemerkung, bei der ich – noch ehe ich Gelegenheit hatte, darüber nachzudenken – sofort spürte, daß sie stimmte. »Ich habe über Ihr Konzept vom inneren Gott nachgedacht und glaube, daß darin Wahrheit ist, aber diese ist im wesentlichen maskulin (vertikal) und muß, wie ich glaube, durch eine Annäherung an ihren singulären, aber auch gemeinschaftlichen Charakter ausbalanciert werden. Wie die Menschheit als Ganzes ihren Gott hat, der für alle da ist.«

Vicki hatte mein Unbehagen verstärkt, das ich insgeheim verspürte, hatte es mir bewußt gemacht und mir auch gezeigt, in welcher Richtung ich vielleicht die Lösung suchen müßte. Ich freute mich über das ungewöhnliche Mittel, mir einen Anstoß zu geben: einen völlig unerwarteten Brief von einer vergessenen, herzlichen, aber damals nicht intensivierten Beziehung, der einige hundert Meilen, genau von der anderen Seite der Erde, abgesandt worden war.

Die zweite Quelle, die mich inspirierte, war ebenso ungewöhnlich. Ich sah mir die Merv-Griffin-Show an. Mervs Gast war ein besonders schlechter Komiker, der gerade seinen letzten Witz zum besten gab. Ich hörte zerstreut zu und erhielt den zweiten überraschenden Fingerzeig.

Er erzählte von einem Mann, dem das große Glück zuteil wurde, sowohl den Himmel als auch die Hölle zu besuchen.

In der Hölle stellte er fest, daß alle Leute an einer reichbe-
setzten Tafel saßen. Aber da sich ihre Ellbogen nicht anwin-
keln ließen, hatten sie keine Möglichkeit, die Speisen zum
Munde zu führen. Die Bewohner der Hölle verharrten schon
eine Ewigkeit in diesem unbefriedigenden Zustand. Im Him-
mel war die Situation genauso.
»Nun gut, worin besteht dann der Unterschied zwischen Him-
mel und Hölle?« fragte ein Freund.
»Der Unterschied? Im Himmel füttern sie sich gegenseitig.«

Tränen stiegen mir in die Augen. Was für eine wunderbare
Geschichte. Und was für eine unverhoffte und unglaubliche
Gelegenheit, sie zu hören. Wiederum spürte ich, daß diese
Geschichte sehr wichtig war und in einem direkten Zusammenhang mit dem stand, was Vicki geschrieben hatte, ohne
daß ich sie noch logisch erfassen konnte.
Von der anderen Seite der Erde und von einem mittelmäßi-
gen Komiker kam das, wonach ich gesucht hatte. Um diese
Botschaft zu vernehmen, brauchte ich mich nur passiv zu
verhalten und darauf zu warten, was mir das Universum
sagen würde. Ich mußte mich hinlegen, mich in eine hori-
zontale Lage bringen und die Offenheit bekunden, die mir
gerade gelehrt wurde, um aufzunehmen, was mir gesagt
worden war.

Der Weg

Die Yin-Seite der Wahl erkennt die Einfachheit der Welt und
die Reduzierung der Möglichkeiten auf eine geringe Anzahl
und letztendlich auf eine einzige, wenn die Welt bewußt
wahrgenommen wird. Die Yin- oder rezeptive Orientierung

erfordert die Wahrnehmung der Welt auf eine Weise, bei der der gewählte Weg erkennbar wird.

Wenn ein Läufer beim American Football das Leder nimmt und auf das Spielfeld in Richtung der gegnerischen Ziellinie blickt, gibt es einen Weg, auf dem er mit der geringsten Anstrengung am weitesten gelangen kann. Der beste Läufer nimmt diesen Weg intuitiv wahr, und sobald er losrennt, berechnet er automatisch seine verschiedenen Geschwindigkeiten, die Stellen, an denen er Haken schlagen muß, den Einsatz seiner Polster, die Zeitpunkte und Methoden des Täuschens sowie die Stellen, an denen er geradeaus laufen kann. Wählt er einen anderen Weg, so kann er immer noch Yards gutmachen, aber die Anstrengung des Überrennens der Deckung und die Verletzungsgefahr erhöhen sich. Von diesem Phänomen muß der Footballspieler Red Grange gesprochen haben, als er die Frage beantwortete: »Was macht Sie zu einem so großartigen Läufer, während andere, die genauso schnell und genauso gewandt sind wie Sie, nur gute Läufer sind?« »Das Gefühl für die Dramatik«, erwiderte er.

In der japanischen Kunst des Aikido wird dem Krieger beigebracht, mit den Angreifern zu verschmelzen, statt ihnen direkt Widerstand zu leisten. Der Aikidomeister nutzt bei der einfachsten Bewegung die von seinem Gegner aufgewendete Kraft aus. Es gibt eine Stelle, auf die er Druck ausüben muß, und eine genaue Bewegung, um den Gegner zu bezwingen. Im Gegensatz dazu sind die westliche Technik des Boxens und des Ringens hauptsächlich dadurch gekennzeichnet, daß Kraft durch Kraft überwunden wird.

Nimmt man hochwertige Nahrungsmittel zu sich, fördert man seine Gesundheit auf sehr einfache und direkte Weise. Das tut man auch, wenn man beispielsweise reine Luft einatmet oder sich sportlich betätigt, doch ist dies für eine gute Gesundheit nicht unbedingt erforderlich. Man kann sich, starkes

Selbst-Bewußtsein vorausgesetzt, auch auf andere Weise gesund erhalten.

Aus der Astrologie und den Biorhythmen kann ich beispielsweise, sofern sie auf exakten Untersuchungen beruhen, schließen, welche Tendenzen für mich günstig und somit einfacher sind. Ich kann diesen auch zuwiderhandeln und das tun, was ich will. Ich muß dann einfach angestrengter arbeiten und bewußter handeln.

In jeder Situation gibt es einen Weg, der am einfachsten ist. Bewußtsein weist den Weg. Den richtigen Weg zu wählen, ist der letzte Schritt der Einfachheit.

Lehren bedeutet, Bedingungen zu schaffen, mit denen die Schüler selbst ihren Weg finden können.

Es empfiehlt sich nicht immer, den leichtesten Weg zu wählen. Freude erwächst aus dem Gebrauch der eigenen Kraft und der eigenen Fähigkeiten. Bin ich den leichten Weg bereits gegangen, so habe ich durch die Wahl einer etwas schwierigeren Route vielleicht die Möglichkeit, meine Kraft und meine Fähigkeiten in höherem Grade zu gebrauchen.

Das muß nicht bedeuten, daß ich mich überanstrengen muß. Wenn neue Wege Schritt für Schritt gegangen werden, und jeder Weg etwas schwieriger ist als der vorherige, lassen sich Schmerzen und Unbehagen völlig vermeiden.

Kinder

Sobald ein Kind für uns ein Wesen ist, das seinen Weg geht und seine Anlagen entfaltet, das heißt, sich natürlich entwickelt, hören verschiedene traditionelle Probleme auf, Probleme zu sein. Das betrifft unter anderem die Entbindung, die Ernährung des Kindes und die Disziplin.

Dank Dick-Read, Lamaze und Leboyer[27] ist die Entbindung, die oft als eine der unangenehmsten, mit großen Schmerzen verbundenen Erfahrungen angesehen wird, zu einem der schönsten Erlebnisse geworden. Viele Frauen, die eine natürliche Entbindung erleben, befinden sich im Einklang mit der natürlichen Energie und empfinden anstatt schrecklicher Schmerzen die Geburt ihres Kindes als einen wunderbaren, natürlichen Vorgang, dem man ohne Furcht entgegensehen kann und der zu einem der schönsten Augenblicke für Mutter, Kind, Vater und alle Beteiligten werden kann.

Leboyer beschreibt eine Methode, die es ermöglicht, daß das Kind Wärme, Ruhe, Geborgenheit und Liebe bei der Geburt empfindet. Die Mutter versucht, ihre natürlichen Fähigkeiten, die ihr zum Gebären zur Verfügung stehen, vor allem Entspannung und Atmung, in Einklang mit der Natur zu bringen. Die Gebärstellung richtet sich danach, wie die Mutter sie am angenehmsten empfindet und wie sich ihr Körper zur Schwerkraft verhält. Methoden, die für den Arzt bequemer sind (zum Beispiel das Festschnallen der Gebärenden und die Rückenlage) werden im Zuge der Rückkehr zur natürlichen, einfachen Methode aufgegeben.

Manchmal versuchen wir in unserer Hast auch noch den Fluß zur Eile anzutreiben. Es ist nicht nötig. Alice Bailey sagt: »Man versäumt nichts, man kann nur Zeit verlieren.«

Als Ari etwa sechs Monate alt war, nahm ihn seine Mutter zu ihren Eltern mit. Sie machten sich seinetwegen Sorgen. Er war nicht so dick wie die anderen Kinder. In diesem Alter wurde er fast ausschließlich gestillt. Als ich von der Besorgnis der Großeltern erfuhr, begann ich über das Problem nachzudenken. Wann geben wir einem Kind feste Nahrung?

Ich sah in mehreren Büchern über Säuglingspflege nach, fragte Ärzte, mit denen ich befreundet war, und bekam viele Antworten: nach vier Monaten, nach einem Monat, nach acht Monaten. Das schien zu nichts zu führen. Vielleicht sollte ich mich mit Biochemie beschäftigen, um zu wissen, welche Bestandteile in Aris Kost fehlten?

All das schien immer komplizierter zu werden. Ich rief schließlich einen Mann an, den ich als eine Kapazität auf dem Gebiet der Ernährung schätzen gelernt hatte, Herbert Shelton.[28] Er ist auf einer Farm aufgewachsen und hatte dort, durch das Beobachten der Tiere, seine Ernährungsgrundsätze entwickelt.

Kinder sollten feste Nahrung erhalten, wenn sie Zähne haben, sagte Shelton.

Wie wunderbar! Natürlich. Die einfachste Sache der Welt. Später erfuhr ich, daß die Enzyme, die für die Verdauung fester Nahrung notwendig sind, produziert werden, wenn die Zähne da sind. Als ich Ari beobachtete, bemerkte ich, daß er den Wunsch nach fester Nahrung zu bekunden anfing, als sein erster Zahn durchbrach.

Wenn ich mich nur auf den maskulinen Teil der Wahl – wie zum Beispiel das Studium der Biochemie – konzentriert hätte, wäre ich für die natürliche Lösung der Frage, wann damit begonnen werden kann, einem Kind feste Nahrung zu geben, vielleicht nicht empfänglich gewesen.

Zur Disziplin des Kindes gibt es ähnliche Überlegungen. Als Ari im von vielen als schwierig bezeichneten zweiten Lebensjahr war, fand ich diese Charakterisierung des Verhaltens eines Zweijährigen seltsam, da wir mit Ari so gut wie keine Probleme hatten. Diese entstanden immer nur dann, wenn ich ihn hindern wollte, seine Fortschritte zu machen – wenn ich wollte, daß er schlafen geht, obwohl er noch nicht müde ist, daß er seine Sachen anzieht, wenn er sie ausziehen will, oder daß er sich die Nase putzen muß, während er spielt. Als ich für seine Art der Entfaltung sensibilisiert war, war das Gehorchen nur noch ein nebensächliches Problem.

Das bedeutet keineswegs, daß er alles tun durfte, was er wollte. Als er mich ins Gesicht schlug, sagte ich ihm streng, er solle es sein lassen oder zärtlich machen. Er probierte es gewöhnlich noch ein- oder zweimal, um sich zu vergewissern, daß er sich nach dem Gesagten richten sollte, und hörte dann auf. Je mehr ich es vermied, ihn aus einem nicht wirklich wichtigen Grund von irgend etwas abzuhalten, desto mehr gehorchte er.

Wenn ich ihn als Feind betrachtete, als jemand, der die Grenzen überschritt, um zu sehen, wie weit er gehen konnte, hatte ich Schwierigkeiten. Wenn ich ihn als jemanden ansah, der sich bemühte, etwas zu erhalten, was er gern haben wollte, und der mit mir etwas Schönes erleben wollte, konnten Wunder geschehen.

Mit dieser Betrachtungsweise wurde mir klar, daß er, als er einmal auf die Straße ging, mir damit wirklich eine Frage stellte und mich nicht herausfordern wollte, obwohl ich ihm gesagt hatte, er solle die Straße meiden. Bisweilen hielt ich ihn, wenn kein Verkehr war, beim Überqueren der Straße an der Hand. Auf abgelegenen Straßen ließ ich ihn sogar allein auf die andere Seite hinübergehen, während ich meinen Weg geradeaus fortsetzte. Nun fragte er: »Wie sind die Regeln? Wie soll ich sie verstehen? Wann ist es richtig, auf der Straße zu gehen und wann nicht?« Sobald mir das klar geworden war und er es verstanden hatte, gehorchte er. Er fügte sich gern.

Wenn er das Überqueren der Straße geschafft hatte, erfüllte ihn das mit großer Zufriedenheit. Wir beide verfolgten das gleiche Ziel.

Für die Entfaltung jedes Kindes gibt es einen Weg, und auch für die Entfaltung anderer Menschen. Werden diese Wege erkannt, akzeptiert und gewählt, so sind mehr Freude und weniger Konflikte die Folge.

Der natürliche Fluß

Vor einigen Jahren beschlossen meine Frau und ich, von Big Sur in die nähere Umgebung von San Francisco zu ziehen, damit wir unsere praktischen Erfahrungen auf die etablierte Gesellschaft anwenden konnten. Wir wünschten uns die Atmosphäre von Big Sur, kombiniert mit einem leichten Zugang zur Großstadt – keine geringe Forderung.

Als wir das Gebiet an der Bucht von San Francisco erkundeten, gefiel uns Muir Beach am besten. Doch damit, das spürten wir, begann das Problem. Muir Beach ist eine sehr kleine Siedlung, deren Ausdehnung durch den angrenzenden Nationalpark für immer begrenzt ist. Und es standen nur einige wenige teure Baugrundstücke oder Häuser zum Verkauf.

Tapfer bereiteten wir uns darauf vor, einige Immobilienmakler aufzusuchen, unsere Freunde zu bitten, Zettel auszuhängen, und die Gegend abzuklappern. Gerade wollten wir uns auf den langen, beschwerlichen Weg machen, da kam ein Freund vorbei. »Ich habe mir ein Stück Land in Muir Beach gekauft, das ich nicht nutzen werde. Ihr könntet es zu dem Preis haben, den ich bezahlt habe.« (Das ist nett, dachte ich, aber wahrscheinlich ist es nicht das, was uns vorschwebt.)

Wir fuhren nach Muir Beach und rechneten damit, daß wir Tage oder vielleicht auch Wochen mit der Suche nach geeignetem Bauland verbringen müßten. Gleich am ersten Tag wurde uns klar, daß unser Freund das allerbeste Stück Land besaß, das zu haben war. Danach trafen wir einen Mann, der auf der anderen Straßenseite unserem Grundstück gegenüber wohnte. »Es macht mir Spaß, Häuser in Muir Beach zu bauen. Ich würde mich glücklich fühlen, wenn ich Ihres bauen könnte.« (Wahrscheinlich kein sehr erfahrener Bauunternehmer, dachte ich belustigt. Ich werde wohl weiter suchen müssen.)

Ein zufälliges Gespräch mit unserer Freundin Marilyn, einer Einwohnerin von Muir Beach, brachte uns noch ein Stück weiter. »Oh, du bist an Al Huangs Grundstück interessiert. Wußtest du, daß Jerry Kler, ein guter Architekt und zugleich ein alter Schulfreund von mir, bereits ein Haus dafür entworfen hat? Ich habe zufällig mehrere Baupläne hier.« (Wie gut sind Baupläne, die für jemand anderen gezeichnet wurden, murrte ich.)

Ich war erstaunt, als wir sie uns anschauten. Abgesehen davon, daß sie viel schöner waren, sahen sie fast genau so aus, wie wir unser Haus skizziert hatten.

Ich rief den Architekten am nächsten Tag an. Er hatte »zufällig« von eben diesem Haus ein Modell anfertigen lassen, das verfügbar war. Und er war ein humanistischer Architekt, der am Verhältnis von Mensch und Raum interessiert war.

Zum ersten Mal unterließ ich es, zynisch zu reagieren, und begann, auf den Gang der Dinge zu achten. In Vorbereitung auf das leidige Zusammentreffen mit den Immobilienmaklern hatte ich bisher alles, was uns widerfuhr, als nebensächlich betrachtet. Als ich die Dinge auf mich zukommen ließ und aufhörte, weitere Versuche zu unternehmen, war alles einfach.

Ohne daß wir uns anstrengen mußten, waren uns ein Stück Land, ein Bauunternehmer, ein Architekt und ideale Baupläne mit allen erforderlichen Genehmigungen, die schwer zu be-

kommen waren, angeboten worden. Offenbar waren wir für dieses Haus wie geschaffen.

Gleich nach unserer Entscheidung änderte sich der Energiefluß. Wir beschlossen, einen Bankkredit aufzunehmen und zu bauen. Die Bank wies mich ab. Nun, wo ich auf die Zeichen achtete, mußte ich feststellen, daß das Haus das richtige war, aber daß ich mehr Geld brauchte, bevor ich anfangen konnte, es zu bauen. Ich nahm zwei Jobs an, drei Monate später wendete ich mich an eine andere Bank und erhielt den Kredit.

Diese Erfahrung ähnelt einem Vorfall in einer Feldenkrais-Gruppe.

Moshe Feldenkrais beeinflußte geschickt den Körper einer Frau, die seit etwa einem Jahr geschieden war. Seither war sie nicht gewillt gewesen, über ihren Trennungsschmerz zu sprechen. Sie hatte das Gefühl, in einer Sackgasse zu stecken. Plötzlich begann sie zu weinen und hörte zwanzig Minuten lang nicht auf. Feldenkrais' Handgriffe hatten die Spannung gelöst, die sie empfunden hatte, und sie war schließlich imstande, ihre verschütteten Gefühle zu äußern. Danach machte sie einen unbeschwerten und entspannten Eindruck, und wir alle fühlten uns wunderbar. Feldenkrais saß jedoch in einer Ecke und schaute düster drein.

»Was ist los, Moshe? Sie haben Elaine sehr geholfen. Warum sind Sie so traurig?«

»Unsinn«, sagte er, »ich bin zu schnell vorgegangen. Hätte ich es richtig gemacht, hätte sie nicht in Tränen ausbrechen müssen. Sie hätte sich normal gelöst, im Rahmen ihrer Fähigkeit, das Gefühl zu kontrollieren.«

Ich war verwirrt. Aufgrund meiner Berufserfahrungen war ich der Ansicht, das Weinen sei ideal, es habe die schon lange notwendige seelische Erleichterung gebracht. Ich hatte je-

doch viel zu großen Respekt vor Moshe. Vielleicht ist es möglich, ohne Schmerzen zu lernen.

Seine Methode geht davon aus, daß wir, wenn wir unseren Körper gut genug kennen, mit ihm machen können, was wir wollen, ohne ihn zu überfordern. Sie erfordert Sensibilität und Selbst-Bewußtsein. Aufgrund dieser Erfahrung gelangte ich schließlich zu einer einfachen Schlußfolgerung:

Wachstum erfordert keine Schmerzen.

Das Einfache

Das Erkennen von Wegen impliziert, daß das Universum im Grunde einfach ist. Wenn wir begreifen, was ist, ist es einfach. Komplexe Ganzheiten, die einen komplizierten Auswahlprozeß erfordern, lösen sich auf, und die Alternativen sind erkennbar.

Ich gebe nur dann eine komplizierte Antwort auf eine Frage, wenn ich von etwas rede, was ich nicht gut verstanden habe. Das Leben hat einfach angefangen – bei einer Zelle, einem gemeinsamen Elternpaar –, und von diesem einfachen Beginn ausgehend, haben wir uns vervielfacht und stehen in enger Wechselbeziehung zueinander. Sobald wir unsere Geheimnisse enträtseln, verfolgen wir unsere evolutionären Schritte durch die Komplexität zurück zur Einfachheit.

Wenn ich die von mir verfaßten Bücher Revue passieren lasse, weiß ich genau, welche Teile ich beim Schreiben verstanden und welche ich nicht verstanden habe. Jene Teile, die ich schlecht verstanden habe, klingen wissenschaftlich. Wenn ich kaum etwas verstehe, gebrauche ich den Wissenschaftsjargon. Wenn ich es wirklich verstehe, bin ich in der Lage, es den Leuten in der Sprache zu erklären, die sie verstehen.

Jede komplizierte Erklärung ist eine zeitweilige. Ich habe es immer als absurd empfunden, daß ich ein Biochemiker werden muß, wenn ich wissen will, was ich essen soll; daß eine Frau betäubt und festgebunden werden muß, wenn sie entbindet; daß es Millionen von Dollar kostet, die Steuern einzutreiben; oder daß die wichtigen Entscheidungen im Leben vom Zufall abhängen.

Ich gebe eine komplizierte Antwort auf eine Frage, weil ich die Antwort nicht bis ins Letzte weiß. Auf eine wirklich erschöpfende Erklärung müßten die meisten Leute antworten: »Natürlich.« Jede Person würde bereits den Beweis in Form ihrer Erfahrung haben. Der Entdecker hat nur den Vorteil, den Beweis in einer Weise formulieren zu können, daß jedermann ihn verstehen kann. In dieser Hinsicht gleicht er einem guten Humoristen oder einem guten Künstler.

Wirkliches Verstehen entwickelt sich in drei Phasen. Man unterscheidet die *stark vereinfachte,* die *komplexe* und die *tiefe einfache* Erkenntnis. Beginne ich mich mit einem Gebiet zu befassen, das mich interessiert, finde ich es sehr einfach und verständlich, und ich bin mehr als verwundert, daß jedermann es kompliziert findet. So war es auch, als ich in meine erste Kontaktgruppe kam.[29] Damals glaubte ich, daß eine Kontaktgruppe aus lauter Leuten bestehe, die nur herumsitzen und ihre Gefühle zum Ausdruck bringen. Ich konnte nicht verstehen, weshalb die Gruppenmitglieder so viel Zeit dafür verwandten, Beschlüsse zu fassen. Sie hielten drei Sitzungen ab, um zu entscheiden, ob sie mich in die Gruppe aufnehmen oder nicht. Ich war wütend und sagte: »Warum plagt ihr euch so ab? Es ist doch ganz einfach. Stimmt ab. Ja oder nein!«

Allmählich dämmerte es mir, daß in der Gruppe etwas ande-

111

res geschah, was über das Abzählen von Stimmen hinausging. Die Leute äußerten Gefühle, das war ein Bereich, dem ich nie sehr viel Beachtung geschenkt hatte. Ich fing an zu begreifen, was eine Kontaktgruppe wirklich war, und vor allem, wie wunderbar kompliziert sie war.

Die Gruppenmitglieder sollen lernen, es zu wagen, selbst Verantwortung für ihr Leben zu übernehmen, sie sollen lernen, ehrlich zu sein und sich über sich selbst klarzuwerden, um der Gefahr des Selbstbetrugs zu entgehen. Als ich sie beobachtete, sah ich, daß sie diese Ziele erreichten, indem sie die Wahrheit sagten, auf den Körper und die von ihm kommenden Signale achteten, miteinander Kontakt bekamen und Gefühle zum Ausdruck brachten, eine Beziehung zum Hier und Jetzt herstellten und Verhaltensweisen ausprobierten, die manche Teilnehmer als schwierig empfanden. Indem die Gruppenmitglieder sich so verhielten, sah ich, daß sie ihre blockierten Energien freisetzten und sich ihrem natürlichen Lebensfluß annäherten.

Plötzlich wurde es sehr schwierig, den Gruppenprozeß zu verstehen. Sehr viele Faktoren mußten berücksichtigt werden, um Gruppenphänomene – psychologische, soziologische, historische, familiäre – zu verstehen. Mein Verständnis der Gruppe bewegte sich vom vereinfachten zum komplexeren Verstehen. Ich brachte viele Stunden damit zu, den Gruppenmitgliedern zu erklären: »Wir müssen alle Faktoren in Betracht ziehen«, »wir müssen alle Variablen berücksichtigen«.

Auf der nächsten Stufe kehrt das Verstehen zum Einfachen zurück, jedoch auf einer tieferen Ebene. Meine Bemühungen, die Gruppenphänomene zu ordnen, führten zu der Hypothese, daß jedes Gruppenverhalten als Variation von Zugehörigkeit, Steuerung und Offenheit (siehe Seite 159 ff.) verstanden werden kann. Das Gruppenverhalten wurde wieder einfach.

Ein überzeugendes Beispiel für tiefe Einfachheit – das mich für dieses Konzept empfänglich machte – ist das 1912 erschienene Werk von Bertrand Russell und Alfred North Whitehead, »Principia Mathematica«.[30] In diesem Buch behandelten die Verfasser die enorme Komplexität der Mathematik, die sich, wie sie nachwiesen, auf fünf einfache logische Denkvorgänge reduzieren läßt. Von diesen läßt sich die ganze Mathematik ableiten.[31] Ich erinnere mich daran, wie begeistert ich auf das Erscheinen dieses Werkes reagierte und wie eigenartig es mir vorkam, daß ich so emotional auf eine intellektuelle Leistung reagierte.

Mit dem durch Freud ausgelösten veränderten Verständnis der menschlichen Verhaltensweisen haben wir die Phase der Komplexität hinter uns gelassen und sind nun offen für die tiefe Einfachheit. Ich erhebe nicht den Anspruch, daß »Mut zum Selbst« diese erschöpfend behandelt, doch ist es meine Absicht, auf einige Wege zum Verständnis der Grundelemente hinzuweisen.

Einheit der Gesetze

Es ist nicht anzunehmen, daß die Prinzipien des Gruppenverhaltens sich von denen des individuellen Verhaltens, des menschlichen Organismus, der gesellschaftlichen Institutionen oder der Nation unterscheiden. »Der ›Alte‹ würfelt nicht«, schrieb Einstein.[32] Warum sollte die Wissenschaft so kompliziert sein? Warum sollte die wissenschaftliche Terminologie so esoterisch sein? Wenn etwas wahr ist, sollte es so einfach sein, daß jeder es versteht.

Ich glaube, daß die gleichen Gesetze auf alle Ebenen sozialer und physiologischer Organisationen zutreffen. Die Gesetze bestehen aus charakteristischen Merkmalen der Elemente auf der jeweiligen Ebene – Atom, Zelle, Organ, Person, Paar, Gruppe, Nation, Planet, Sonnensystem – und aus all den Regeln für das Kombinieren dieser Elemente. So wie oben ist es auch unten.

Die Tatsache, daß gleiche Konzeptionen parallel existieren, bietet vielfältige Möglichkeiten, menschliche Organisationen zu verstehen. Sobald etwas auf einer Ebene entdeckt wird, kann es auf allen anderen erforscht werden.

Vor vielen Jahren erprobte ich in einem Gruppentraining eine Technik, die die Parallelität von Erscheinungen auf individueller und Gruppenebene verdeutlicht. Ich bat jeden Teilnehmer, einen wichtigen Entschluß in ihrem Leben zu fassen – zu heiraten, den Job zu wechseln, noch einmal die Schulbank zu drücken, Kinder zu haben oder sonst etwas zu tun. Sie sollten notieren, was für einen Beschluß sie gefaßt hatten und wie klar oder wie widersprüchlich ihre Entscheidung war. Dann bat ich jeden der Teilnehmer, an fünf oder sechs Menschen zu denken – Eltern, Geschwister, Lehrer, Kindheitsidole, Freunde –, die sehr wichtig für sie gewesen waren, und sich vorzustellen, daß diese eine Debatte führten, die mit einer Entscheidung des anstehenden Problems enden sollte. Sowohl in bezug auf den Inhalt als auch in bezug auf die Genauigkeit der Entscheidungen wurden verblüffende Ähnlichkeiten festgestellt, als der Entschluß, den die Gruppe gefaßt hatte (introjizierte Entscheidung), mit dem allein von der Person gefaßten Entschluß verglichen wurde.

Ich verhalte mich auf der Basis der sich in meinem Kopf vollziehenden Wechselwirkung dieser Gruppe. Der vorgestellten Interaktion der introjizierten Gruppe entspricht mein Entscheidungsprozeß.

Ich glaube, daß es möglicherweise noch einen weiteren

Grund für diese Parallelität gibt: Auf allen Ebenen gibt es Bewußtsein, und jede Organisationsebene funktioniert als ein Wesen. Die Existenz kleiner, offensichtlich unabhängiger Welten (Mitochondrien) in unseren Zellen[33] weist ebenfalls in diese Richtung.

Ein psychedelisches Erlebnis bestärkte mich außerordentlich in meinem persönlichen, nichtwissenschaftlichen Glauben an Bewußtsein auf allen Ebenen. Ich war fast der einzige Mensch auf einer kleinen Insel in der Nähe von Tahiti. Ich hatte MDA, eine noch legale chemische Substanz, genommen, die die Sinne schärft und zu einer großen Klarheit der Wahrnehmung des Hier und Jetzt führt. Als ich auf den Sand und die Felsen und die Landkrabben hinabschaute, sah ich in jeder von ihnen kleine Figuren, die mir zuwinkten, als wollten sie mir sagen: »Hallo, es ist nett, dich zu sehen, Bruder. Ja, wir sind auch hier.« Es war entzückend, und es kam mir sehr vertraut vor, wie eine Déjà-vu-Erfahrung aus einer weit zurückliegenden Zeit meiner Existenz.

Natürlichkeit

Das Konzept der tiefen Einfachheit impliziert ein großes Vertrauen in natürliche Prozesse – in einfache Nahrung, die Heilkraft des Körpers, die natürliche Entwicklung zwischenmenschlicher Beziehungen etc. Antworten werden auf der Erde, im Himmel, in den Bäumen, den Tieren und im menschlichen Organismus gesucht. Diese einfachen Quellen müssen einfache Lösungen liefern.

Einige Methoden zur Entfaltung der im Menschen vorhandenen Kräfte verdeutlichen sehr gut dieses Prinzip.

▶ Bei der Feldenkrais-Technik wird der Körper in seinem eigenen Tempo mobilisiert. Gesteigerte Beweglichkeit und Koordination werden ohne Mühe erreicht.

▶ Bei der Encounter-Methode erfüllen die Teilnehmer ihre Aufgabe, wenn sie dazu bereit sind. Nichts braucht erzwungen zu werden. Wenn etwas nicht reibungslos geschieht, bedeutet das: Die äußere Situation ist noch nicht so weit gediehen, daß der nächste Schritt erfolgen kann.

▶ Bei den Imaginationsmethoden gelangt der Anwender direkt zu dem Bild, das dem akutesten Problem entspricht.

▶ Beim Fasten heilt sich der Körper im eigenen Tempo, ohne daß eine Einflußnahme von außen erfolgen muß.

Fasten

Vor einigen Jahren las ich ein Buch von Herbert Shelton, das den bescheidenen Titel »Fasting Can Safe Your Life« (*Fasten kann dein Leben retten*) trug[34]. Es beeindruckte mich tief. Vier Jahre später fuhr ich auf dem Highway, und ein Gedanke ging mir durch den Kopf: »Es ist Zeit zu fasten.« Ich fühlte mich dick und träge, und meine Sinne waren wie benommen. Eine Fastenkur schien gerade das Richtige zu sein. Ich sah im Adreßbuch nach und stellte fest, daß Shelton eine Gesundheitsschule in San Antonio leitete. Ich fuhr hin und fastete dort vierunddreißig Tage lang (nur Wasser). Das, was ich erlebte, ging weit über eine normale Fastenkur hinaus. Ich lernte viel, was es heißt, der natürlichen Energie zu folgen.

Die Gesundheitsschule wurde nach den Prinzipien der Gruppe für Natürliche Hygiene[35] geleitet, die seit über hundert Jahren existiert. Mich interessierte jener Teil ihrer Philosophie, der sich auf die Selbstheilung des Körpers bezieht. Diese Gruppe ist davon überzeugt, daß sich der Körper selbst heilt. Äußere Wirkstoffe wie zum Beispiel Medikamente unterdrücken nur die Symptome und führen dem Körper fremde, meist unverwertbare Substanzen zu, so daß er Energie aufwenden muß, um mit ihnen fertigzuwerden.

Wenn ich faste, ernährt sich der Körper selbst, indem er seine Reserven verbraucht. Weil er auf natürliche Weise zur Selbsterhaltung übergeht, baut der Körper zunächst jene Substanzen ab, die er am wenigsten benötigt: toxische Stoffe, entzündete Gewebe, Tumore sowie überschüssiges Fettgewebe, in dem ein großer Teil der Toxine gespeichert sind. Der Körper verbraucht dann in der genannten Reihenfolge: Muskel- und Knochengewebe sowie Nervenfasern.

Zum Glück sendet er ein deutliches Signal aus, wenn er vom Abbau von toxischen Schlacken und von Fett zum Abbau von Muskelgewebe, das heißt, wenn er vom Fasten zur Auszehrung übergeht. Die Anzeichen für die Entschlackung des Körpers – Körperausdünstungen, Mundgeruch, scharfer Urin, belegte Zunge – verschwinden, und ein starkes, echtes Hungergefühl stellt sich ein. Zu diesem Zeitpunkt empfiehlt es sich zu essen, sonst führt das Fasten zu einem lebensbedrohlichen Zustand. Dieser Punkt wird von verschiedenen Personen nach unterschiedlicher Fastendauer erreicht, meist nach etwa vierzig Tagen.

Die absolute Einfachheit und Natürlichkeit dieser Anschauungen beeindruckten mich sehr, und sie stimmen zweifellos mit einem natürlichen Verständnis anderer Ebenen überein. Die in Kontaktgruppen angewendete Methode fördert die Natürlichkeit in den zwischenmenschlichen Beziehungen,

Feldenkrais setzt sie für die Nerventätigkeit voraus, und das Fasten wendet sie auf die physiologischen Vorgänge im Körper an.

Gelenkte Imagination

Um die einfachen und allgemeingültigen Gesetzmäßigkeiten zu erkennen, hilft es uns, wenn wir von der Existenz eines Körperbewußtseins ausgehen.

Einen natürlichen Zugang, die psychische oder persönliche Ebene zu verstehen, bietet dabei die gelenkte Imagination.[11]

Bei der gelenkten Imagination taucht ein spezielles Bild in dir auf. Traditionell beginne ich, der Therapeut, damit, daß ich dir irgendein Symbol, zum Beispiel eine Höhle, einen Berg, ein Schwert, nenne oder dir ein Fotoalbum zeige. Du berichtest mir dann, was du siehst, und ich geleite dich durch alle schmerzvollen Situationen hindurch, die du vielleicht erleben wirst. Es ist eine höchst bemerkenswerte Methode, die zu erstaunlichen Ergebnissen führt.

Ich wende diese Methoden seit vielen Jahren in meiner Arbeit an und habe festgestellt, daß ich immer weniger die Richtung vorgebe, sondern beginne: »Laß ein Bild in dir aufsteigen.« Je weniger die Anweisung strukturiert ist, um so wahrscheinlicher ist es, daß das Körperbewußtsein geradewegs zu der Stelle hinführt, wo die größte psychische Schwierigkeit besteht. Der Körper weiß, wohin er sich zu begeben hat, um ein Problem zu lösen. In vielem gleicht dies dem, was beim Fasten geschieht, wo der Körper weiß, was er loswerden muß. In jedem Fall handelt es sich um die Beseitigung jedweder Störung von außen, die den Organismus in die Lage versetzt, selbst für die Optimierung seines Seins zu sorgen. Dies entspricht Reichs Definition des Zwecks der Demokratie (siehe Seite 245), der in der Beseitigung der Hindernisse auf dem Weg zur Selbstbestimmung besteht.

Lehre

Eltern sind Lehrer. Das trifft auch auf Therapeuten, Chefs, Priester, Ärzte, Trainer zu – auf jeden in einer übergeordneten Position. Ein guter Lehrer schafft Bedingungen, unter denen es den Schülern leichterfällt, ihren eigenen Weg zu gehen.

Vor einigen Jahren besuchte ich Bhagwan Shree Rajneesh in seinem *ashram* (Schule) in Poona, Indien. Rajneesh faszinierte mich. Ich hatte viele seiner Schriften gelesen[36] und fand sie brillant. Viele meiner Freunde waren nach Poona gegangen und waren *sannyasins* (Schüler) geworden. Ich wollte wissen, wie er war.

Die Schule wurde nach Prinzipien geleitet, die den von mir seit Jahren verfochtenen völlig entgegengesetzt waren. Um ein *sannyasin* zu sein, mußte ich mich Bhagwan unterwerfen. Ich mußte alles akzeptieren, was er sagte, alles tun, was mir befahl, und durfte nie seine Autorität in Frage stellen. Abscheulich! Wo blieb die Entwicklung des eigenen Selbsts, für die ich seit Jahrzehnten eingetreten war? Wie konnte diese faschistische Methode zur Entfaltung des Menschen beitragen? Als ich im *ashram* ankam, war mein erster Eindruck der von Shangri-La. Menschen gingen Arm in Arm, sie sangen, sie tanzten. Es herrschte dort eine Unbeschwertheit, die ich beneidens- und bewundernswert fand. Da ich längere Zeit dort blieb, konnte ich mehr beobachten. Ich sprach ausführlich mit den Bewohnern des *ashram,* und immer häufiger vernahm ich das Wort »Kanal«. Jeder dort war ein Kanal von Bhagwan. Ashramführer fühlten sich für keine ihrer Handlungen verantwortlich. Sie führten einfach die Wünsche von Rajneesh aus. War die Unbeschwertheit, die ich in der *ashram* bemerkte, ein Ergebnis des Verzichts auf jegliche Verantwortung?

Ich verließ Poona völlig verwirrt.[37] Alles, was ich gesehen hatte, widersprach völlig dem, was ich gelehrt hatte, und doch schien der Nutzen groß. Wie war das möglich? Ich hatte mich bestimmt nicht die ganze Zeit geirrt.

Vielleicht hatte Bhagwan – auf eine sehr wirkungsvolle Art – die Yin-Seite der Wahl entwickelt. Sich Bhagwan zu unterwerfen bedeutete, wie mir gesagt wurde, sich selbst preiszugeben. Die kritischen, besorgten, ängstlichen Teile werden preisgegeben. *Sannyasins* überlassen sich unbedenklich dem, was geschieht. Vielleicht demonstrierte Bhagwan, daß, wenn ein Mensch völlig aufgeschlossen und aufnahmefähig ist, auch seine Entscheidung klar ist. Dieser Gedanke war beunruhigend und faszinierend zugleich.

Gemeinschaft

Von einigen wenigen Ausnahmen abgesehen, haben wir alle die Wahl getroffen, in einer Gesellschaft zu leben. Wir sind nicht in der Isolation entstanden. Uns hat eine Mutter zur Welt gebracht, und wir sind auf einem bevölkerten Planeten zu Hause. Wenn wir ein befriedigendes Leben führen, so verdanken wir dies zu einem großen Teil unserer Beziehung zu anderen Menschen. Ein Leben ohne gegenseitiges Miteinander ist außerordentlich schwierig und wird selten angestrebt.

Wie die Teile unseres Körpers wirken auch die verschiedenen Bestandteile einer sozialen Gruppe oft gegeneinander. Wenn

120

alle Elemente eines Systems reibungslos funktionieren, ohne überfordert zu sein, und wenn alle Elemente so gesteuert werden oder sich selbst steuern, daß ihr Gesamtziel optimal erreicht wird, funktioniert das System mit voller Kapazität. Es wird auf natürliche Weise seinen Weg fortsetzen.

Dabei entsteht, wie China seit seiner Revolution beweist, eine paradoxe Situation. Die chinesische Philosophie ist vollkommen nichtindividualistisch. Alles wird »für die Revolution« getan – für die Gruppe oder die Gemeinschaft, in der jedes Mitglied nichts weiter als eine Untereinheit ist. In Berichten über China wird jedoch häufig auf das merkwürdige Phänomen hingewiesen, daß die Chinesen Selbstvertrauen und Selbstakzeptanz haben, in einem Land, wo der Individualismus ignoriert wird.

Vielleicht funktioniert das folgendermaßen: Ich kann es vorziehen, allein zu leben, mich in den Dschungel zurückzuziehen und selbst für meine Nahrung und ein Dach über dem Kopf sorgen. Oder ich kann es vorziehen, mit anderen Menschen zusammenzuleben; dadurch kann ich essen, ohne meine ganze Zeit mit der Beschaffung von Nahrung zuzubringen, ein Auto fahren, ohne es selbst zusammenbauen zu müssen, und mich selbst durch das Zusammensein mit anderen besser kennenzulernen. Mit dieser Entscheidung gehört es zur Erkenntnis meiner eigenen Fähigkeiten und Möglichkeiten, daß ich mein optimales Sein zu dem der Menschen in Beziehung setze, mit denen ich in Kontakt trete. Freude erwächst nicht nur aus der Verwirklichung aller in mir angelegten Möglichkeiten, sondern auch aus meiner Fähigkeit, Teil eines größeren Ganzen zu werden. Ein Teil meiner Freude entspringt aus der Verwirklichung meiner inneren Anlagen und ihrem Zusammenspiel, und ein Teil daraus, daß ich mich selbst als eine Einheit in ein größeres System integriere.

Der chinesische Bauer kann vielleicht die Freude empfinden,

die aus einer guten Übereinstimmung mit anderen Elementen eines Systems erwächst, genauso wie Mannschaftsspieler oft der Meinung sind, daß der Sieg der Mannschaft wichtiger ist als ihre individuelle Leistung. Beim Spielen in einer Mannschaft besteht das Ziel darin, alles zu tun, damit die Mannschaft ihr Ziel erreicht, und die individuelle Leistung wird am Beitrag zu diesem Ziel gemessen. Das ist der Grund, weshalb Meditation – eine Methode zur inneren Integration – nicht unbedingt zu Liebe führt, oder weshalb Liebe – ein Prozeß der Integration mit der äußeren Welt – nicht automatisch ein optimales persönliches Funktionieren zur Folge hat. Jeder kann jedoch dem anderen helfen. Wenn ich lerne, wie ich intern kooperieren kann, vermag ich auch zu lernen, wie ich extern kooperieren kann, und umgekehrt.

Vielleicht bin ich manchmal deswegen nicht glücklicher, weil ich nicht mit einer größeren Gruppe verbunden bin. Ich habe keine reguläre Anstellung oder bin nicht Mitglied einer Organisation; deswegen ist meine Fähigkeit nicht entwickelt, harmonische Beziehungen zu anderen Menschen zu haben. Was fehlt, ist vielleicht nicht das ständige Bemühen, mich selbst weiterzuentwickeln und in mir eine innere Harmonie zu schaffen, sondern mich – wenn ich keine Freunde, keine Liebesbeziehung oder keinen Job habe – als ein integraler Bestandteil eines größeren Systems zu begreifen.

Was ebenso fehlt, ist das, was ich über mich selbst erfahre, wenn ich mit einer anderen Person oder einer Gruppe in Kontakt trete. Ich bringe mich um die Möglichkeit wahrzunehmen, wie ich mit Kränkungen, Mißachtung, Konkurrenz, Liebe, Eifersucht, Inkompetenz und anderen Gefühlen fertigwerde, die in Beziehungen entstehen. Denn dort erlebe und äußere ich die Vielzahl meiner Gefühle, vom stärksten negativen bis zum stärksten positiven.

Gemeinschaft ist eine Quelle der Freude, die aus der Integra-

122

tion mit anderen erwächst. Dies beinhaltet auch das Erkunden und die Auswahl des gesellschaftlichen Weges, auf dem ich mit anderen Menschen in Beziehung treten will oder zumindest eine lebendige Interaktion mit anderen.

Yang und Yin der Wahl

◗ Nach dem Prinzip der Wahl bin ich allein für mein Leben verantwortlich. Ich treffe die Wahl, ich habe das immer getan und werde es immer tun.

◗ Weil die Welt im Grunde einfach ist, gibt es allumfassende Wege – ein natürlicher Fluß macht meine Wahl einfach und klar.

◗ Ich entdecke diese natürlichen Wege, wenn ich aufgeschlossen und aufnahmefähig bin, wenn ich empfinde, was innerhalb und was außerhalb meines Körpers ist.

◗ Sobald du und ich anerkennen, daß wir die Verantwortung für uns selbst tragen, und sobald wir den Wegen gegenüber aufgeschlossen sind, fließen wir gemeinsam. Unsere Wege sind harmonisch, und unsere Gemeinschaft und Gesellschaft ist voller Freude.

◗ Der Glaube an die Wahl ist ein Weg, die eigenen Energien optimal zu nutzen. Aber wie weit kann ich das Konzept der Wahl ausdehnen? Gibt es *Grenzen?*

Grenzenlosigkeit

>»Wären die Pforten der Wahrnehmung gereinigt,
>erschiene dem Menschen alles, wie es ist, unendlich.
>Denn der Mensch hat sich selbst eingesperrt,
>bis er alle Dinge
>durch die engen Spalten seiner Höhle sieht.«
>
>William Blake[38]

Das Ziel, ein Leben in Freude zu führen, erreiche ich, indem ich die in mir angelegten Möglichkeiten erkenne. Wie groß sind sie? Welche Fähigkeiten besitze ich?

Als Mensch sind mir keine Grenzen gesetzt, doch nutze ich vielleicht nicht mehr als fünfzehn Prozent der Fähigkeit meines Nervensystems aus.[39]

Indem ich lerne, meine Fähigkeiten mehr zu nutzen, bin ich mehr und mehr imstande, »unglaubliche« Leistungen zu vollbringen. Biofeedback ermöglicht es mir, meine nicht bewußt ablaufenden Vorgänge zu beeinflussen. Wissenschaftliche Laboratorien bestätigen die Fähigkeit von Menschen mit »übersinnlichen« Kräften.[40]

Abgesehen von diesen Berichten gibt es genügend Geschichten von Yogis und Heiligen, die in der Lage sind, die jetzigen Naturgesetze zu überschreiten. Statt uns an der Kontroverse über all diese Leistungen zu beteiligen, ist es sinnvoll, ihre Richtigkeit anzunehmen, um weiter über die Konsequenzen nachdenken zu können, die sich bei der Annahme ergeben, daß ich, die Ganzheit meines Selbst, ebenso die Fähigkeit besitze, diese Leistungen zu vollbringen.

Das ist vielleicht einer der Gründe für die ungeheure Popularität des Guinnessbuches der Rekorde[41], das den aktuellen Stand der Verwirklichung menschlichen Potentials wiedergibt.

Ein Grund hält mich zurück, die These von der Grenzenlosigkeit des Menschen zu erforschen. Mit ihr scheint die Forderung verknüpft, ich müsse meine Anlagen und Fähigkeiten voll ausschöpfen. Doch ist das Schuldgefühl völlig unabhängig von dieser Annahme. Ich kann sowohl denken, daß mir keine Grenzen gesetzt sind, als auch, daß es völlig in Ordnung ist, wenn ich nicht all meine Möglichkeiten realisiere. Wenn ich will, kann ich es vorziehen, mich für unzulänglich zu halten, weil ich mich nicht voll verwirklicht habe. Aber die These von der Grenzenlosigkeit impliziert nicht, daß ich Schuldgefühle haben und Depressionen bekommen muß, wenn ich nicht alles erreiche, was möglich ist. Ich bin nicht verpflichtet, alles zu sein, wozu ich fähig bin.

Angenommen, die Grenzenlosigkeit hat praktische Vorteile. Wenn für mich tatsächlich keine Grenzen existieren, erlaubt mir diese Annahme, diese Grenzenlosigkeit zu entdecken. Dagegen hält mich jede eingebildete Grenze davon ab festzustellen, ob diese Grenze tatsächlich existiert. Die produktivste Annahme ist daher die folgende: Mir sind keine Grenzen gesetzt.

Die Grenzen, an die ich stoße, sind Grenzen, an die ich glaube, keine Grenzen des menschlichen Organismus. Mir sind Grenzen gesetzt, weil ich mir das einbilde. Ein bekannter Fall ist der von Roger Bannister. Anfang der fünfziger Jahre erschienen mehrere Artikel, in denen namhafte Physiologen darlegten, weshalb es für einen Läufer vom physikalischen Standpunkt aus unmöglich sei, eine Meile in weniger als vier Minuten zurückzulegen. Kurze Zeit später unterbot Bannister den damaligen Rekord von vier Minuten. Heute haben Hunderte von Läufern eine Meile in weniger als einer Minute zurückgelegt, und manche haben die Zeit sogar mit mehr als zehn Sekunden unterboten.

Ein aktuelles Beispiel wurde von Uri Geller initiiert. Geller ist ein berühmter Löffelverbieger. Nach einer Tournee durch England, auf der er das Metallverbiegen demonstrierte, forderten Rundfunk- und Fernsehanstalten ihr Publikum auf, ihnen ähnliche Erfahrungen mitzuteilen. Darauf erhielten sie eine Flut von Meldungen darüber, daß Kinder sich im ganzen Land massenhaft auf die Eßbestecke stürzten. Vielleicht glaubten diese Kinder, die nicht von dem »Wissen« belastet waren, daß das Löffelverbiegen unmöglich sei, sie wären ebenfalls dazu imstande, diese psychischen Leistungen zu vollbringen.[5]

Eltern haben oft den Bogen heraus, Kinder zum Akzeptieren von Grenzen zu nötigen: »Du bist ungeschickt, du bist dumm, du kannst nicht singen, du bist egoistisch, du bist schlampig, du bist faul, du bist verantwortungslos, du gehst einem auf die Nerven.« Wenn ich als Kind einmal diese Charakterisierung akzeptiere und zu eigen mache, wird sie wahr. Sie stimmt nicht, weil sie der Realität entspricht, sondern weil ich *glaube,* daß sie stimmt. Ich lebe dann so, als ob ich ungeschickt, faul, dumm, verantwortungslos wäre. Ich stelle nicht in Frage, daß ich so bin. Jedes Mal, wenn ich etwas gut mache, will ich das nicht wahrhaben, oder ich nehme an, es sei eine Ausnahme, die nicht meinem wahren Charakter entspricht. Ich versuche nicht, mein Verhalten zu ändern, weil ich verinnerlicht habe, daß »ich so und nicht anders« bin. Selbstverständlich ist das Unsinn.

In jungen Jahren bekam ich zu hören, ich mache zu Hause alles kaputt, ich sei sehr untalentiert, und es sei sogar gefährlich, wenn ich etwas anfasse. In der High School nahm ich an einem Kurs für Holzarbeiten teil, und dabei schnitt ich natürlich, aus heutiger Sicht, sehr schlecht ab. Da ich vorher wußte, was für ungeschickte Hände ich hatte, hatte ich schon Angst, wenn die Aufgaben erläutert wurden, denn ich sah den Moment der Erniedrigung kommen, an dem ich bloßgestellt würde. Ich beobachtete die mir »überlegenen« Schüler in der Hoffnung, von ihnen etwas abspicken zu können. Zwischen Furcht und Abspicken verwandte ich meine ganze Energie darauf zu lernen, wie man einen Nagel einschlug. Das verheerende Resultat bestätigte, was ich bereits wußte: Ich war handwerklich hoffnungslos unbegabt.

Rund zwanzig Jahre später, nachdem ich seit jenem traumatischen Erlebnis meine Hände nicht mehr gebraucht hatte, um etwas zu bauen, wollte ich selbst einen Tisch für mein Haus machen. Heimlich ging ich in die Garage und baute ihn. Er war nicht gut gelungen, aber es schien, daß ich ihn besser machen konnte. Also baute ich ihn erneut. Ich gestattete mir, zu glauben, daß, wenn ich – der alte Stümper – ihn mir ansehe, mir eine Idee kommen würde, wie man ihn besser machen könnte. Es war eine wohltuende Erfahrung. Nun habe ich mehrere Dinge gebaut, und sie sind alle ganz passabel.

Alle Grenzen sind eingebildet.

Um das Verständnis der optimalen Energieausnutzung anwenden zu können, die der Grenzenlosigkeit inhärent ist, will ich es genauer fassen und nach einem Weg suchen, um sie auf mein alltägliches Leben anzuwenden. Zuerst möchte ich den ganzheitlichen oder integrierten Charakter meines Organismus besser verstehen.

Ganzheitlichkeit

*»Gott hat die Gesetze nicht in Bücher geschrieben,
sondern in eure Herzen und in euren Geist. Sie sind
in eurem Atem, eurem Blut, euren Knochen, in
eurem Fleisch, euren Eingeweiden, euren Augen
und in jedem kleinen Teil eures Körpers.«*

Jesus Christus[42]

Ein allgemein bekanntes, aber kaum beachtetes Prinzip lautet:
Jeder von uns ist ein einheitlicher, integraler Organismus. Ich
bin ein Organismus, der sich durch sein Denken und Fühlen,
durch seine Wahrnehmung und Bewegung offenbart und der
eine spirituelle Seite hat. Diese Funktionen stehen alle in Beziehung zueinander. Meine Gefühle beeinflussen mein Denken, meine Sensibilität für Wahrnehmungen beeinflußt mein
Handeln. Eine Erkrankung ist gleichfalls ein Ausdruck meines
ganzen Seins. Ich besitze »Integrität« heißt sowohl, ich bin
ganz und vollständig, als auch, ich bin glaubwürdig.
In den letzten Jahren hat das ganzheitliche Prinzip allgemein
Anerkennung gefunden. In Kalifornien und anderswo wurden
ganzheitliche Methoden auf dem Gebiet der Medizin, des
Rechts, der Zahnheilkunde, der Politik, des Sports und der
Pädagogik entwickelt.[43]
Die Abkehr vom Dualismus Geist-Körper und die Hinwen-
dung zum Menschen als Ganzheit bewirken einen grundlegenden Wandel im Verständnis des menschlichen Verhaltens.
Krankheit verdeutlicht am besten dieses ganzheitliche Verständnis. Wenn zum Beispiel Krebsexperten Krebs rein als Erkrankung des Körpers betrachten, sind die Ergebnisse weniger
befriedigend. Unlängst wurden der Zustand der Krebsfor-

schung und der Behandlung von Krebserkrankungen folgendermaßen eingeschätzt:

Nachdem etwa zwei Jahrzehnte lang mehrere Milliarden Dollar für die Krebsforschung verwendet wurden, bieten die offiziellen Zahlen über die Entwicklung der fünfjährigen Überlebenswahrscheinlichkeit in keinerlei Hinsicht Anlaß zu Optimismus.

Der Autor dieser Einschätzung stellte auch fest, daß ein Hauptproblem darin besteht, wie mit der Wahrheit umgegangen wird.

Schließlich ging ich zu einem anderen Krebsinstitut, das zu den bedeutendsten medizinischen Einrichtungen dieser Art zählt. Dort sprach ich mit einem Arzt, der einen der höchsten Verwaltungsposten bekleidet. »Das Problem besteht in der Engstirnigkeit der Medizin«, sagte er. »Orthodoxes Denken herrscht überall vor, und es ist schwer, die Mediziner dazu zu bewegen, eine neue Idee zur Kenntnis zu nehmen ... Ich bin überzeugt, daß die Überlebenswahrscheinlichkeit bei einigen Krebsarten vor mehreren Jahrzehnten höher war als heute, aber verraten Sie das bitte niemandem. Die offizielle Linie ist, daß wir große Fortschritte erzielen.«[44]

Mit der Weiterentwicklung unserer Gesellschaft entwickelt sich auch ihr Verständnis von Krankheit: Jeder neue Ansatz und jede Methode muß integriert werden, die zur Gesunderhaltung des Menschen beitragen kann. Bei der Anwendung des ganzheitlichen Prinzips werden die tiefsten Ursachen der Erkrankung erforscht, der Lebensstil untersucht, der die ganze Person geprägt hat. Die ganzheitliche Prinzip besagt: »Betrachte den Menschen als Ganzes.«

Sehkraft

Wie wichtig eine ganzheitliches Verständnis ist, zeigten Workshops, in denen wir Probleme mit den Augen als ein ganzheitliches Phänomen behandelten. Nach diesen Workshops schrieben mir zwei Personen, um mir ihre Erfahrungen mitzuteilen. Ein Mann, der Imaginationsübungen[11] angewendet hatte, um seiner Kurzsichtigkeit auf den Grund zu gehen, schrieb:

Ich erzielte einen kleinen Durchbruch, als ich nach dem Workshop am letzten Wochenende nach Hause kam und zusammen mit Deborah einige Imaginationsübungen machte. Als ich am Sonntag in Big Sur war, hatte ich bereits versucht, mich in meiner Phantasie in meine sehr kurzsichtigen Augen zu begeben. Ich hatte eine Mauer mit Glasscherben darauf erblickt sowie einen Rosengarten dahinter, in den ich hineinwollte, aber auch einen Wolf, vor dem ich Angst hatte. Ich konnte die Mauer nicht niederreißen und wußte nicht, wie ich mit dem Wolf fertigwerden konnte. Dann wurde die Mauer durchsichtig: ein typisches Symbol der Myopie. Du hast zuerst eine Mauer vor dir, die dich daran hindert, etwas zu sehen, dann gelingt es dir, irgendwie durch sie hindurchzusehen, obwohl die Mauer weiter existiert.
Nachdem ich zu Hause war, beschloß ich, mich zu fragen, wann die Mauer errichtet worden war. Als ich das tat, erinnerte ich mich plötzlich an eine Begebenheit in meinem zwölften Lebensjahr, als ich verspottet wurde, weil ich nach einem Mädchen »geschielt« hatte. Sofort wich eine große innere Spannung von mir, und ich konnte meine Augen zum ersten Mal nach dreißig Jahren wieder rollen. Ihre relative Fixierung war ein Hauptfaktor der Myopie, die entsprechend den Forschungsergebnissen von Simpkin in England eindeu-

tig durch Atrophie der Konvergenz-Divergenz-Fähigkeit des Auges verursacht wird.

Die Ursache seiner Myopie war mit einem Vorfall in der Kindheit verbunden, der zu einer Muskelschädigung führte. Eine Brille oder ein chirurgischer Eingriff oder sogar Übungen verbessern manchmal die Situation, aber diese Maßnahmen sind nicht darauf gerichtet, die tieferen psychologischen Ursachen aufzudecken.

Ein traumatisches Erlebnis kann manchmal jemanden dazu bringen, Objekte nicht klar sehen zu wollen. Der folgende Bericht schildert eine solche Situation.

Als ich auf Seite 185 von »Here Comes Everybody«[45] las, Sie bestünden energisch darauf, daß in Ihren Gruppen keine Brillen getragen werden und daß einige Leute ab und zu wieder normal sehen können, zitterte ich vor Aufregung, dann verspürte ich große Angst, und schließlich begann ich zu weinen. (Ich leide unter hochgradiger Kurzsichtigkeit und trage seit der ersten Klasse eine Brille.) Mir haben die Ärzte immer gesagt: »Wir können nichts machen, Ihre Augen sind gesund, aber Ihr Astigmatismus führt zur Verzerrung der gesehenen Objekte.«

Am wichtigsten war, daß ich, als ich meinen Gefühlen beim Weinen freien Lauf ließ, mich sehr klar als ein kleines Kind sah, das zu meiner Mutter aufblickte. Sie war wütend, weil ich in die Hose gemacht hatte. Offenbar muß es mir schwergefallen sein, sauber zu werden. Ich entsinne mich jetzt, daß sie mir die schmutzige Unterwäsche hinhielt und mir zur Strafe ins Gesicht stieß. Meine nächste Vision war die folgende: Ich starrte in den Badezimmerspiegel und weinte über das, was ich sah. Kot klebte an meinen Lippen und Zähnen. Ich fühlte mich verraten und besudelt.

Ich vermute nun, daß es das letzte Mal war, daß ich irgend

etwas deutlich gesehen habe. Ich kann nicht einmal das
große E auf der Tafel beim Optiker oder die Gesichtszüge ir-
gendeines Menschen in mehr als dreißig Zentimeter Entfer-
nung erkennen. Aber woran ich mich erstaunlicherweise erin-
nern kann, ist, daß ich die Gesichtszüge meiner Mutter immer
sehr klar gesehen habe. Wenn ich davon ausgehe, daß ich
etwa drei oder vier Jahre alt und vielleicht sechzig Zentimeter
groß war, so mußte ihr Gesicht mehr als einen Meter von
meinem Gesicht entfernt gewesen sein. Ich mußte minde-
stens neunzig Zentimeter vom Badezimmerspiegel entfernt
gestanden haben. Aufgrund der Klarheit meiner plötzlichen
Erinnerung muß ich meine Mutter und mein Spiegelbild sehr
deutlich gesehen haben.
Wie Sie im Buch äußerten, bin ich für mich verantwortlich. Ist
es möglich, daß ich meine Augen selbst auf das verzerrte
Sehen eingestellt und die anomale Hornhautkrümmung all
die Jahre absichtlich beibehalten habe?

Das ist nicht nur möglich, sondern es gibt bereits verschiedene erfolgreiche Methoden, die entsprechend dieser Erklärung bei Funktionsstörungen des Auges angewendet werden. Dabei werden sowohl der psychische als auch der physische Zustand berücksichtigt.[46]

Persönlichkeit und Körper

Ein weiteres Beispiel für die nutzbringende Anwendung des
ganzheitlichen Prinzips ist das Verhältnis von Körper und Persönlichkeit. Es handelt sich nicht einfach um zwei getrennte
Aspekte einer Person. Sie sind Ausdruck zweier Seiten – der
Physis und der Persönlichkeit – eines Menschen.

Verschiedene Persönlichkeitsebenen entsprechen verschiedenen Körperstrukturen. Psychische Abwehrhaltungen finden in Verspannungen ihren Ausdruck. Der Körper spiegelt die Persönlichkeit wider. Verschiedene Schichten des Körpers entsprechen verschiedenen Schichten der Persönlichkeitsstruktur. Die äußeren Schichten des Körpers entsprechen den sichtbaren Teilen und die tieferen Schichten den verborgensten Teilen der Persönlichkeit.

Rose war eine Frau von großer Sensibilität, doch mangelte es ihr an Verstand. Sie nahm sehr intensiv Gerüche, Sonnenuntergänge und Berührungen wahr. Wenn jemand ironische Bemerkungen machte, verstand sie sie nicht. Sie faßte sie wörtlich auf und fühlte sich oft verletzt. Als ich die Rolf-Technik[47] bei ihr anwendete, konnte sie das kaum aushalten. Kaum hatte ich sie berührt, schrie sie. Sie bekam leicht blaue Flecken und hielt die Prozedur nicht länger als jeweils fünf oder zehn Minuten aus, danach weinte sie lange.
Karl war zäh. Er war ein starrköpfiger, praktisch veranlagter Mann, der eine verkrampfte Einstellung zum Leben hatte – und war doch ein frecher und freundlicher Typ. Karl war nicht empfindsam, nicht leicht verletzlich und nicht leicht durchschaubar. Er konnte sich nicht daran erinnern, wann er das letzte Mal geweint hatte. Als ich seine Haut berührte, fühlte sie sich wie Stahl an. Er war buchstäblich dick-häutig.
Paul markierte den starken Mann, doch war er unter seiner harten Schale weich. Als ich auf sein Bindegewebe drückte, fühlte es sich sehr fest an, bis man den Druck verstärkte. Dann wurde Paul weich und verletzlich, genau so, wie seine Persönlichkeit war.

Psychische Abwehrhaltungen äußern sich als Verspannungen. Wenn ich Angst davor habe, mich anderen innerlich zu öffnen, wenn ich mir nicht erlaube, Zärtlichkeit zu empfinden, kann dies zu Muskelverspannung im Brustbereich führen. Wenn ich mich chronisch mit intellektuellen Betrachtungen rechtfertige, werde ich mir mit großer Wahrscheinlichkeit ein Schultergürtelsyndrom zuziehen, das den Energiefluß (Blut, Nerven) zwischen meinem Kopf und meinem Körper – meinem Denken und Fühlen – behindert. Sobald ich meine psychische Abwehrstellung aufgebe, werden meine Verspannungen verschwinden.

Volksweisheiten

Redewendungen, die Gefühle mit Körperhaltungen umschreiben, sind erstaunlich präzise. In meinem Buch »Freude«[9] veröffentlichte ich eine Liste von etwa fünfzig idiomatischen Wendungen, die gewöhnlich gebraucht werden, um Emotionen zu äußern. Hier folgen einige weitere: »Mit beiden Füßen fest auf der Erde stehen«, »jemanden nicht von den Hacken gehen«, »halsstarrig«, »hinter deinem Rücken«, »jemanden im Auge haben«, »verliere nicht den Kopf«.
Diese Ausdrücke und Wendungen stimmen wortwörtlich. Leute, die beispielsweise »nicht den Kopf verlieren«, das heißt, die sich bemühen, ruhig und vernünftig zu bleiben, und sich beherrschen können, pflegen starke Nackenmuskeln zu haben.

Helen kam zu mir, um sich nach der Rolf-Methode behandeln zu lassen, und klagte darüber, daß sie bei ihrem Mann »keinen leichten Stand« habe. Ihr bildlicher Ausdruck gab mir einen Fingerzeig, an welcher Stelle ihres Körpers sich rein physisch das Problem befand. Als ich ihre Füße untersuchte,

*war mir klar, daß sie gegen jedermann keinen leichten Stand
haben würde. Ihre Fußsohlen berührten kaum den Boden. Sie
hatte einen extrem hohen Spann, und ihre Füße waren dort,
wo sie den Boden berührten, wabbelig. Ich behandelte ihre
Füße und Unterschenkel nach der Rolf-Methode, so daß
Helen einen besseren Kontakt mit dem Boden bekam.
Sie war begeistert und verbrachte die nächsten beiden Tage
damit, barfuß zu gehen und ein völlig neues Gefühl der
Standfestigkeit zu spüren. Später berichtete sie, daß sie jetzt,
wo sie »mit beiden Füßen fest auf der Erde stehe«, bei ihrem
Mann »einen guten Stand« habe – das waren ihre eigenen
Worte.*

Der weitverbreitete, präzise Gebrauch dieser körperbezogenen Ausdrücke läßt darauf schließen, daß wir die Beziehung
zwischen der emotionalen und der körperlichen Ebene insgeheim kennen. Diese Beziehung ist nicht mysteriös, sondern offensichtlich. Die meisten Menschen kennen die Zusammenhänge, nur realisieren sie nicht, daß sie sie kennen.

Die Sünden der Väter

Läßt sich ein Problem auf der einen Organisationsebene nicht
lösen, muß das auf der nächsten, tieferen geschehen. Die Ebenen sind nicht unabhängig voneinander. Sie sind Teile des
Ganzen.
Schizophrenigenic (Schizophrenie erzeugend) ist ein wunderbares Wort, das sich meist auf eine Familie bezieht, aus der
ein schizophrener Mensch stammt. Diese Familien haben oft
Konflikte, mit denen sie sich nicht direkt auseinandersetzen.
Eltern können ihre eigenen Schwierigkeiten ignorieren, indem

sie ihre Aufmerksamkeit ganz auf ein schizophrenes Kind richten. Wenn das Kind gesund zu werden beginnt, gerät die Familie oft in Panik und handelt so, daß das Kind wieder in den alten Zustand versetzt wird; sonst müßten die Eltern ja von den eigenen Schwierigkeiten Notiz nehmen.

Das Kind reagiert auf die Probleme, denen die Eltern ausweichen. In ähnlicher Weise versucht der Körper mit Problemen fertigzuwerden, mit denen sich das bewußte Selbst nicht auseinandersetzt.

Sharon war geschieden und hatte ein kleines Kind. Obwohl sie noch recht jung war, verschlechterten sich Sharons Augen plötzlich, die Sehschärfe ließ merklich nach, und dieser Zustand hielt eineinhalb Jahre an. In einer Kontaktgruppe begann Sharon darüber zu reden, wie sie sich als alleinstehende Mutter fühlte, und brachte auch ihren Ärger über ihren geschiedenen Mann zum Ausdruck. Sie blieb ruhig, als sie darauf zu sprechen kam. Jemand fragte sie, was sie für ihren Sohn empfinde. Als Sharon sich mit diesen Gefühlen auseinandersetzte, reagierte sie sehr heftig. Sie sagte, daß sie ihren Sohn oft nicht liebe. Häufig wünsche sie sich, daß er gar nicht mehr bei ihr wäre. Sie ärgerte sich darüber, daß ihre Beziehungen zu Männern durch ihn beeinträchtigt wurden, und sie empfand ihn als Last. Danach hatte sie starke Schuldgefühle. Gute Mütter haben solche Gefühle nicht.

»Ich will das, was ich für ihn empfinde, nicht unter die Lupe nehmen«, sagte sie weinend. Als sie sich jedoch mit ihren Gefühlen abfand und anfing, sie als wahr zu akzeptieren, wurde sie sich ihrer eigenen Worte bewußt. Vielleicht war das wörtlich gemeint, und daher spannte sie die Augenmuskeln so an, daß sie tatsächlich nicht gut sehen konnte. Zwei Jahre nach dieser Erfahrung berichtet Sharon, daß sie gut genug sieht, um beim Autofahren keine Brille mehr tragen zu müssen.

In diesem Fall besteht der Konflikt auf einer einzigen Organisationsebene, und zwar auf der Ebene der elterlichen Beziehung. Es findet keine Auseinandersetzung mit dem Konflikt statt, höchstwahrscheinlich wird er nicht einmal wahrgenommen. Deshalb muß sich die nächsttiefere Organisationsebene, der Körper – in diesem Fall sind es die Augen –, mit dem Konflikt befassen. Ist man sich des Konflikts bewußt, ist die tiefere Ebene ihn los. Die »Sünden der Väter« suchen die Kinder nicht länger heim.

Das gleiche Prinzip gilt für das Funktionieren von Organisationen. Wenn das Personal sich auf der einen Ebene nicht mit seinen Problemen auseinandersetzt, ist es fast unvermeidlich, daß damit die nächstliegende tiefere Ebene konfrontiert sein wird.

Die Psychologiestudenten beklagten sich bei mir darüber, daß sie sich überfordert fühlten. Da man diese Klagen fast überall zu hören bekommt, war ich ein wenig skeptisch, aber ich erklärte mich dazu bereit, der Sache nachzugehen. Bald fand ich die Ursache für die Klagen der Studenten heraus. Die experimentellen Psychologen respektierten die klinischen Psychologen nicht, und umgekehrt. Die Folge war, daß beide Seiten sich nicht darüber einigen konnten, wessen Vorlesungen und Übungen obligatorisch sein sollten und welche fakultativ. Sie waren jedoch »zivilisiert« und vermieden eine häßliche öffentliche Auseinandersetzung. Außerdem waren sie alle »Akademiker« und wollten nicht zulassen, daß ihre Meinungsverschiedenheiten die Wahrnehmung ihrer Pflichten beeinträchtigte. Das »zivilisierte, akademische« Verhalten schrieb ihnen vor, ihre Gefühle zu verdrängen, miteinander höflich zu verkehren und ihre Arbeit fortzusetzen. Die Folge dieses massenhaften Selbstbetrugs war, daß eine Konfrontation vermieden wurde, indem einfach sowohl der experimen-

telle als auch der klinische Lehrplan vorgeschrieben wurden, statt ein machbares, einheitliches Programm zu erarbeiten. Den Studenten wurden dann zwei vollständige Programme aufgebürdet. Die Probleme, die dadurch entstanden, daß die beiden Bereiche der Fakultät nicht gewillt waren, sich zu verständigen, wurden an die Studenten weitergegeben.

Vollendung

»Zu denken und zu wollen, ohne zu handeln, wenn handeln möglich wäre, ist wie eine Flamme, die in ein Gefäß eingeschlossen wird und verlöscht; oder wie Saatgut, das auf Sand ausgebracht wird und nicht aufgeht, sondern samt seiner Keimkraft verdirbt.«

Emanuel Swedenborg

Wie verhindere ich selbst, daß sich mein Körperbewußtsein auf natürliche Weise entwickelt? Wie können die Prinzipien von Wahrheit und Wahl in meinem Leben wirksam werden? Was sind die Konsequenzen eines Mangels an Selbst-Bewußtsein, Ehrlichkeit und Selbstbestimmung?
Das Prinzip der Vollendung beschreibt sowohl die Mechanismen des Reifens als auch die Entwicklung von Problemen mit dem Körperbewußtsein.

Energiezyklen

Das menschliche Verhalten kann als eine Folge von Energiezyklen verstanden werden. Ein Zyklus beginnt mit irgendeiner Störung des Gleichgewichts – mit Unbehagen, mit Angst, mit einem Verlangen, mit Neugier –, mit etwas, was mir als **Motivation** dient, um – zwecks Wiederherstellung des Gleichgewichts – meinen Zustand zu verändern, indem ich mein Unbehagen oder meine Angst vermindere oder indem ich mein Verlangen oder meine Neugier befriedige. Ich mobilisiere dann meine Mittel, um mit dem Ungleichgewicht fertigzuwerden. Meine **Vorbereitung** treffe ich, indem ich mir irgendwelche Maßnahmen überlege. Als nächstes kommt die Freisetzung von Energie. Diese drückt sich im **Handeln** aus, im Verhalten, auf das ich mich vorbereitet habe. Das Handeln führt zu einer Wiederherstellung des Gleichgewichts oder einem **Gefühl**, das dadurch bestimmt ist, wie nahe das Handeln dem Ziel der Herstellung des neuen Gleichgewichts kommt.

Mit Termini des Nervensystems ausgedrückt, ist der Zyklus: *Wahrnehmen, Denken, Bewegen, Fühlen.* Andere Autoren haben ähnliche Schemata aus der Sicht der Soziologie, der Physiologie und anderer Bereiche der Naturwissenschaft dargelegt.[48]

Die Energiezyklen werden durch das Lernen und das Reifen vervollständigt. Ich durchlebe diese Zyklen ständig. Dadurch gewinne ich Erfahrung.

Schwierigkeiten entstehen, wenn Energiezyklen nicht vervollständigt werden. An jedem Punkt des Zyklus kommt es zu Blockierungen, die alle Ebenen des Seins beeinflussen: die interpersonelle, die psychische und die physische Ebene. Ich kann jede Phase des Energiezyklus blockieren, indem ich sie negiere oder indem ich ihren Ablauf störe.

Motivation

Ein Energiezyklus beginnt mit jedem beliebigen Reiz, der von außen oder unter meiner Haut auf mein Nervensystem wirkt – mich juckt es, ich verspüre sexuelles Verlangen, ich langweile mich, ich möchte lernen, ich bin deprimiert. Ich nehme die Störung des Gleichgewichts wahr. Wenn ich sie als angenehm empfinde, lasse ich den Reiz weiterwirken. Wenn ich spüre, daß der Zustand angenehmer wäre, wenn er ausgeglichen würde, kann ich darangehen, ihn zu ändern.

142

Ich hindere mich selbst daran, den Energiezyklus zu vervollständigen, indem ich die Erfahrungen, durch die ich motiviert bin, leugne oder verzerrt wiedergebe.

Die *Leugnung* des gestörten Gleichgewichts erfolgt durch einen Prozeß des Selbstbetrugs. Ich ziehe es vor, nicht zuzugeben, daß mein Gleichgewicht gestört ist. Ich unterdrücke die Sinneswahrnehmung, ich stumpfe meine Sinne ab, damit ich die Dinge nicht klar sehe oder beim Hören, Riechen oder Fühlen Unterschiede nicht wahrnehme. Ich werde gefühllos und leugne, daß es überhaupt irgendeine Störung, irgendein Problem in meinem Leben gibt. »Alles ist prima.« Ich kann mich sogar herablassend zu meinem Zustand verhalten. »Ich verstehe gar nicht, warum die Leute eine psychotherapeutische Behandlung brauchen. Ich habe keine Probleme. Wenn ja, würde ich einfach einen Spaziergang machen und mich prächtig fühlen.«

Verzerrung hat zur Folge, daß ich nicht klar erkenne, was geschieht. »Ich fühle mich nicht wohl, aber ich bin mir sicher, daß es daran liegt, daß ich etwas Falsches gegessen habe.« Manchmal gebe ich zu, daß das gestörte Gleichgewicht existiert, aber ich ziehe es vor, es nicht zu identifizieren. »Etwas ist nicht in Ordnung, aber ich weiß nicht, was es ist.«

Wenn das Blockieren in diesem Stadium zu meinem typischen Verhalten wird, stumpft mein Körper ab, er wird lethargisch und anfällig für Krankheiten und Verletzungen, weil ich meine körperlichen Empfindungen nicht wahrnehme.

Blockierte Motivation

Psychologisch: Ich bin mir nicht bewußt.
Nervensystem: Ich will nichts wahrnehmen.
Körper: Vernachlässigt.

Vorbereitung

Nachdem ich das gestörte Gleichgewicht identifiziert habe, bereite ich mich – wenn ich zulasse, daß der Energiezyklus fortgesetzt wird – darauf vor zu handeln, um das Gleichgewicht wieder herzustellen. Ich denke darüber nach, was zu tun ist, und mein Gehirn sendet Impulse an meine Muskeln, um sie auf eine bestimmte Reihenfolge von Bewegungen vorzubereiten.

Die *Leugnung* der Vorbereitungsphase geschieht in der Form, daß ich mich (und andere) nicht wissen lasse, daß ich etwas plane. »Ich bereite etwas vor? Ich denke gar nicht daran, so etwas zu tun. Wofür hältst du mich eigentlich?« Manchmal wird mich jemand darauf hinweisen, daß ich die Hand zur Faust geballt habe, obwohl ich leugne, wütend zu sein. Ich habe meine Vorbereitung geleugnet.

Blockierte Vorbereitung

Psychologisch: Ich bin unentschlossen.
Nervensystem: Ich will nicht denken.
Körper: Ohne Spannkraft.

Handlung

Wenn ich mir gestattet habe, mir über mein gestörtes Gleichgewicht bewußt zu werden, und wenn ich mich entsprechend vorbereitet habe, ist der nächste Schritt zu handeln, also die von mir mobilisierte Energie freizusetzen. Ich tue etwas. Ich gebrauche meine Muskulatur, einschließlich meiner Stimmbänder, so lange, bis ich ein neues Gleichgewicht hergestellt habe.

144

Das *Leugnen* einer Handlung ist mit Behauptungen verbunden wie beispielsweise: »Ich habe das nicht gesagt« oder: »Ich habe so etwas ganz gewiß nicht getan.« Werden Tonbandaufzeichnungen verwendet, sind die Leute oft überrascht, daß sie etwas gesagt oder getan haben, was sie völlig verdrängt haben. Ich kann absichtlich etwas leugnen, von dem ich weiß, daß ich es getan habe, oder ich kann mir selbst suggerieren, daß ich es nicht getan habe. Eines der bekanntesten Beispiele für die Leugnung einer Handlung ist die berühmte Behauptung: »Ich bin doch kein Gauner.«
Bei der *Verdrehung* von Tatsachen wird eine frühere Handlung neu interpretiert oder ungeschehen gemacht.

Vor kurzem vereinbarte ich mit jemandem, mit mir zusammen einen Workshop zu organisieren. Er sollte ihn vorbereiten, ich wollte ihn durchführen, und wir wollten fifty-fifty machen. Als der Termin näherrückte, begann ich darüber nachzudenken, daß ich ein schlechtes Geschäft gemacht hatte und daß ich einen höheren Anteil bekommen müßte. Ich beschloß, dem Betreffenden klarzumachen, daß die Kosten von seinen fünfzig Prozent bestritten werden müßten. Ein Freund, dem ich von dieser Absicht erzählt, fragte mich, was ich vorhätte. Nachdem ich meinen Standpunkt ausführlich, logisch und erregt gerechtfertigt hatte, beruhigte ich mich und überlegte, was wirklich geschehen war.
Ich hatte einen Deal gemacht. Ich kam mir wie ein Trottel vor, weil ich mich auf die Sache eingelassen hatte. Nachdem ich die Dinge (mittels einer lausigen juristischen Argumentation) falsch dargestellt hatte, versuchte ich, meine Dummheit wiedergutzumachen, indem ich so tat, als ob die Vereinbarung nie getroffen worden sei. Tatsächlich war mein Vorgehen juristisch vertretbar, weil wir nie ausdrücklich die Kostenfrage geregelt hatten. Ich wußte jedoch, daß ich, als wir uns über die

Sache einigten, angenommen hatte, wir würden uns in die Kosten teilen. Das war das übliche Arrangement, und ich versuchte, das zu leugnen.
Das entsprechende Telefongespräch habe ich nie geführt.

Falls ich wegen eines Vorhabens in einen Konflikt gerate, wird die Energie in meinem Körper nicht freigesetzt. Ich bin dann gereizt und ungeduldig. Ich blockiere meinen Körper, kurz bevor ich handle. Da Bewegung zum größten Teil mit Armen und Beinen ausgeführt wird, verspannen sich die Muskeln der Oberarme und Schultern sowie der Oberschenkel.

Blockiertes Handeln

Psychologisch: Ich bin wie gelähmt.
Nervensystem: Ich will mich nicht bewegen.
Körper: Blockiert.

Gefühl

Zur erfolgreichen Vollendung eines Energiezyklus gehören Motivation, Vorbereitung, Handeln und das volle Auskosten des Gefühls, das sich nach einer vollbrachten Tat einstellt. Wenn die Tat erfolgreich ist, wird das neue Gleichgewicht als befriedigend empfunden werden. Wenn nicht, beginnt ein neuer Energiezyklus mit einem neuen Plan der Vorbereitung und mit besseren Erfolgsaussichten, da die Erfahrungen des letzten Energiezyklus genutzt werden können.
Wird das Gefühl *geleugnet,* kann ich es nicht in vollem Maße empfinden. Wenn ich damit Schwierigkeiten habe, kann ich, wenn mir jemand Komplimente macht, entweder darüber hinweggehen oder mit einem Scherz reagieren. Typisch ist, daß

ich, der Autor, jemandem meist sehr sachlich danke, wenn er sich nach einem Vortrag lobend äußert. Ich muß mir ins Gedächtnis rufen, daß es in Ordnung ist, wenn ich lächle. Ich merke, daß ich mit Gewalt versuche, meiner Freude keinen Ausdruck zu verleihen oder sie gar zu empfinden. In mir springt jedoch ein kleiner Junge auf und ab, klatscht in die Hände und ruft:»Sag noch mehr!«
Ich kann das Gefühl leugnen, das ich beim Erfolg einer Handlung empfinde, oder ich kann das Gefühl leugnen, das ich bei einem Mißerfolg empfinde.

Vor vielen Jahren versuchte ich herauszufinden, weshalb ich mich so miserabel fühlte, als eine Liebesbeziehung am College in die Brüche gegangen war (Motivation). Als ich bei Freunden herumhorchte, entdeckte ich, daß ich deprimiert war, weil ich befürchtete, sie würden keine großen Stücke von mir halten. Ich beschloß herauszufinden, ob dies stimmte (Vorbereitung). Ich prüfte das nach (Aktion) und stellte fest, daß sie nicht schlechter von mir dachten als vorher. Ich war zufrieden (Gefühl). Als ich jedoch am nächsten Morgen aufwachte, fühlte ich mich hundeelend und erkannte, daß ich mich über mein wahres Gefühl hinweggetäuscht hatte. Ich war überhaupt nicht zufrieden, sondern fühlte mich ziemlich schlecht (revidiertes Gefühl, das zu einer neuen Motivation führt).

Das *Verzerren* von Gefühlen führt ebenfalls zu Schwierigkeiten.

Don war ein einundzwanzigjähriger Mann, der seinen Vater liebte. Er glaubte, daß sein Vater ihn sehr achtete und ihn auch liebte. Als wir diese Beziehung untersuchten, stellte sich folgendes heraus: Er sah seinen Vater nur zweimal im Monat

(»Das ist okay«); er vertraute sich seinem Vater nicht an (»Ich habe dafür andere Freunde«); sein Vater wollte wirklich nichts von den Angelegenheiten seines Sohnes hören (»Aber er verurteilt mich nicht«). Wenn Don einen Sohn hätte, würde er sich freuen, wenn dieser ihm von seinen persönlichen Dingen erzählte (»Ja, ja, ich täte es wirklich gern«).

Was als Schilderung eines »kleinen Problems« begonnen hatte, stellte sich als ein großes heraus, als Don sich über seine wahren Gefühle in bezug auf diese Beziehung klar wurde. Offenbar hatte er aufgehört, überhaupt irgend etwas für irgend jemanden zu empfinden; um über seine Enttäuschung hinwegzukommen und nicht darüber traurig zu sein, daß er nicht stärker geliebt wurde, hatte er geleugnet, überhaupt irgendwelche ernsteren Probleme zu haben. Die Folge war, daß Don durchs Leben ging, ohne besonders anzuecken; er sprach mit gedämpfter Stimme und verhielt sich reserviert. Es war der Mangel an Gefühl und Lebendigkeit, der ihn beunruhigt und ihn dazu gebracht hatte, sich Klarheit über sich selbst zu verschaffen. Er wollte feststellen, welchen Preis er dafür zahlte, daß er nicht wußte, was mit ihm los war.
In meinem Körper führt meine Weigerung, Gefühle in vollem Maße zu empfinden, zu Muskelverspannungen. Will ich mich wohl fühlen, müssen die Muskeln entspannt sein.
Die Flexoren, jene Muskeln, die die Gliedmaßen und ihre Teile beugen, werden gebraucht, um etwas Begehrtes zu erlangen oder um sich zu schützen. Die Extensoren, die die Gliedmaßen strecken, sind die glücklichen Muskeln. Wenn ein Football-Spieler über das Spielfeld rennt, um einen Touchdown zu erzielen, läuft er nach vorn gebeugt und gebraucht dazu seine Flexoren. Nach dem Überqueren der Ziellinie entspannt er sich, indem er seine Arme emporwirft; er gebraucht seine Streckmuskeln, um seine Freude auszudrücken.

148

Menschen, die sich nicht entspannen und sich nicht über ihre Erfolge freuen, tendieren zu einer steifen Körperhaltung und haben nach einem Erfolg ein Gefühl der Leere. Der Selbstmord »erfolgreicher« Leute entspringt oft einer solchen Blockierung.

Blockiertes Gefühl

Psychologisch: Ich empfinde nichts.
Nervensystem: Ich will nichts empfinden.
Körper: Wie von einem Panzer umgeben.

Probleme mit dem Körperbewußtsein

Es gibt zwei Arten von emotionalen Problemen: solche, die durch Verweigerung (unvollendete Erfahrungen), und solche, die durch Verfälschung des wahren Sachverhalts (Lügen) entstehen. Beide Arten von Problemen resultieren aus blockierten oder unvollendeten Energiezyklen. Unterdrückte Erfahrungen vergehen nie. Sie werden nicht einmal schwächer. Sie werden nur verdrängt und verursachen im Körper Störungen, gewöhnlich in Form einer chronischen Muskelverspannung.
Mary legte ein Problem dar, das aus einer Verweigerung resultierte.

Mary hatte viele Jahre lang wie im Halbschlaf dahingelebt. Ihr sexuelles Verhalten und ihre Gefühle Kindern gegenüber waren von Furcht und von Schuldgefühlen geprägt. Ich forderte sie auf, ihre Augen zu schließen und ein Bild in sich aufsteigen zu lassen.[11] Sofort sah sie eine Begebenheit vor sich, bei der sie geleugnet hatte, irgend etwas empfunden zu haben: eine Abtreibung, die sie vor zwanzig Jahren hatte vornehmen lassen. Der Energiezyklus der Abtreibung war zwischen der Handlungs- und der Gefühlsphase blockiert. In ihrer Phantasie erlebte sie das Ganze noch einmal, aber diesmal ließ sie zu, daß sie das Entsetzen, die Angst, die Scham, das Schuldgefühl, die Aufregung und die anderen unterdrückten Gefühle spürte. Sie weinte, schrie, schluchzte und wimmerte. Als alles vorbei war, fühlte sie sich wohl und sehr erleichtert. Sie hielt sich nun für fähig, mit der Sexualität und mit Kindern besser umzugehen. Der Energiezyklus der Abtreibung war vollendet und war nicht mehr blockiert.

Lils Schwierigkeit war die Folge einer Verzerrung.

Ich leitete die sechste Gruppe, an der Lil mit der erklärten Absicht teilnahm, sich mit ihrem toten Vater auseinanderzusetzen. Sie war kein Neuling in Sachen Kontaktgruppen mehr. Sie wußte, wie sie vorgehen mußte, um das Verhältnis zu ihrem Vater wieder in Ordnung zu bringen. »Wenn mir meine Mutter nur erlaubt hätte, zu seinem Begräbnis mitzukommen. Ich war erst fünf Jahre alt. Ich verstand es nicht.« Sie pflegte mit ihrem Vater zu reden, schlug auf das Kissen ein, das ihn darstellte, umarmte ihn, flehte ihn an, weinte – alles in der besten Tradition des Psychodramas, der Gestalt-Therapie und der Bioenergetik. Danach fühlte sie sich wohl – für einige Augenblicke.
Ich forderte sie auf, die Möglichkeit zu erwägen, daß das Scheitern ihrer wiederholten Bemühungen, ihr Vaterproblem zu lösen, auf eine Lüge zurückzuführen sei. Sie willigte ein. »Bitte, ziehe die Möglichkeit in Betracht, daß du nicht zum Begräbnis mitgehen wolltest. Es war deine Entscheidung, nicht die deiner Mutter.« Lil blickte auf mit der Miene eines Menschen, dessen Spiel durchschaut war. Sie war sich ihres

Spiels zwar nicht bewußt, doch war sie sich darüber im klaren, daß es ein Spiel gewesen war, nachdem sie darauf hingewiesen worden war. Sie erinnerte sich, daß sie alles so arrangiert hatte, damit ihre Mutter sie nicht zum Begräbnis mitgehen hatte lassen. Sie hatte tatsächlich nicht hingehen wollen. Nachdem Lil das erkannt hatte, seufzte sie erleichtert auf, ergriff das Kissen, das ihren Vater darstellte, und sagte zu ihm: »Tschüs, es war nett, dich zu kennen.« Sie umarmte es, legte es beiseite und gesellte sich wieder zur Gruppe. Die Verfälschung der Handlungsphase war wieder korrigiert, und Lil konnte den Energiezyklus vollenden. Das Thema wurde nie wieder berührt.

Diese Probleme gleichen den Schwierigkeiten bei einem Kreuzworträtsel.

Marys Problem bestand darin, daß sie durch ihre Verweigerungshaltung ihre Gefühle zur Zeit der Abtreibung nicht voll ausgelebt hatte. Das ist etwa so, wie wenn man bei einem Kreuzworträtsel etwas nicht weiß. Es ist eine unvollständige Erfahrung. Da Mary sich nicht mit der Abtreibung auseinandersetzen wollte, blieb ihr Sexualleben unbefriedigend.

Lils Schwierigkeit glich dem Einfügen eines falschen Wortes in das Rätsel. Ihre Lüge machte es erforderlich, daß sie den Sachverhalt in der Erinnerung fälschte und dann die nachfolgenden Ereignisse anders interpretierte, damit alles mit der Lüge übereinstimmte. Ebenso erfordert das Einfügen eines falschen Wortes in ein Rätsel, daß anschließend viele weitere Wörter geändert werden müssen.

Auch Nationen können emotional krank sein, wenn Lügen in ihrer Geschichte existieren. Zeitgleiche und nachfolgende Ereignisse müssen falsch interpretiert werden, damit die Lüge glaubhaft ist. Die Wirkung, die die Aufdeckung des Watergate-Skandals und die Enthüllung der Machenschaften der

CIA und des FBI auf das Land hatten, ist ein hervorragendes Beispiel dafür, daß es einer Nation emotional besser geht, wenn Lügen korrigiert werden. Der widersprüchliche Charakter der regierungsamtlichen Verlautbarungen oder das extrem »paranoide« Gebaren der Revolutionäre Ende der sechziger Jahre können besser verstanden werden, sobald die Wahrheit bekannt wird.

Das unverminderte Interesse an der Ermordung von John F. Kennedy ist meines Erachtens darauf zurückzuführen, daß die offizielle Interpretation des Falles durch die Warren-Kommission unzureichend ist. Die Tatsache, daß so viele Begleitumstände des Attentats der Logik widersprechen, hält das Interesse daran wach, ebenso wie Lils Vater für sie lebendig blieb. Alles, was wir über die Geschichte, über Ballistik, über Zufälle, Verschwörungen, über Macht, über Beweise und Präsidenten wissen, macht nicht viel Sinn, wenn wir die Ergebnisse der Warren-Kommission akzeptieren. Daher lassen wir in unseren Bemühungen nicht nach, die Erklärung zu finden, die uns von unseren unbehaglichen Gefühlen befreit und die Logik bei den zahlreichen ungeklärten Fragen wiederherstellt.

Vollendung von Zyklen

Oft verhalte ich mich so, daß es mir selbst ein Rätsel ist. Weshalb werde ich krank? Wieso ruiniere ich Beziehungen immer dann, wenn sie enger werden? Warum werde ich eifersüchtig, wenn ich darunter leide? Es ist für mich schwer verständlich, warum ich es vorziehe, auf eine Weise zu handeln, die schmerzhaft und ineffektiv ist. Energiezyklen helfen, dieses Rätsel zu lösen.

Wenn ich mich selbst nicht verstehe, ziehe ich eine bestimmte Handlungsweise vor und lasse nicht zu, daß mir das bewußt ist. Ich ziehe sie deswegen vor, weil ich versuche, einen Energiezyklus zu vollenden, den ich nie beendet habe. Aufgrund des gestörten Gleichgewichts wirken Spannungen fort und zwingen mich, so zu handeln. In der Psychoanalyse beschreibt der Begriff der Übertragung ein ähnliches Phänomen. Ich behandle meine Frau deshalb schlecht, weil ich versuche, meinen unbewältigten Konflikt mit meiner Mutter zu lösen.

Martina war schüchtern und verschlossen und wollte anders sein. Ihre linke Schulter war sehr hochgezogen, während ihre Unterarme dünn und bleich waren und kraftlos schienen. Sie wollte nicht, daß ihre Schultern und Arme so blieben, und sie konnte nicht verstehen, daß sie so waren. Nach einer Sitzung, in der die Rolf- und die Imaginationstechnik[2] angewandt wurden, begann der unvollendete Energiezyklus erkennbar zu werden, der ihr Verhalten und ihren körperlichen Zustand bestimmte. Es folgt Martinas Schilderung ihrer Erfahrungen: Zu Beginn der Woche (während des Workshops)... sagte mir Henry, ich solle ihn in Ruhe lassen... Ich fühlte mich von jedermann abgelehnt... mir war elend zumute. Ich zog mich von der Gruppe zurück und spielte »die arme Kleine, kommt und holt mich«. Aber niemand kam, und ich fühlte mich noch mehr zurückgewiesen. Frank und Tom sagten, sie würden mich nicht mögen, und das kränkte mich. Ich hatte das Gefühl, daß Don das Interesse an mir verlor; daher fühlte ich mich weiter gekränkt.
Gestern nachmittag ging ich umher und spürte meinen Schmerz. Ich fühlte mich wie eine Frau, die Wehen hat. Als dann die Gruppe zusammenkam, genügte ein kleiner Anlaß, und ich fing an zu weinen. Unsere Körper wurden analysiert. Will interessierte sich sehr für meine Schultern und dafür, daß

ich so wirkte, als hätte ich Angst. Daher behandelte Don meine Schultern nach der Rolf-Methode. Sobald er eine bestimmte Stelle in meiner linken Schulter berührte, spürte ich ein sehr schmerzhaftes Ziehen.

Dann machte Will eine Imaginationsübung mit mir. Er forderte mich auf, mich ganz klein zu machen und mich in meine Schultern zu begeben, um nachzusehen, was dort war. Es geschah nichts. Ich bemerkte den Lärm und die Leute im Raum, und ich dachte, jedermann würde auf mich böse sein, und ich würde noch mehr Ablehnung erfahren. Dann fragte Will mich, ob ich irgendwelche Farben sähe. Ich sah ein helles Purpurrot. Dann nahm ich die Geräusche und die Leute nicht mehr wahr und hatte das Gefühl, daß jemand an mir zog. Ich war drei oder vier Jahre alt, meine Mutter war schrecklich wütend, und ihr Gesicht war haßverzerrt. Will forderte mich auf festzustellen, was sie so wütend machte. Ich sah meinen Vater, der mich in den Armen hielt. Ich war ein Baby. Es war mir sehr angenehm, von ihm geliebt zu werden. Er befand sich in dem Haus, in dem wir wohnten, als ich klein war, und er sah sehr jung und hübsch aus.

Dann sah ich meine Mutter. Er verhielt sich irgendwie gleichgültig ihr gegenüber und war mir sehr zugetan. Sie war eifersüchtig und zerrte mich weg. Ich hatte das Gefühl, daß sie mich haßte, sie lehnte mich ab und wünschte, ich wäre nicht geboren. Sie wollte, daß ich verschwinde. Mein Vater war nicht da, und ich weinte und weinte und spürte den Schmerz ganz stark, bis ich das Gefühl hatte, daß mein Vater wieder im Zimmer war. Da fühlte ich mich sehr wohl.

Nach dieser Erfahrung hatte sich Martinas linke Schulter merklich gesenkt und bildete mit ihrer rechten Schulter fast eine Gerade. Offenbar waren das Hochziehen ihrer Schulter und das Erschlaffen ihrer Arme ein Ausdruck ihres Bemühens,

Schmerzen zu vermeiden und sich vor ihrer wütenden Mutter zu schützen. Mit ihrer Schüchternheit und ihrem Vertrauen darauf, daß sie ein niedliches kleines Mädchen war, vermied sie es, die Wut ihrer Mutter herauszufordern. Da Martina mit dieser Situation nie fertiggeworden war (nie diesen Energiezyklus vollendet hatte), verharrte sie sowohl physisch als auch verhaltensmäßig in diesem Zustand. Dadurch, daß sie sich der Situation bewußt wurde und sie noch einmal durchlebte, um zu einem erfolgreicheren Schluß zu gelangen, entfiel die Notwendigkeit, in diesem Zustand zu bleiben. Martina konnte nun auf ihr unerwünschtes Verhalten verzichten und den Energiezyklus vollenden.

Wenn ich jemandem, der einen nicht beendeten Energiezyklus hat, wirklich helfen will, wende ich das homöopathische Prinzip[2] an und schaffe Bedingungen, die den Betreffenden ermutigen, den Zyklus zu vollenden. Wenn du weinst, hilft es dir nicht, wenn ich dich »beruhige«, indem ich dich dränge, mit dem Weinen aufzuhören. Wird das Weinen gestoppt, so wird der Energiezyklus in der Handlungsphase blockiert und bleibt unvollendet. Du mußt einen anderen Ort und Zeitpunkt finden, um das Weinen zu beenden. Ganz ähnlich verhält es sich, wenn eine gewalttätige Person zurückgehalten wird, ohne daß sie die Möglichkeit erhält, die aufgestaute Wut auf akzeptable Weise loszuwerden. Es ist hilfreicher zuzulassen, daß der Energiezyklus auf annehmbare Weise vollendet wird, und dann zu prüfen, was geschehen ist.

Wenn deine Handlungen Schaden anrichten, nehme ich an, daß du auf einer nicht bewußten Stufe handelst. Wenn ich dir helfen will, schaffe ich Bedingungen, unter denen du es vorziehst, dir über dich selbst bewußter werden. Wenn du dich zum Beispiel über jemanden ärgerst, der dir etwas vorwirft, wirst du vielleicht erkennen, daß du dich ärgern willst. Du erlaubst dir nicht zu erkennen, daß Ärger für dich ein Mittel ist, dein eigentliches Verletztsein zu verbergen, und daß du wütend bist, weil du wirklich das Gefühl hast, daß der andere recht hat.

Alle diese Erkenntnisse ermöglichen es dir, besser mit einer Situation fertigzuwerden. Druck von außen ist dieser Entwicklung abträglich und müßte ständig wiederholt werden. Die einzig konstruktive Funktion von außen besteht darin, eine Tat zu verzögern, die du nicht hättest begehen wollen, wenn du dir mehr Bewußtsein über dich selbst zugebilligt hättest – einen Mord oder einen Selbstmord zum Beispiel.

Wenn du dir deiner nicht bewußt bist, werden dir unvollendete Energiezyklen bewußt gemacht und mit Hilfe von Techniken, die dich erneut mit unvollendeten Situationen konfrontieren (Psychoanalyse, Psychodrama, Gestalt-Therapie, Primal-Therapie, Rebirthing, Stimulierung der Phantasie), zum Abschluß gebracht. Sind diese Techniken erfolgreich, bestimmen die unvollendeten Energiezyklen dein Verhalten nicht länger. Du hast dann die Möglichkeit, bewußt eine Entscheidung zu treffen. Sobald alle unbewußten Energiezyklen bewußt gemacht und vollendet sind, werden alle Entscheidungen bewußt, aus freien Stücken getroffen.

Wenn zwei oder mehr Menschen eine Beziehung eingehen, wählen sie die Erfahrungen aus, die es ihnen ermöglichen, Energiezyklen zu vollenden, oder sie schaffen neue Zyklen, die sie zusammen vollenden können. Das ist eine Erklärung für Liebesbeziehungen. Wir verbringen einige Jahre damit, viele der Zyklen zu entwickeln, die wir nutzen können, um sie gemeinsam zu vollenden. Danach schaffen wir neue Zyklen, die frei von alten Belastungen sind. »Alte Freunde« sind solche, die viele Zyklen gemeinsam vollendet haben.

Jede Person ermöglicht es mir, bestimmte Zyklen mit ihr zu entwickeln. Manche Männer machen es mir leichter, meine nicht vollendeten Vatergefühle zu befriedigen. In diesem

Sinne benutze ich den anderen. Das ist in Ordnung. Er benutzt mich auch.

In jeder engen Beziehung benutzen die Menschen einander. Ich benutze dich, damit du mir hilfst, die nächste Stufe meiner Entwicklung zu erreichen. Vielleicht besitzt du die Spontaneität, die mir fehlt, daher benutze ich dich, ein Gespräch anzufangen, an dem ich mich dann beteiligen kann. Du benutzt meine Stabilität, damit ich dich davon abhalte, Dummheiten zu begehen. Es ist wichtig, daß wir uns gegenseitig nutzen, damit unsere Beziehung beiden etwas bringt.

Ideal ist, wenn die Energie frei und ungehindert durch alle Phasen des Energiezyklus fließt. Keine Phase ist dann blockiert. Jede wird in vollem Maße erlebt.

Damit ich das Konzept der Energiezyklen und die verschiedenen Stufen ihrer Vollendung untersuchen und verstehen kann, benötige ich ein Schema. Es soll mir dazu dienen, über diese Phänomene zu reden. Und um alle Prinzipien von »Mut zum Selbst« leichter anwendbar zu machen, ist eine theoretische Terminologie unabdingbar.

Dimensionen

»Ich hasse Zitate. Sag mir, was du weißt.«

Ralph Waldo Emerson

1958 hat Ralph Waldo Emerson zum ersten Mal spezifische, grundlegende Kriterien zur Beschreibung menschlicher Erfahrungen verwendet und dieses Konzept in mehreren nachfolgenden Büchern weiterentwickelt.[49] Diese Dimensionen helfen, die ganzheitlichen Methoden zu vervollkommnen.

Untersuchungen sozialer Organisationen führen zur Entdeckung von drei grundlegenden Dimensionen, die die wichtigsten Funktionsmechanismen beschreiben. Dieselben Dimensionen treten überall zutage, sei es bei Analysen eines Gruppenverhaltens oder verschiedener Persönlichkeitstypen, der Eltern-Kind-Beziehungen, eines Prozesses der Entscheidungsfindung, der Grundmuster kriminellen Verhaltens, der Kompatibiltät von Teams oder, wie weiter unten dargestellt werden soll, bei Systemen des menschlichen Organismus.

Um effektiv funktionieren zu können, muß ich jeweils ein gewisses Gleichgewicht zwischen dem, was sich innerhalb meiner Grenzen, und dem, was sich außerhalb von ihnen befindet, herstellen. Diese Gleichgewichtszustände gelten für die physische und für die soziale Welt. So habe ich zum Beispiel ein Interesse daran, daß mein Organismus genügend Wasser enthält, damit ich keinen Durst leide. Ich kann jedoch nicht so viel Wasser gebrauchen, daß ich darin ertrinke. In ähnlicher Weise wünsche ich einen gewissen Abstand von anderen Menschen und gleichzeitig eine gewisse Nähe zu ihnen. Gestörte Gleichgewichtszustände im physischen und im sozialen Bereich sind Motivationen für Energiezyklen.

Gestörte soziale Gleichgewichtszustände entstehen durch zweierlei: erstens durch die Interaktion des Kindes mit anderen Menschen während seiner Entwicklung hin zum Erwachsenen und zweitens durch die notwendigen Anforderungen für die Interaktion in Gruppen.

Individuelle Entwicklung

◗ Wenn ein Kind geboren wird, muß es im Interesse seines Überlebens zu anderen Menschen in Kontakt treten. Es ist eine gesicherte Erkenntnis, daß der Mangel an menschlichem Kontakt zu Unterentwicklung, Krankheit und Tod führt.[50] Der Wunsch nach Kontakt oder nach Zugehörigkeit zur menschlichen Familie ist die interpersonelle Entsprechung zu der von den Psychoanalytikern beschriebenen oralen Phase. Die Analytiker richten ihr Augenmerk auf die primäre erogene Zone, den Mund, wo die Stimulation am stärksten ist. Die dominierende menschliche Beziehung in den ersten Lebensphasen ist die **Zugehörigkeit**.

◗ Nach der Periode der Einbeziehung beginnt für das Kind eine Zeit der Sozialisierung. Dabei geht es um die Verteilung von Macht und Verantwortung. Dann folgt eine Entscheidung darüber, wie weit das Kind selbständig wird und wie weit es die Anordnungen seiner Eltern und anderer Erwachsenen befolgt. Die Psychoanalytiker beschreiben dieses Alter (etwa zwischen dem zweiten und dem vierten Lebensjahr) als die

Analphase, die durch den Machtkampf gekennzeichnet ist, der um das Sauberwerden des Kindes geführt wird. In diesem Kampf erkennt das Kind zum ersten Mal, daß es einen Trumpf in der Hand hat – das Zurückhalten seines Stuhls. Der interpersonelle Aspekt dieser Phase betrifft den Entschluß zur **Steuerung** des kindlichen Lebens.

▶ Sobald das Kind reift, bildet sich die Gesamtheit der durch Liebe und Zuwendung gekennzeichneten Beziehungen als zentrales interpersonelles Ereignis heraus. Liebe, Opfer, Eifersucht auf die Beziehung der Mutter zum Vater, geschwisterliche Rivalität, Freundschaft zu Spielgefährten – all das vollzieht sich bei dem Kind zwischen dem vierten und sechsten Lebensjahr. Dies bezeichnen die Psychoanalytiker, sich erneut auf die erogene Zone konzentrierend, als die phallische oder die genitale Phase, in der die »Familienromanze« – die Oedipussituation – stattfindet. Das zwischenmenschliche und persönliche Ereignis, das an diesem Punkt wichtig wird, ist die Entdeckung sowohl des eigenen Selbsts als auch die Beziehungen zu anderen. Fragen wie »Wer bin ich?« und »Wie sind wir miteinander verwandt?« erfordern eine Entscheidung darüber, wie offen sowohl die Eltern als auch die Kinder ihre wirklichen Gefühle äußern werden. Die Kommunikation von Gefühlen während dieser Periode und während der nachfolgenden Entwicklungsphasen ist die Grundlage für die dritte Dimension, die **Offenheit**.

Zugehörigkeit, Steuerung und Offenheit sind die zwischenmenschlichen Aspekte der oralen, der analen und der phallischen Phase des Kindes.

Gruppenbildung

▶ Bei der Bildung einer Gruppe müssen Grenzen festgelegt werden, um klarzustellen, wer dazugehört und wer außen steht. Es gab und gibt noch heute Volksstämme, wo dieses durch Initiationsriten – Aufnahmeriten – geschieht. In modernen Gruppen gibt es ähnliche Zeremonien: Wahlen, das Bezahlen von Mitgliedsbeiträgen, das Ablegen von Prüfungen, eine bestimmte Abstammung, ein besonderes Elternhaus, das Gelöbnis, bestimmte Prinzipien hochzuhalten. Doch was auch immer das Kriterium sein mag, die Gruppe entsteht durch eine für sie spezifische Prozedur, die die **Zugehörigkeit** jedes Gruppenmitglieds bestimmt.

▶ Sobald die Gruppe entstanden ist, legt sie unterschiedliche Rollen und die Machtverteilung fest. Volksstämme bestimmen einen Führer durch Prüfung seiner Stärke oder aufgrund seines Alters. Familien bestimmen die Beziehungen untereinander durch geschlechtsspezifische Rollenverteilung oder aufgrund von Fähigkeiten. Neue Organisationen geben sich Statuten und wählen Funktionäre. Wenn das erledigt ist, verteilt die Gruppe Aufträge und stellt Machtbeziehungen zwischen den Mitgliedern her. Diese Prozeduren etablieren eine Rollendifferenzierung und legen das System der **Steuerung** fest.

▶ An diesem Punkt im Leben der Gruppe muß eine Entscheidung darüber getroffen werden, wie offen die Gruppenmitglieder miteinander umgehen werden. Wir beschließen entweder, daß es sich um eine geschäftliche Gruppe handeln wird und daß wir keine persönliche Gefühle zur Sprache bringen werden, oder wir beschließen, daß wir ein offenes Ohr für jeden haben und darüber diskutieren wollen, was wir über uns und über jeden anderen denken. Die Menschen haben gewöhnlich eine klare Haltung zu dieser Frage. Wenn Gefühle nicht geäußert werden und es in der Gruppe zu unpersönlich zugeht, sind manche an einer weiteren Zugehörigkeit meist nicht interessiert. Andere wiederum möchten sich dieser Gruppe nicht öffnen und werden nicht bleiben, wenn die Gruppe so offene Diskussionen zuläßt. In diesem Stadium ist **Offenheit** das Hauptproblem der Gruppe.

Bei der Gruppenbildung werden die gleichen Dimensionen wie bei der Entwicklung des Kindes erkennbar: *Zugehörigkeit, Steuerung* und *Offenheit*. Diese drei Faktoren erscheinen auf allen Ebenen einer sozialen Organisation. Werden sie verstanden, hilft es, die Ursachen für das gestörte Gleichgewicht und für verschiedene Motivationen von Menschen, Gruppen, Nationen, ja sogar von Teilen des Körpers besser zu verstehen.

Zugehörigkeit

Das Zugehörigkeitsverhalten bezieht sich auf die Bindung zweier Menschen – auf Gemeinsamkeit, Zusammenhalt und dem Bedürfnis nach gegenseitigem Austausch. Das Bedürfnis nach Zugehörigkeit manifestiert sich im Wunsch nach Aufmerksamkeit, nach gegenseitigen Beziehungen zu anderen Menschen und danach, daß man eine unverwechselbare Identität besitzt. Als spezifisches Individuum erkennbar zu sein bedeutet, daß irgendwer in einem solchen Maße an mir interessiert ist, daß er meine spezifischen Persönlichkeitsmerkmale feststellen kann.

Das Problem der Anerkennung entsteht gleich zu Beginn der Gruppenbeziehung. Gleich in der ersten tastenden Phase einer Bekanntschaft versuche ich gewöhnlich, mich den anderen darzustellen, um herauszufinden, welche Facette meiner eigenen Persönlichkeit ihr Interesse findet. Wenn ich mir nicht sicher bin, ob sich die anderen für das interessieren, was ich zu sagen habe, werde ich vielleicht schweigsam sein.

Zugehörigkeit erfordert nicht, wie die Offenheit, eine starke emotionale Beziehung zu Individuen. Bei der Zugehörigkeit bin ich eher darauf aus, aufzufallen, als zu dominieren. Da die Zugehörigkeit im Prozeß der Gruppenbildung geregelt wird, geschieht dies gewöhnlich zum frühestmöglichen Zeitpunkt im Leben der Gruppe. Ich entscheide zuerst, ob ich Teil der Gruppe sein möchte – ob ich ihr angehören oder außen stehen möchte.

Bei meinem Verhalten kommt es auf allen Gebieten eigentlich darauf an, was ich, sowohl bewußt als auch unbewußt, von mir selbst halte – auf meine Selbstauffassung.

Auf dem Gebiet der Zuhörigkeit ist mein Verhalten davon bestimmt, wie ich selbst meine *Bedeutung* als Person sehe. Habe ich ein geringes Selbstwertgefühl, so tendiere ich in meinem Zugehörigkeitsverhalten dazu, übertrieben und ängstlich zu sein. Entweder ziehe ich mich von Menschen zurück (*untersozial*), oder ich gebe mir die größte Mühe, die Aufmerksamkeit der Leute auf mich zu lenken (*übersozial*).

▶ Wenn ich *untersozial* bin, bin ich introvertiert und lebe zurückgezogen. Ich möchte die Distanz zwischen mir und anderen gewahrt wissen, möchte mich nicht mit anderen Leuten einlassen, so daß ich nicht mehr ungestört bin. Unbewußt bin ich jedoch darauf bedacht, daß die anderen mir ihre Aufmerksamkeit schenken. Meine größte Furcht besteht darin, daß die Leute mich ignorieren, mich links liegen lassen. Meine unbewußte Einstellung ist etwa: »Keiner interessiert sich für mich, also will ich nicht das Risiko eingehen, ignoriert zu werden. Deshalb halte ich mich von den Leuten fern und

komme auch allein zurecht.« Ich benutze die Selbstgenügsamkeit als ein Mittel, ohne andere auszukommen. Hinter
meiner Zurückgezogenheit steht das persönliche Gefühl, daß
die anderen Menschen mich einfach nicht verstehen. Unwillkürlich denke ich: Da niemand mich je seiner Aufmerksamkeit
für würdig gehalten hat, muß ich praktisch ein Mensch ohne
jeden Wert sein. Meine tiefste Befürchtung ist, daß ich wert-
los, uninteressant und unwichtig bin.

▶ Wenn ich *übersozial* bin, bin ich übermäßig extrovertiert.
Ich suche ständig die Gegenwart von Menschen und möchte,
daß sie mich beachten. Ich habe Angst, daß sie mich ignorieren könnten. Meine unbewußte Einstellung läßt sich so zusammenfassen: »Obwohl ich weiß, daß sich niemand für mich
interessiert, will ich die Leute auf jede nur erdenkliche Weise
dazu bringen, daß sie mich beachten.« Ich suche Gesellschaft,
da ich es nicht ertragen kann, allein zu sein. Mein ganzes Tun
ist darauf ausgerichtet, die Aufmerksamkeit auf mich zu lenken, von den anderen Leute bemerkt zu werden und promi-
nent zu sein. Meine direkte Methode besteht darin, mich
stark gefühlsbetont zu verhalten, mich ständig zu produzieren
und an irgend etwas zu beteiligen. Indem ich mich der
Gruppe aufdränge, zwinge ich ihre Mitglieder, mich zu beachten. Eine subtilere Methode besteht darin, daß ich bestrebt bin, Macht zu erlangen (Steuerung) oder mich beliebt
zu machen (Offenheit). Mein Zugehörigkeitsproblem bringt
mich oft dazu, zwischen über- und untersozialem Verhalten
hin und her zu schwanken.

▶ Wenn ich *sozial* bin – jemand, dessen Zugehörigkeitsproblem in der Kindheit erfolgreich gelöst wurde –, stellen die
wechselseitigen Beziehungen mit Menschen für mich kein
Problem dar. Ich fühle mich in Gesellschaft mit anderen Men-

schen ebenso wohl, wie wenn ich allein bin. Ich bin in der Lage, mich in bestimmten Gruppen stark zu engagieren, aber ebenso kann ich, wenn ich es für angebracht halte, auf jedes persönliche Engagement verzichten. Ich betrachte mich als eine wertvolle, wichtige Person.

Zugehörigkeit

Zentrale Frage:	Zugehörig oder außenstehend.
Interaktion:	Begegnung.
Gefühl:	Wichtigkeit.
Sorge:	Ich bin unbedeutend.
Furcht:	Ich werde ignoriert.

Steuerung

Das Steuerungsverhalten bezieht sich auf den Prozeß, im Bereich der zwischenmenschlichen Beziehungen Entscheidungen zu treffen, Macht und Einfluß zu besitzen, Autorität zu haben. Das Steuerungsbedürfnis variiert von dem Bestreben, Macht über andere Menschen zu haben, beziehungsweise sie nicht unter Kontrolle zu haben, bis zu dem Bedürfnis, sich selbst der Kontrolle anderer zu unterwerfen oder sich nicht steuern zu lassen.

Wenn es mir darauf ankommt, zu einer Gruppe zu gehören oder aufzufallen, bin ich in einer Diskussion darauf bedacht, mich rege zu beteiligen. Wenn ich darauf aus bin, Macht zu haben oder zu dominieren, möchte ich aus einer Debatte als Sieger hervorgehen oder auf der Seite des Siegers stehen. Wenn ich bestrebt bin aufzufallen, werde ich an einer Debatte teilnehmen, auch wenn ich verlieren sollte. Wenn ich

166

dominieren möchte, ziehe ich es vor, um des Sieges willen nicht teilzunehmen.

Steuerungsverhalten zeigt sich auch gegenüber Menschen, die versuchen, mich unter ihre Kontrolle zu bringen. Alle Ausdrucksformen von Unabhängigkeit und Rebellion sind Beispiele für die Abneigung, sich von anderen steuern zu lassen, während Nachgiebigkeit, Unterordnung und das Hinnehmen von Befehlen verschiedene Grade der Akzeptanz von Macht sind. Feldwebel können ihre Macht über Untergebene auskosten und zugleich freudig und ergeben Befehle ihrer Leutnants empfangen. Dagegen kann der »Schrecken« der Nachbarschaft über seinesgleichen dominieren, aber zu Hause gegen seine Eltern rebellieren.

Das Steuerungsverhalten unterscheidet sich vom Zugehörigkeitsverhalten insofern, als es nicht nach äußerer Anerkennung verlangt. Die »graue Eminenz« ist ein hervorragendes Beispiel für eine Rolle, die ein starkes Steuerungsbedürfnis und ein geringes Zugehörigkeitsbedürfnis befriedigt. Der »Spaßmacher« dagegen kann ein starkes Zugehörigkeitsbedürfnis und ein geringes Steuerungsbedürfnis haben.

Steuerungsprobleme begleiten die Zugehörigkeitsprobleme in der Entwicklung einer Gruppe und in der Entwicklung der Beziehungen zu anderen Menschen. Sobald sich eine Gruppe gebildet hat, setzt ein Differenzierungsprozeß ein. Verschiedene Menschen übernehmen verschiedene Rollen oder versuchen, sich bestimmte Rollen anzueignen, und Machtkämpfe, Konkurrenz und Einfluß werden zu zentralen Problemen. Die typische Interaktion bei diesen Fragen ist Konfrontation.

Meinem Steuerungsverhalten liegt mein Gefühl von Kompetenz zugrunde. Wenn ich mich nicht in der Lage fühle, mit der Welt zu Rande zu kommen, oder wenn ich nicht fähig bin, mit anderen Menschen fertigzuwerden, ist mein Steuerungsverhalten übertrieben und ängstlich. Ich ziehe mich entweder aus Positionen zurück, die mir Macht und Verantwortung verleihen (Abdikrat), oder ich versuche, Macht über andere zu haben (Autokrat).

▶ Wenn ich ein *Abdikrat* bin, verzichte ich auf meine Macht. Ich nehme eine untergeordnete Position an, in der ich keine Entscheidungen zu treffen habe. Ich möchte, daß andere Leute mich von meinen Pflichten entbinden. Ich übe keine Kontrolle über andere aus, selbst wenn es angebracht ist. So nehme ich zum Beispiel nicht einmal meine Verantwortung wahr, wenn Feuer in einer Schule ausbricht, in der ich der einzige Erwachsene bin. Ich treffe nie eine Entscheidung, wenn ich die Verantwortung an jemand anderen delegieren kann. In einer Bürokratie beherzige ich die »Leckt-mich-doch«-Philosophie.

▶ Wenn ich ein *Autokrat* bin, dominiere ich andere im Übermaß. Ich bin ein Machtbessener, ein Rivale. Ich habe Angst, daß nicht ich andere beeinflusse, sondern daß sie mich beeinflussen werden. Das Gefühl, das meinem Verhalten zugrunde liegt, ist das gleiche wie beim Abdikraten: Ich bin nicht in der Lage, eine Pflicht zu erfüllen. Um dieses Gefühl zu kompensieren, versuche ich ständig, meine Fähigkeit unter Beweis zu stellen, mit dem Resultat, daß ich zuviel Verantwortung übernehme.

▶ Wenn ich ein *Demokrat* bin, also in meiner Kindheit meine Beziehungen im Bereich von Macht und Steuerung erfolgreich geregelt habe, stellen Macht und Steuerung für mich kein Problem dar. Es macht mir nichts aus, Befehle zu erteilen oder nicht zu erteilen, Befehle entgegenzunehmen oder nicht entgegenzunehmen. Im Unterschied zum Abdikraten und zum Autokraten habe ich nicht fortwährend Angst vor meiner eigenen Hilflosigkeit, Dummheit oder Inkompetenz. Ich fühle mich kompetent, und ich bin davon überzeugt, daß andere Menschen mir Entschlußfähigkeit zutrauen.

Steuerung

Zentrale Frage:	Oben oder unten.
Interaktion:	Konfrontation.
Gefühl:	Kompetenz.
Sorge:	Ich bin nicht kompetent.
Furcht:	Ich werde erniedrigt.

Offenheit

Der dritte Bereich betrifft die Frage, wie das richtige Maß an Offenheit gefunden wird. Manchmal habe ich ein solches Verhältnis zu dir, daß wir über unsere Gefühle, unsere intimsten Dinge und unsere geheimsten Gedanken reden. Ich freue mich, jemanden zu haben, dem ich vertraue.
Es gibt auch Zeiten, in denen ich es vermeide, dir gegenüber offen zu sein. Ich bleibe dann lieber unpersönlich und ziehe es vor, viele Bekannte als einige wenige gute Freunde zu haben.
Du und ich haben einerseits ein gewisses Verlangen nach offenen Beziehungen und andererseits ein gewisses Verlangen nach größerer Zurückhaltung. Wir unterscheiden uns darin, in welchem Maße wir offen und in welchem Maße wir verschlossen sein wollen.
Da die Offenheit darauf basiert, tiefere Beziehungen herzustellen, ist sie gewöhnlich die letzte Stufe in der Entwicklung

einer Beziehung oder einer Gruppe. In der Zugehörigkeitsphase begegnen sich Menschen und entscheiden, ob sie ihre
Beziehung fortsetzen wollen oder nicht. Durch Machtpro-
bleme kommt es zur Konfrontation, und die Menschen müssen klären, wie sie sich weiter zueinander verhalten wollen.
Sobald die Beziehung fortgesetzt wird, bilden sich Beziehungen gegenseitiger Offenheit heraus, die Menschen umarmen
sich buchstäblich oder im übertragenen Sinne.
Meinem Offenheitsverhalten liegt mein Gefühl zugrunde, daß
ich liebenswert bin. Habe ich dieses Gefühl nicht, komme ich
mir wie eine abstoßende, böse, unangenehme Person vor, die
jeder, der sie gut kennt, links liegen lassen müßte. Mein Offenheitsverhalten ist dann übertrieben. Entweder vermeide
ich es, jemandem gegenüber offen zu sein (ich bin zu wenig
persönlich), oder ich verhalte mich zu jedermann stets offen
(ich bin allzu persönlich).

▶ Wenn ich zu *wenig persönlich* bin, vermeide ich es, mich
anderen gegenüber zu öffnen. Ich unterhalte zu anderen ein-
seitige Beziehungen, die oberflächlich und distanziert sind,
und ich empfinde es als sehr angenehm, wenn andere sich
ebenfalls so zu mir verhalten. Ich wahre eine emotionale Distanz. Unbewußt strebe ich nach einer befriedigenden Beziehung. Ich habe Angst davor, daß ich von niemandem geliebt
werde und daß niemand mich mag. Ich habe große Schwierigkeiten, Menschen wirklich gern zu haben, und ich mißtraue
den Gefühlen, die sie für mich empfinden.
Meine unbewußte Einstellung ist: »Ich empfinde Offenheit als
sehr schmerzvoll, weil ich einen Korb bekommen habe, daher
werde ich es in Zukunft unterlassen, mich zu öffnen.« Meine
direkte Methode als ein zu wenig persönlicher Mensch besteht
darin, menschliche Nähe oder Zugehörigkeit sogar so weit zu
meiden, daß ich als menschenscheu angesehen werde. Meine

subtile Methode besteht darin, gegen jedermann auf nichtssagende Weise freundlich zu sein, selbst auf die Gefahr hin, als »beliebt« zu gelten, was ein sicheres Mittel ist, um überhaupt eine enge Bindung an irgendwen zu vermeiden.

▶ Wenn ich *allzu persönlich* bin, schütte ich jedem mein Herz aus. Ich möchte, daß das die anderen auch tun. Meine unbewußte Einstellung ist etwa so: »Meine ersten Erfahrungen mit der Offenheit waren schmerzvoll, aber wenn ich es noch einmal versuche, werden die weiteren Erfahrungen vielleicht positiv sein.« Daß man mich mag, ist sehr wichtig für mein Bemühen, die Angst davor loszuwerden, daß ich links liegen gelassen und nicht geliebt werde. Meine direkte Methode, Sympathie zu erwecken, besteht darin zu versuchen, im Ansehen der anderen zu steigen, mich sehr vertrauenerweckend zu gebärden, mich bei den anderen lieb Kind zu machen und mich den anderen anzuvertrauen. Meine subtile Methode, die manipulativer und besitzergreifender ist, besteht darin, Freunde ganz für mich zu vereinnahmen und jeden ihrer Versuche zu bestrafen, andere Freundschaften zu schließen.

▶ Wenn ich *persönlich* bin, also Offenheitsbeziehungen in der Kindheit erfolgreich geklärt habe, stellt eine enge Interaktion mit einer anderen Person für mich kein Problem dar. Ich fühle mich in einer Beziehung, die durch Offenheit geprägt ist, ebenso wohl wie in einer Situation, bei der Distanz geboten ist. Für mich ist es wichtig, daß man mich gern hat, aber wenn das nicht der Fall ist, kann ich es akzeptieren, daß die Abneigung ein Ergebnis der Beziehung zwischen mir und der anderen Person ist, mit anderen Worten, die Abneigung bedeutet nicht, daß ich jemand bin, den man nicht lieben kann. Ich empfinde es als angenehm, zu jemandem wirkliche Zuneigung zu empfinden und umgekehrt selbst geliebt zu werden.

Die primäre Interaktion im Bereich der Offenheit sind angemessene tiefere Gefühle, die zum Ausdruck gebracht werden.
Anfangs wird in einer neu entstandenen Gruppe viel darüber
geredet, wie schwierig es sei, feindselige Gefühle gegenüber
Menschen zu äußern. Die meisten sind überrascht, wenn sie
feststellen, daß es sogar noch schwerer ist, herzliche, positive
Gefühle zu äußern.

Was die Beziehungen im zwischenmenschlichen Bereich an-
geht, so betrifft die Zugehörigkeit Beziehungen, die schon
entstanden sind. Innerhalb der existierenden Beziehungen betrifft die Steuerung jenen Bereich, in dem Anweisungen erteilt
und Entscheidungen getroffen werden. Dagegen bezieht sich
die Offenheit darauf, wie offen oder verschlossen die Menschen im Umgang miteinander sind.

Offenheit

Zentrale Frage:	Offen oder verschlossen.
Interaktion:	Umarmung.
Sorge:	Geliebt zu werden.
Furcht:	Ich werde abgelehnt.

Physische Räumlichkeit

Eine Möglichkeit, diese drei Dimensionen zu veranschauli-
chen, besteht darin, sich die eigentlichen physischen Dimensionen vorzustellen.

▶ Auf dich zu- und von dir wegzugehen, ist das physische
Äquivalent für Zugehörigkeit. Die Tatsache, daß du einbezo-
gen wirst, drücke ich dadurch aus, daß ich auf dich zugehe,

172

und die Tatsache, daß du ausgeschlossen wirst, bringe ich dadurch zum Ausdruck, daß ich mich von dir zurückziehe.

▶ Befinde ich mich über dir oder falle ich so, daß ich unter dir bin, ist das das physische Äquivalent für Macht und Steuerung. Ich bringe die Macht, die ich über dich habe, dadurch zum Ausdruck, daß ich mich über dir befinde, und ich bringe die Tatsache, daß du mich unter Kontrolle hast, dadurch zum Ausdruck, daß ich unter dir bin.

▶ Das Ausbreiten der Arme ist das physische Äquivalent für Offenheit dir gegenüber, während das Umschließen meines Körpers mit meinen Armen das physische Äquivalent dafür ist, daß ich dir gegenüber verschlossen bin. Meine Offenheit dir gegenüber äußere ich durch eine einladende Geste, und meine Verschlossenheit drücke ich dadurch aus, daß ich dich ausschließe. Meine Offenheit bekunde ich, indem ich mich dir offenbare, und meine Verschlossenheit bekunde ich, indem ich mich vor dir verberge.

Gruppenentwicklung

Diese drei Dimensionen – Zugehörigkeit, Steuerung und Offenheit – manifestieren sich *in dieser Reihenfolge* in der Entwicklung einer Gruppe. Zugehörigkeitsprobleme (außerhalb oder innerhalb) ergeben sich zuerst, gefolgt von den Steuerungsproblemen (oben oder unten) und schließlich von den Offenheitsproblemen (offen oder verschlossen). Diese Reihenfolge wird nicht strikt eingehalten, aber das Gruppenleben ist so geartet, daß die Menschen dazu neigen, zuerst zu entscheiden, ob sie einer Gruppe zugehörig sein wollen, dann

173

herauszufinden, welche Stellung sie in ihr einnehmen werden, und schließlich zu entscheiden, wie weit sie sich aufgeschlossen verhalten werden.

Da die Zugehörigkeitsphase dadurch gekennzeichnet ist, daß die Mitglieder ihren Platz in der Gruppe tastend suchen, da es ferner in der Steuerungsphase viel Konkurrenz, viel Negatives und jede Menge Ärger gibt und da es schließlich in der dritten Phase, wenn sie erfolgreich verläuft, zur Bildung einer reifen Gruppe kommt, charakterisieren einige respektlose Beobachter diese Theorie der Gruppenentwicklung mit drei Begriffen: Tasten – Ärger – Gruppe (*Grope – Gripe – Group*).

Zugehörigkeitsphase

Die Zugehörigkeitsphase der Gruppenentwicklung beginnt mit der Entstehung der Gruppe. Als Mitglied einer neuen Gruppe möchte ich zuerst herausfinden, wo ich hinpasse. Am Anfang muß ich mich entscheiden, ob ich der Gruppe angehören möchte oder nicht, ich muß mich selbst als ein spezifisches Individuum etablieren und sehen, ob mir Aufmerksamkeit zuteil wird oder ob ich ignoriert werde. Wenn ich mir wegen dieser Probleme Sorgen mache, neige ich zu einem stark ichbezogenen Verhalten – ich rede zuviel, ziehe mich zurück, betreibe seelischen Exhibitionismus, rezitiere meine Biographie.

Zugleich entscheide ich, bis zu welchem Grad ich mich für diese Gruppe engagiere, wieviel Kraft ich auf Kosten meiner anderen Verpflichtungen im Leben in diese neue Beziehung investieren will. Ich frage mich: »Wieviel von mir will ich dieser Gruppe geben? Wie wichtig werde ich in diesem Rahmen sein? Werden sie mich anerkennen und wissen, was ich zu tun vermag, oder werde ich mich von vielen anderen nicht abheben?« Die zugrundeliegende Problematik ist die der eigenen Identität. Ich entscheide, wieviel Kontakt, wieviel Interaktion und wieviel Kommunikation ich haben möchte.

Während dieser Zeit der Gruppenbildung interessiere ich mich in der Hauptsache dafür, ob ich die Grenze der Gruppe überschreite oder nicht und ob ich zu dieser Gruppe gehöre oder nicht. Die Frage nach den Grenzen ist eine Frage nach Zugehörigkeit.

Charakteristisch für Gruppen in dieser Phase sind »Kelchglas-Probleme«.[51] Dieser Begriff ist vom Verhalten der Menschen auf Cocktailpartys abgeleitet: Sie heben manchmal ihre Kelchgläser hoch, sehen durch sie hindurch und taxieren dabei andere Partygäste. Die »Kelchglas-Probleme« sind für Gruppenmitglieder nicht wirklich von Bedeutung, aber durch die Diskussion über dieselben fangen die Mitglieder an, sich gegenseitig kennenzulernen.

Das »Kelchglas-Problem« beschränkt sich keinesfalls auf Cocktailpartys. Jede Gruppe findet ihre eigenen »Kelchglas-Probleme«. »Das Wetter« ist ein immer anwendbares Thema; »Verfahrensregeln« sind in konventionellen Gruppen beliebt. »Wissen Sie ...?« wird von Bekannten gern benutzt; die neuesten Neuigkeiten oder das Erzählen von Geschichten sind auf geschäftlichen Zusammenkünften gefragt. Und »Von welcher Einheit sind Sie?« ist eine beliebte Frage unter Soldaten. An der Universität ist dagegen eher zu hören: »Was hast du für ein Hauptfach?«.

Obwohl die Diskussion über diese Themen oft inhaltsleer ist, werden die Mitglieder dadurch miteinander bekannt. Als ein Gruppenmitglied weiß ich dann besser, wer positiv auf mich reagiert, wer die Dinge genauso sieht wie ich, wie intelligent ich bin im Vergleich zu den anderen und wie der Leiter der Gruppe sich zu mir verhält. Ich gewinne auch eine Vorstellung davon, welche Rolle ich in der Gruppe voraussichtlich spielen kann.

Diese Diskussionen sind entgegen der Meinung von Außenstehenden unentbehrlich, und sie erfüllen tatsächlich eine wichtige Funktion. Gruppen, denen diese Art von Kommunikation nicht gestattet wird, suchen nach einer anderen Methode, um die gleichen Informationen zu erhalten. Die erste Entscheidung, mit der die Gruppe konfrontiert wird, wird so zum Mittel, das Zugehörigkeitsproblem zu beenden. Die Folge ist, daß die Effektivität der Entscheidungsfindung nachläßt.

Steuerungsphase

Sobald der Zusammenhalt der Gruppe etwas gefestigt ist, treten Steuerungsprobleme auf. Zu den Fragen der Steuerung gehören der Entscheidungsprozeß, die Aufgliederung der Verantwortung und die Machtverteilung. Während der Steuerungsphase gehören der Kampf um die Führung und das Miteinander-Konkurrieren zum charakteristischen Gruppenverhalten. An diesem Punkt besteht meine Hauptsorge als Gruppenmitglied darin, ob ich zuviel oder zuwenig Verantwortung trage und ob ich zuviel oder zuwenig Einfluß habe. Ich versuche, mich in die Gruppe so einzuordnen, daß Macht und Abhängigkeit für mich in einem mir genehmen Verhältnis stehen.

Offenheitsphase

Nach einer gewissen Klärung des Steuerungsproblems rücken Probleme der Offenheit in den Mittelpunkt des Interesses. Wir versammelten uns, um eine Gruppe zu bilden. Zwischen

176

uns hat im Hinblick auf Verantwortung und Macht eine Differenzierung stattgefunden. Nun befassen wir uns mit der Frage, wieviel von uns selbst wir einander offenbaren wollen. In diesem Stadium ist es typisch, daß positive Gefühle, direkte persönliche Feindschaft, Eifersucht, Parteinahme und generell gesteigerte Emotionen zwischen den Menschen zum Ausdruck gebracht werden.

Was mich als Gruppenmitglied am meisten beschäftigt, ist, ob ich nicht beliebt bin, ob ich mich den Menschen gegenüber nicht zu reserviert verhalten habe oder ob ich ihnen gegenüber nicht zu mitteilsam bin. Ich bin darum bemüht, den Gedankenaustausch in dem Maße mit ihnen zu pflegen, wie es mir am angenehmsten ist, und jene Position zu erlangen, die für mich in puncto Offenheit anderen gegenüber und mir gegenüber am angenehmsten ist. Wie Schopenhauers Stachelschweine, die das Problem hatten, sich in einer kalten Nacht aneinanderzukuscheln, möchte ich den anderen gegenüber einerseits genügend nahekommen, um Wärme zu empfangen, und mich andererseits von ihnen genügend fernhalten, um nicht von den spitzen Stacheln verletzt zu werden.

Periodische Wiederkehr

Die Hypothese von der Gruppenentwicklung besagt, daß für bestimmte Entwicklungsphasen bestimmte zwischenmenschliche Konstellationen wichtig sind. Zugehörigkeit, Steuerung und Offenheit sind von Bedeutung, doch spielen sie nicht immer die gleiche Rolle. In ähnlicher Weise wird für einige Gruppenmitglieder das zentrale Problem der Gruppe nicht immer gleich wichtig sein. Für einzelne wird ein persönliches Ziel so wichtig, daß das aktuelle Gruppenproblem in den Hintergrund tritt. Für jede Person ergibt sich der Bereich, der für sie zu einer bestimmten Zeit besonders von Belang ist, sowohl aus dem individuellen Problembereich als auch aus der aktuellen Phase der Gruppe.

Die periodische Wiederholung von Entwicklungsphasen ist einem Reifenwechsel ähnlich. Wenn ein Automechaniker einen Reifen wechselt und ein Rad durch ein neues ersetzt, wird jede Schraube nur so weit angezogen, daß das Rad provisorisch befestigt ist. Dann werden die Schrauben gewöhnlich in der gleichen Reihenfolge weiter angezogen, bis das Rad festsitzt. Zum Schluß wird jede einzelne Schraube noch einmal festgezogen. Die Bemühungen werden in den drei Bereichen der Gruppenentwicklung ebenso wie beim Festziehen der Schrauben so lange fortgesetzt, bis die Probleme einigermaßen geklärt sind und die Gruppe ihre Arbeit fortsetzen kann. Später kehrt man zu jedem Bereich zurück und befaßt sich mit jedem Problem erneut, bis es zufriedenstellend gelöst ist. Wenn eine Schraube beim ersten Mal nicht gut festgeschraubt wurde, konzentriert man die Aufmerksamkeit bei den nächsten Malen stärker auf sie.

Da alle Gruppen aus Mitgliedern bestehen, die Erwartungen an andere haben, gilt diese Theorie der Gruppenentwicklung auch für jede zwischenmenschliche Beziehung. Jedes Mal, wenn sich Menschen zu Gruppen – darunter auch zu Zweiergruppen – zusammenschließen, setzt man sich mit Zugehörigkeit, Steuerung und Offenheit in der gleichen Reihenfolge auseinander. Unter bestimmten sozialen Bedingungen können äußere Kräfte wirksam werden, die diese Auseinandersetzung stören, doch muß sie geführt werden, so oder so. In einer militärischen Organisation vermittelt die Uniform ein Gefühl der Zugehörigkeit. Die schmalen und breiten Streifen am Ärmel oder auf der Schulter klären die Probleme der Führung und der Machtverteilung. Regeln und Gewohnheiten des freundschaftlichen Umgangs beeinflussen die Offenheit

178

untereinander. Diese äußeren Faktoren lösen jedoch keinesfalls die zwischenmenschlichen Probleme. Uniformierte Soldaten können immer noch das Gefühl haben, daß von ihnen als Individuen keine Notiz genommen wird oder daß sie nicht wichtig genommen werden (Zugehörigkeit). Feldwebel können die Auffassung vertreten, daß sie mehr Einfluß haben sollten als ihre unerfahrenen Leutnants (Steuerung). Ein Hauptmann kann der Ansicht sein, daß die Vorschriften für die Trennung zwischen Offizieren und Mannschaften dem Wunsch entgegensteht, mit einem Unteroffizier offen zu reden (Offenheit).

Trennung

Sobald sich das Ende von Gruppen nähert, lösen sich die Beziehungen zwischen ihren Mitgliedern in der umgekehrten Reihenfolge auf: Offenheit, dann Steuerung und dann Zugehörigkeit. Gruppen oder Beziehungen, die im Begriff sind, sich aufzulösen, oder die ihre Interaktion deutlich reduzieren, zeigen charakteristische Verhaltensweisen: Die Fälle des Nichterscheinens oder des Zuspätkommens häufen sich; immer mehr Personen träumen mit offenen Augen; man vergißt, Unterlagen in die Gruppe mitzubringen; es wird über Tod und Krankheit geredet; der Wert der Gruppe sinkt; die Mitarbeit läßt nach.

Oft wird an frühere Erfahrungen erinnert. Als Mitglied einer Gruppe möchte ich gewöhnlich vor dem Auseinandergehen mit den Teilnehmern die Dinge diskutieren, die nicht vollständig geklärt wurden – die unvollendeten Energiezyklen. Ich hoffe, daß meine Beziehungen auf diese Weise erfolgreich aufgelöst werden. Wenn ich das Gefühl habe, daß mein Vorgehen bei einer früheren Zusammenkunft mißverstanden wurde, werde ich den Fall in Erinnerung rufen und erklären, was ich wirklich sagen wollte, damit niemand mir böse ist. Ich möchte anderen Mitgliedern der Gruppe sagen, daß ihre früheren Bemerkungen für mich wichtig waren. Wir verfahren so, bis alle ungeklärten Dinge aufgearbeitet sind. Nachdem das geschehen ist, sind wir bereit auseinanderzugehen.

Im Prozeß der Auflösung einer Gruppe setzen wir uns mit den positiven und den negativen persönlichen Gefühlen zuerst auseinander (Offenheit). Danach konzentriert sich die Diskussion auf den Leiter der Gruppe und auf die Gründe für das Eingehen auf seine Wünsche oder für die Rebellion gegen sie (Steuerung). Dann folgen Diskussionen über die Möglichkeiten, die Gruppe fortzusetzen, darüber, wie engagiert jedes Mitglied wirklich war, und schließlich über die Tatsache, daß die meisten oder alle Gruppenmitglieder in ganz verschiedene Richtungen auseinandergehen und nicht länger zusammen sein werden (Zugehörigkeit).

Meine Reaktionen auf die bevorstehende Trennung hängen davon ab, was ich erreichen will und wie ich gewöhnlich mit meinen Ängsten umgehe. Als Gruppenmitglied kann ich auf die bevorstehende Trennung so reagieren, daß ich allmählich immer weniger Zeit und Mühe in die Gruppe investiere; das kann sich in häufigen Verspätungen sowie in einer verminderten Teilnahme äußern. Oder ich kann die Gruppe verächtlich behandeln und herabwürdigen, als ob ich sagen wollte: »Ihr seht, ich werde eine so unwichtige Gruppe nicht vermissen.« Oder ich kann die Verantwortung für die Trennung auf die anderen Gruppenmitglieder abwälzen, indem ich mich feindselig zu ihnen verhalte und sie zwinge, mich abzulehnen. Oder die Trennung kann mir so schwerfallen, daß meine Methode, damit fertigzuwerden, sich schon auf meinen Charakter ausgewirkt hat: Ich vermeide es im vorhinein, mich an Menschen gefühlsmäßig zu binden.

Wahl einer speziellen Krankheit

Die Dimensionen der Zugehörigkeit, Steuerung und Offenheit ermöglichen es mir zu verstehen, weshalb ich die eine Krankheit statt einer anderen wähle.

Wie oben bereits erwähnt (Seite 53 ff.), ist jede Krankheit das Ergebnis eines Konflikts, über den ich mir nicht bewußt bin, das heißt, der Konflikt wird buchstäblich »verkörpert«. Jede Erkrankung ist ein Versuch, mit einer Lebenssituation fertigzuwerden. Manchmal ermöglicht mir eine Erkrankung, mich von der Last der Arbeit zu befreien, mal auszuspannen, keine Verantwortung zu tragen, Termine hinauszuschieben, gepflegt zu werden, nett behandelt zu werden, Blumen und Bonbons geschenkt zu bekommen. Für jede Erkrankung wird man belohnt.

Verschiedene organische Systeme in meinem Körper sind speziell dazu geeignet, sowohl auf die Beziehungen zwischen mir und der Außenwelt als auch auf verschiedene Teile meines Organismus zu reagieren. Die Gründe für meine Auswahl spezieller Erkrankungen werden deutlich, wenn verstanden wird, welche Teile des Körpers den Funktionen von Zugehörigkeit, Steuerung und Offenheit entsprechen.

Zugehörigkeitskrankheit

Auf der physischen Ebene bezieht sich die Zugehörigkeit auf die Grenzen zwischen mir und der übrigen Welt, und daher existiert in dieser Hinsicht vor allem ein Zusammenhang mit der Peripherie meines Körpers – der Haut, den Sinnesorganen (Augen, Ohren, Nase und Mund) –, mit jenen Körpersystemen, deren Aufgabe der Austausch mit der Umwelt ist – dem Atmungssystem, das für die Zufuhr und den Abtransport der Luft verantwortlich ist, und dem Verdauungssystem, das Nahrung aus der Umwelt aufnimmt und die Abfallprodukte an diese wieder abgibt. Meine Einstellung zu diesen Organen und Organsystemen gleicht der Haltung, die ich habe, wenn andere mich in Beschlag nehmen.

Erkrankungen der Haut, der Sinnesorgane, der Atemwege oder des Verdauungssystems sind Ausdruck unbewußter Zugehörigkeitskonflikte. Wenn ich unbewußt in einen Zugehörigkeitskonflikt gerate, kann ich zum Beispiel an Nesselfieber oder Akne oder Gürtelrose erkranken oder Ekzeme bekommen.

Wenn ich mich in der unmittelbaren Nähe von Menschen unbehaglich fühle, kann es geschehen, daß ich sie nicht deutlich sehe, wenn sie nicht drei Meter von mir entfernt sind. Oder wenn ich mich mit guten Freunden wohl fühle, aber vor Fremden Angst habe, Objekte nur auf kurze Entfernung klar und auf größere Entfernung unscharf sehen kann, das heißt, kurzsichtig werde.

Wenn ich nicht hören will, was Menschen zu sagen haben, kann ich mich taub stellen. Viele Taube hörten nicht zu, bevor sie ertaubten.

Praktiker der Bionergetik haben beobachtet, daß Menschen, die sich als Kind nicht als wichtig ansahen (Zugehörigkeit), nicht die normale Luftmenge einatmen. Ihre Brust wird flach, ihr Brustkorb ist schmal, und sie sind für Erkrankungen der Atemwege anfälliger, weil sie nicht richtig atmen. Wenn ich befürchte, daß ich nach dem Ausatmen keine neue Luft schöpfen kann, wird der Brustkorb zu stark gehoben. Ich habe eine gewölbte Brust. Ich glaube nicht, daß ich mich entspannen kann, um normal zu atmen.

Auch das Essen besitzt ein Zugehörigkeitselement. Mit einer zu geringen oder mit einer übermäßigen Nahrungsaufnahme kann ich versteckt das Verlangen nach Fürsorge und Aufmerksamkeit zum Ausdruck bringen. Auch bei der Verdauung spielt ein Element der Steuerung eine Rolle. Dies betrifft besonders den Machtkampf, der im Zusammenhang mit dem Essen (»Iß alles, was auf deinem Teller ist«) und vor allem im Zusammenhang mit den Ausscheidungen und dem Sauberwerden geführt wird. Erkrankungen des Verdauungssystems und der Ausscheidungsorgane bilden einen Übergang zwischen den Zugehörigkeits- und den Steuerungsproblemen.

Krebs ist primär eine Zugehörigkeitskrankheit, obwohl der Sitz der Krebserkrankung ebenfalls von Bedeutung ist. Die Arbeit der Simontons[4] mit Krebspatienten (vgl. Seite 238) beruht auf einem ganzheitlichen Konzept, das dem hier beschriebenen sehr ähnlich ist. Es nimmt an, daß Krebs eine Manifestation des gesamten Organismus ist, und sie behandeln ihn dementsprechend.

Die Simontons haben bei der Arbeit mit Krebspatienten das FIRO-B[49] verwandt, das es ermöglicht, das charakteristische Verhalten in den Bereichen der Zugehörigkeit, der Steuerung und der Zuneigung (die ursprüngliche Bezeichnung für Offenheit) zu messen. Vor allem im Bereich der Zugehörigkeit wurden interessante Unterschiede zwischen Krebspatienten der Simontons und Personen aus der übrigen Bevölkerung festgestellt. Die Patienten der Simontons zeigen sehr wenig Neigung, an der Freizeitgestaltung anderer Menschen teilzunehmen. Sie haben wenig Lust, einer Gruppe anzugehören, sie vertrauen aber auf ihre eigene Kraft.

Zum Unterschied von den Simontonschen Patienten ist das übliche Gefühl der Krebspatienten das von Menschen, die sich aufgegeben haben. Manchmal scheint ihr Lebenswille ungebrochen, doch ein starker unbewußter Teil ihres Selbst möchte wahrscheinlich sterben. Diesen Rückschluß lassen zahlreiche Fälle von namhaften Persönlichkeiten des öffentlichen Lebens zu, die gerade dann an Krebs erkrankten, als ein

Ereignis den Endpunkt ihrer Karriere markierte. Als Beispiel sei Senator Joe McCarthy angeführt, der bald an Krebs starb, nachdem er von seinen Senatskollegen heftig kritisiert worden war und seine Macht verloren hatte; oder Hubert Humphrey, den diese Krankheit hinwegraffte, nachdem er bei seiner letzten Präsidentschaftskandidatur erfolglos geblieben war; oder Vince Lombardi, der kurze Zeit nach seinem Ausscheiden als Footballtrainer ebenfalls an Krebs verstarb.

Steuerungskrankheit

Die Organsysteme, die mir dazu dienen, meinen Körper zu steuern, sind die Skelettmuskulatur, das Nervensystem und das endokrine System. Ich gebrauche sie, um in der Welt zurechtzukommen, um gesund zu bleiben und um mich zu behaupten.

Wenn ich einen Steuerungskonflikt unbewußt in mich aufnehme, lege ich selbst den Keim für eine Krankheit dieser Systeme. Die Erklärung der Arthritis als einer Krankheit, die man sich durch Unterdrückung von Ärger zuzieht, ist besonders in bezug auf die Arthritis der Hände und Beine gut dokumentiert.[52] Oft wollen Jugendliche, vor allem Mädchen, ihre Mutter schlagen, doch sie halten sich zurück, weil ein Schuldkomplex oder Angst sie daran hindert, dem Verlangen nachzugeben. Wird das Schuldgefühl zu groß, stellt Arthritis eine Möglichkeit dar, sich selbst physisch am Schlagen zu hindern.

Erkrankungen des Nervensystems sind unter diesem Gesichtspunkt noch nicht gründlich untersucht worden, aber einige Daten sprechen für sich selbst. Es ist typisch, daß Rückgratverletzungen vor allem bei männlichen Jugendlichen und Erwachsenen im Alter von sechzehn bis achtundzwanzig Jahren vorkommen. Gewöhnlich handelt es sich um die Folgen von

Unfällen, die sich beim Auto- oder Motorradfahren oder bei Kopfsprüngen ins Wasser ereignen. Für junge Männer ist es ein Hauptkennzeichen im Bereich der Steuerung, daß sie das Machoimage verkörpern wollen. Es ist keine weit hergeholte Begründung, daß diese Männer einen unbewußten Konflikt in puncto Männlichkeit und Leistung hatten, der in ihren »Unfällen« Ausdruck fand. Ein Mann sagte zu mir, seinem »Unfall« verdanke er es, daß er nicht mehr am »Machorennen« teilnehmen müsse.

Mehrere Krankenschwestern, die Patienten mit Rückenproblemen betreut hatten, äußerten mir gegenüber übereinstimmend, daß mit diesen Kranken schwer zurechtzukommen sei. Diesen Krankenschwestern war wohlbekannt, daß zum Beispiel Patienten mit amyotrophischer Lateralsklerose dazu neigen, rebellisch zu sein und die Aufmerksamkeit der Schwestern über Gebühr zu beanspruchen.

Kopfschmerzen sind eine mildere Form nervöser Störungen. Man hat keine systematischen Untersuchungen angestellt, aber klinische Beobachtungen deuten darauf hin, daß man Kopfschmerzen hat, wenn man sich inkompetent fühlt. Sie treten oft bei mir auf, wenn ich mich anschicke, unvorbereitet zu einer Beratung zu gehen, oder wenn so viel passiert, daß ich nicht weiß, was los ist.

Offenheitskrankheit

Offenheit wird im Körper durch Liebe (Herz) und Sex (Genitalien) ausgedrückt. Der Kreislauf ist ein Ausdruck des Zustands der Offenheit, wie dies bildhafte Vergleiche deutlich zeigen: »Ein gebrochenes Herz«, »ich öffne dir mein Herz«, »Herzallerliebste«, »ich bringe es nicht übers Herz«. Eine israelische Studie enthielt folgende Schlußfolgerung: »Es scheint zwischen der Liebe meiner Frau und dem Zustand meines Herzens aus medizinischer Sicht ein direkter Zusammenhang zu bestehen ... Und was der Chef von dir hält, spielt auch eine Rolle. Je höher die Wertschätzung, desto geringer ist das Risiko einer Herzattacke.«[53]

In einer anderen Studie[54] wies Stewart Wolf vom St. Lucas Hospital in Bethlehem, Pennsylvania, nach, daß zwischen der steigenden Zahl von Herzattacken und dem Verlust des Gemeinschaftssinns im Laufe von fünfzehn Jahren ein direkter Zusammenhang bestand.

Die Stadt Roseta in Pennsylvania wurde in den sechziger Jahren dadurch bekannt, daß die Sterblichkeit vor allem bei Herz- und Kreislauferkrankungen sehr niedrig war. Seit die Einwohner zur Korpulenz neigen und sich in bezug auf andere Faktoren, die Herz- und Kreislauferkrankungen fördern (Rauchen, Fettverbrauch, Bewegungsarmut, hoher Cholesterinspiegel), von der Bevölkerung in der näheren Umgebung nicht mehr wesentlich unterscheiden, spielen, wie die Forscher schlußfolgerten, soziale Faktoren die entscheidende Rolle.

Die Stadtbevölkerung bestand überwiegend aus Italoamerikanern, deren Vorfahren gezwungen waren, eine isolierte Gemeinschaft mit engen gegenseitigen Bindungen zu bilden. Man bekundete Anteil am Leben der anderen, ehrte die Alten und half sich in Zeiten einer persönlichen Krise gegenseitig. Wolf sagte. »Das war mehr als nur ein ethnisches Gebilde: Sie entwickelten eine Gemeinschaft mit einem so engen Zusammenhalt und einer so starken gegenseitigen Unterstützung, daß nie jemand seinem Schicksal überlassen wurde.«

Er und seine Mitarbeiter sagten 1963 voraus, daß für die Einwohner von Roseto das typische Bild der Herz- und Kreislauferkrankungen zutreffen würde, sobald ihr Lebensstil amerikanisiert sei. Genau das trat ein. Inzwischen hat die Sterblichkeit auffallend zugenommen, besonders bei Männern unter fünfundfünfzig Jahren.

Etwa Mitte der sechziger Jahre hatten die jüngeren Einwohner von Roseto angefangen, sich über die soziale Isolation und die Stammesverbundenheit zu ärgern. Sie fingen an, Nichtitaliener zu heiraten, sie traten Countryclubs bei, kauften Cadillacs und Farmen, wechselten die Religion oder hörten auf, zur Kirche zu gehen. Die Traditionen gerieten allmählich in Vergessenheit, und die engen gegenseitigen Beziehungen lockerten sich.

»Zum ersten Mal«, so berichtete Wolf, »sterben junge Männer an Herzinfarkt, jenem Killer, der bekanntlich in viel geringerem Maße in jenen Teilen der Welt vorherrscht, wo die Traditionen gepflegt werden und die Familienbande eng sind.«

Aufgrund des Zusammenhangs zwischen Herz/Kreislauf und Offenheit kann eine Liebesbeziehung überwältigend sein. Wenn es mit der Liebe klappt, ist die ganze Welt in Ordnung; wenn es mit der Liebe nicht klappt oder wenn sie gar nicht vorhanden ist, scheint nichts zu funktionieren. Der Blutkreislauf versorgt den ganzen Körper mit Nährstoffen. Ist er eingeschränkt, hat der ganze Organismus Schwierigkeiten, genügend ernährt zu werden. Wenn das Blut ungehindert durch ein entspanntes Herz fließt, erhalten alle körpereigenen Gewebe Sauerstoff, und das ganze Ego ist gut versorgt.

Erkrankungen der Genitalien, wie Vaginitis, Herpes, Syphilis und Gonorrhöe, treten häufig in unangenehmen Situationen auf. Nach der gegenwärtigen Theorie stellen sie sich ein, wenn es irgendeinen unbewußten Konflikt in bezug auf Offenheit und Liebe, besonders in bezug auf den sexuellen Aspekt der Liebe, gibt. Wenn ich einen sexuellen Schuldkomplex habe, wenn Untreue ein Problem ist, wenn gegen religiöse Überzeugungen verstoßen wird und wenn ich meinen

Konflikt verdränge, dann ist die Wahrscheinlichkeit am größten, daß ich mir eine Erkrankung im Genitalbereich zuziehe.

Sexualität

Sexualität ist mit Offenheit verbunden, obwohl verschiedene Aspekte des Sexualakts auch etwas mit Zugehörigkeit und Steuerung zu tun haben.

▶ Zugehörigkeitsprobleme spielen in den Anfangsphasen des Geschlechtsverkehrs, bei der Pentration, eine Rolle. Als Mann, der unbewußt Zugehörigkeitsprobleme hat, werde ich wahrscheinlich Potenzschwierigkeiten haben. Mein Konflikt in bezug auf die Frage, ob ich penetrieren soll, würde sich in der Schlaffheit meines Penis äußern, das heißt, in seiner mangelnden Bereitschaft, in die Vagina einzudringen. Bei einer Frau, die Zugehörigkeitsprobleme hat, drückt die angespannte, trockene Vagina ihre fehlende Bereitschaft aus, einen Penis in sich aufzunehmen.

Als ich mir nicht darüber im klaren war, ob ich heiraten wollte, hatte ich Erektionsprobleme. Als der Konflikt gelöst war, hatte ich keine Potenzstörung mehr. Das sexuelle Problem war ein Ausdruck meines Gefühls im Zusammenhang mit meiner ganzen Partnerbeziehung.

▶ Der Steuerungsaspekt des Sexualakts betrifft vor allem den *Orgasmus.* Die zeitliche Koordinierung beim Erreichen des Orgasmus hängt von der Steuerung sowie von der Bereitschaft ab, sich hinzugeben. Ich kann den Orgasmus hinauszögern, damit du dich als Mann, der nur darauf aus ist, seinen sexuellen Trieb zu befriedigen, unwohl fühlst. Ich kann den Höhepunkt rasch erreichen und Bedingungen schaffen, unter denen es dir schwerfallen wird, zum Orgasmus zu kommen. Ich kann versuchen, deine Körperbewegungen zu lenken, oder ich kann es dir überlassen, die Bewegung als Ausdruck unserer gegenseitigen Machtbeziehungen auszuführen. Wenn eine Beziehung sich in ihrer Steuerungsphase befindet, ist der Orgasmus der relevante sexuelle Bereich. Wenn das Steuerungsproblem geklärt ist, wird jedes Problem in bezug auf den Orgasmus leichter.

▶ Der Offenheitsaspekt des Sexualakts ist das *Gefühl,* das sich nach der Vollendung des Geschlechtsverkehrs einstellt. Es kann von einer Flut warmer, herzlicher, liebevoller Gefühle bis zu Abscheu und zu Gedanken, wie zum Beispiel »Was mache ich hier nur?« oder »Nein, dich möchte ich nicht zum Frühstück da haben«, reichen. Das Gefühl hängt teilweise davon ab, wie gut das Herz und die Genitalien miteinander korrespondieren. Offenheit ist jener Aspekt der Sexualität, wo es viel besser ist, wenn zwischen den Partnern eine tiefe Liebe besteht. Diese Analyse hilft, ein Problem zu klären, das viele vor ein Rätsel stellt: »Weshalb finde ich, wenn ich ihn (oder sie) so sehr liebe, daß ein anderer (eine andere) ein(e) bessere(r) Sexpartner(in) ist?«
Das muß nicht stimmen. Eine Zufallsbekanntschaft, sogar für eine Nacht, bei der es keine Probleme der Zugehörigkeit oder Steuerung gibt (das heißt, wenn beide Partner sich über ihr Zusammensein im klaren sind und es keinen Machtkampf gibt), kann großartig sein. Das sexuelle Problem stellt sich danach ein, an dem Punkt, wo das Gefühl einsetzt. Da wird erkennbar, daß die Beziehung emotional nicht entwickelt ist. Eine Zufallsbekanntschaft kann jedoch überaus befriedigend sein, ohne die Tiefe der primären Beziehung in Frage zu stellen.

Kindheit

Wenn angenommen wird, daß die Dimensionen der Zugehörigkeit, Steuerung und Offenheit von der Empfängnis an
existieren, müßten sie auch in den ersten Lebensjahren fest-
stellbar sein. In einer frühen Veröffentlichung[55] untersuchte
ich die Literatur über Eltern-Kind-Beziehungen und gelangte
zu dem Schluß, daß Studien auf diesem Gebiet auch auf
denselben drei Dimensionen aufbauen (Offenheit wurde in
der damaligen Abhandlung Zuneigung genannt). Verschiedene Forscher verwenden unterschiedliche Termini, aber die
meisten stellten drei Faktoren heraus, die den Begriffen der
Zugehörigkeit, Steuerung und Offenheit ziemlich entsprechen.

▶ In diesen Studien wird die Zugehörigkeit auch als Eltern-
Kind-Interaktion, Eltern-Kind-Stimulation und im Extremfall als
Nachsicht bezeichnet. Eine starke Zugehörigkeit in Eltern-
Kind-Beziehungen ist gekennzeichnet: durch ein Elternhaus, in
dem das Kind im Mittelpunkt steht und ständig das Objekt
der Aufmerksamkeit, der Fürsorge, des Handelns ist; durch
ein hohes Niveau von Aktivität sowie durch einen intensiven
und häufigen Kontakt mit beiden Elternteilen. Eine schwache
Zugehörigkeit ist gekennzeichnet: durch ein Elternhaus, in
dessen Mittelpunkt die Erwachsenen stehen und in dem das
Kind sich selbst überlassen, vernachlässigt ist, ignoriert wird
und zu wenig Anregungen erhält; oder die Interaktion mit
den Eltern selbst in kurzen Augenblicken schwach ist und
dem Kind in keiner Weise Aufmerksamkeit zuteil wird, selbst
wenn es Dinge tut, die nicht gebilligt werden, zum Beispiel,
wenn es die Hausarbeiten vernachlässigt, wenn es ungehor-
sam ist oder wenn es masturbiert.

190

◗ Im Kontext der Eltern-Kind-Beziehungen wird die Steuerung auch als Demokratiefähigkeit oder Förderung der Selbständigkeit bezeichnet. Zum unteren Ende der Steuerungsskala gehört die Freiheit, etwas zu wählen, zu entscheiden, zu schaffen und abzulehnen – generell das Freisein von willkürlicher Steuerung. Für die Eltern ist es charakteristisch, daß sie ihre Maßnahmen begründen, daß sie demokratisch entscheiden, erklären, die Frage des Kindes über Sex bereitwillig beantworten, das Kind zu Ausflügen mitnehmen, ihm Taschengeld geben und sich nicht in seine Streitigkeiten einmischen. Bei starker Steuerung darf das Kind die von einem autokratischen Despotismus gesetzten Schranken nicht überschreiten, Gehorsam ist verlangt, Vorschläge müssen unwidersprochen hingenommen werden, und Vorschriften sind restriktiv.

◗ Offenheit wird als liebevoller Umgang mit dem Kind charakterisiert sowie als Anerkennung und Akzeptanz des Kindes. Zur großen Offenheit gehört eine Einstellung, die liebevoll, akzeptierend, billigend, ermutigend und helfend ist. Bei geringer Offenheit wird das Kind gerügt, entmutigt, abweisend behandelt, gehemmt, zugleich erfährt es keine Zuwendung.

Die Bedeutung dieser Bereiche der zwischenmenschlichen Beziehungen wird durch Gluecks klassische Kriminalitätsstudie[56] bekräftigt. Die Autoren waren mit ihren Voraussagen darüber ziemlich erfolgreich, welche Kinder schließlich straffällig würden. Sie gingen dabei von folgenden Faktoren aus: Zusammenhalt der Familie (Zugehörigkeit), Disziplinierung durch den Vater und Beaufsichtigung durch die Mutter (Steuerung), Zuneigung seitens des Vaters und der Mutter (Offenheit).

Psychoanalytiker

Vielleicht lassen sich die Differenzen zwischen den drei großen klassischen Vertretern der Psychoanalyse – Freud, Adler und Jung – dadurch überwinden, daß man ihre Aussagen zu den Dimensionen der Zugehörigkeit, Steuerung und Offenheit in Beziehung setzt. Vielleicht erkannte jeder dieser Theoretiker eine dieser drei Dimensionen besonders klar und stellte diese in den Mittelpunkt seiner Untersuchungen, auch wenn er die beiden anderen ebenso kannte.

▶ Das entscheidende Element für Freud war die Libido – die sexuelle Energie –, einschließlich ihrer Äußerung und ihrer Sublimierung. Und dies war der Ansatzpunkt sowohl für Adler als auch für Jung, ihre eigenen Auffassungen zu entwickeln. Vom Standpunkt der Zugehörigkeit, Steuerung und Offenheit aus betrachtet, ist die sexuelle Energie im Bereich der Offenheit am auffälligsten, obwohl sie sich selbstverständlich auch in den beiden anderen Bereichen auswirkt.

▶ Adler zog es vor, den Minderwertigkeitskomplex und den »Machtwillen« in den Mittelpunkt seiner Theorie zu rücken. Ohne Zweifel betonte er den Steuerungsbereich, jene Dimension, die sich auf Macht, Autorität, Kompetenz und Konkurrenz bezieht.

▶ Jungs entscheidendes Konzept ist unser Verhältnis zur Natur. Er befaßte sich mit dem Mystizismus und mit Archetypen, die unsere Kontinuität im Universum repräsentieren. Seine primäre psychologische Dimension war die Introversion/Extroversion, die mit der Dimension der Zugehörigkeit fast identisch ist.

Jeder dieser Theoretiker verfügte über Möglichkeiten, Phänomene der beiden anderen Bereiche zu berücksichtigen. Ihre Meinungsverschiedenheiten können überwunden werden, wenn man davon ausgeht, daß jeder von ihnen eine andere der drei Dimensionen als entscheidend ansah. Für Freud war es die *Offenheit,* für Adler die *Steuerung* und für Jung die *Zugehörigkeit.*

Ich und die Natur

Ich möchte einen interessanten Gedanken zur Diskussion stellen, um die Theorie etwa in der gleichen Weise auch auf größere Einheiten, zum Beispiel die Natur, anwenden zu können, wie sie auf kleinere Einheiten, wie zum Beispiel den Körper, angewandt wurde.

Nehmen wir an, daß wir durch die gleichen Dimensionen mit der Welt in Verbindung stehen, wie wir miteinander verbunden sind. In welcher Beziehung stehen wir dann in den Bereichen von Zugehörigkeit, Steuerung und Offenheit mit der Natur?

▶ Zugehörigkeitsprobleme betreffen meine grundlegende Beziehung zur Natur. Möchte ich selbst zur Natur gehören? Möchte ich leben oder sterben? Welche Rolle spiele ich in der Natur? Bin ich nur ein winziges Staubkörnchen im Universum oder bin ich eins mit dem Kosmos? Worin besteht meine Bedeutung, mein Wert, meine Verantwortung für das Leben? Inwieweit lohnt es sich für mich, auf der Welt zu bleiben? Die Institutionen, die wir für die Auseinandersetzung mit diesen Problemen geschaffen haben, nennen wir Mystik und *Religion.*

193

◗ Meine Beziehung zur Natur im Bereich der Steuerung umfaßt die Gewährleistung meines Einflusses auf die Naturkräfte und meine Abhängigkeit von der natürlichen Welt im Hinblick auf das Überleben. Ich baue Häuser zum Schutz vor dem Wetter und erfinde Methoden zur Veränderung der Natur, um Bodenschätze zu gewinnen und Wärme, Licht und Nahrungsmittel zu produzieren. Damit meine Bemühungen Erfolg haben, muß ich die Natur verstehen, die natürlichen Schwierigkeiten überwinden lernen und die Ressourcen der Natur nutzen. Die Institutionen, die wir für die Auseinandersetzung mit diesen Problemen geschaffen haben, nennen wir Technik und *Wissenschaft*.

◗ Will ich meinen Gefühlen über die Natur frei und offen Ausdruck verleihen, so erfordert dies, daß sehr persönliche Ausdrucksformen von Eintracht und Harmonie (oder das Gegenteil) mit Naturerscheinungen verbunden werden. Manchmal geschieht das direkt, wenn ein Architekt versucht, künstliche Strukturen mit ihrem natürlichen Gegebenheiten in Übereinstimmung zu bringen; oder wenn Künstler ihre Wahrnehmung einer Landschaft ausdrücken; oder wenn Materialien auf einzigartige Weise vom Bildhauer geformt werden. Dies ist wie der zwischenmenschliche Aspekt der Offenheit eine Eins-zu-eins-Beziehung und steht im Gegensatz zum größten Teil der Wissenschaft, die notwendigerweise ein kumulatives Unternehmen ist. Diese individualistische Äußerung des Selbst institutionalisieren wir als *Kunst*.

Die Beziehungen, die geschaffen wurden, um unsere Beziehung zur Natur in den Bereichen von Zugehörigkeit, Steuerung und Offenheit zum Ausdruck zu bringen, sind *Religion, Wissenschaft* und *Kunst*.

194

Ich und du

Wenn wir die gesellschaftlichen Strukturen betrachten, die wir schaffen, um unsere gegenseitigen Beziehungen in den Bereichen von Zugehörigkeit, Steuerung und Offenheit zu regeln, müßten wir gesellschaftliche Institutionen finden, die gegründet wurden, um sich mit diesen drei Problemen zu befassen.

▶ Institutionen für Zugehörigkeit sind diejenigen, über die am wenigsten Klarheit besteht. Beispiele für Versuche, Institutionen zu ersinnen, die es uns ermöglichen, miteinander Kontakt aufzunehmen, der Einsamkeit zu entgehen und uns zusammenzufinden, sind Vereine, Parties, Tanzveranstaltungen zum gegenseitigen Kennenlernen und Gruppen für Begegnungen. Solche Organisationen, wie zum Beispiel Elks und Rotary, pflegen lange Zeit ohne irgendwelche speziellen Ziele zu existieren. Der Geheimorden der Shriners zum Beispiel hat jahrzehntelang bestanden, ehe sich seine Mitglieder entschlossen, als eine Gruppenfunktion Krankenhäuser finanziell zu unterstützen. Es hatte den Anschein, als ob die Gruppe eine äußere Aktivität auswählte, um ihre Existenz zu rechtfertigen, und gleichzeitig ihren Mitgliedern zu ermöglichen, weiterhin, ihrem ursprünglichen Verlangen entsprechend, zusammenzukommen.

▶ Die gesellschaftlichen Institutionen, die wir schaffen, um unsere Beziehungen im Bereich der Steuerung zu regeln, sind viel offensichtlicher entwickelt. Die Politik, die Wirtschaft und das Heer sind Institutionen, die sich mit der Ausübung und Verteilung der Macht in rechtlicher, finanzieller und militärischer Hinsicht befassen. Es ist erstaunlich, wie entwickelt und zahlreich unsere Institutionen für die Machtausübung im Vergleich zu jenen sind, die die Zugehörigkeit fördern.

▶ Die gesellschaftlichen Strukturen, die wir zur Regelung unserer Beziehungen im Bereich von Offenheit und Liebe schaffen, gruppieren sich um die Institution der Ehe. Diese besteht aus einem ganzen System von Konventionen, die den Ablauf enger Beziehungen regeln. Aufgrund der offensichtlichen Unzulänglichkeit dieses einen Musters entwickeln sich viele Alternativen zur Ehe, und die Institution selbst erlebt schwere Zeiten. Der Gesetzgeber trägt in vielen Ländern zusätzlich dazu bei, daß die lebenslange heterosexuelle Liebe zu einer Person als das einzige legale und sozial richtige Muster anerkannt wird und sich die Bemühungen zuspitzen, sich mit dem Problem auseinanderzusetzen. Unsere Gesellschaft hat gerade erst angefangen, Homosexualität, Mehrfachehen, offene Lebensgemeinschaften und andere gesellschaftlich bisher nicht akzeptierte, aber häufig praktizierte Verbindungen zur Kenntnis zu nehmen.

Zusammenfassend läßt sich feststellen: Unsere Gesellschaft hat die Institution der zwischenmenschlichen Organisationen für die *Zugehörigkeit,* die Institutionen von Wirtschaft, Politik und Militär für die *Steuerung* und die Ehe für die *Offenheit* geschaffen. Am wenigsten sind die Institutionen entwickelt, die sich mit alternativen Modellen von Offenheit und Zugehörigkeit auseinandersetzen. Das zeigt, wo wir in unserer gesellschaftlichen Entwicklung stehen und was für Institutionen sich entfalten müssen, damit die Gesellschaft die grundlegenden menschlichen Dimensionen gewährleisten kann.

Der Entscheidungsprozeß

Zugehörigkeit, Steuerung und Offenheit schaffen ein Gerüst für das Verständnis der Methoden, die bei Gruppenentscheidungen angewendet werden. In den heutigen Organisationen und Institutionen bedient man sich verschiedener Methoden, um Entscheidungen zu treffen: Autoritäre Methoden, Mehrheitsbeschlüsse, Mitbestimmung und Konsens sind die häufigsten Formen. Die drei Dimensionen ermöglichen es, eine Methode präzise zu definieren, die über den Konsens hinausgeht und *Konkordanz* genannt wird. Wenn jede Dimension als ein Kriterium für einen Entscheidungsprozeß definiert wird, gelangt man zu einem Schema, das die Möglichkeit bietet, den Zusammenhang zwischen allen Formen des Entscheidungsprozesses zu verstehen:

Zugehörigkeitskriterium. Personen, die das meiste über eine Entscheidung wissen, und Personen, die am meisten von einer Entscheidung betroffen sind, bilden das beschlußfassende Team.

Steuerungskriterium. Alle Mitglieder des Teams haben ein Vetorecht.

Offenheitskriterium. Alle Mitglieder des Teams bringen ihre Meinung offen zum Ausdruck.

Die Konkordanzentscheidung wird als eine Methode definiert, für die alle drei Kriterien zutreffen. Weitere Methoden lassen sich durch das Vorhandensein oder Fehlen dieser charakteristischen Merkmale definieren. Die nachfolgende Tabelle enthält eine Übersicht über diese Methoden. (Das Wort »kein« bedeutet, daß die angegebene Methode nicht das Kriterium der Zugehörigkeit oder Steuerung oder Offenheit, wie angegeben, erfordert.)

Entscheidungsmethoden

	Keine Zugehörigkeit	Zugehörigkeit
Keine Steuerung Keine Offenheit	Autoritär	Pseudo-demokratisch
Keine Steuerung Offenheit	Individuell Lobbytätigkeit	Mitbestimmung
Steuerung Keine Offenheit	Pseudo-New Age	Konsens
Steuerung	Paternalistisch	Konkordanz

Dieses Schema ermöglicht es, verschiedene Varianten des Entscheidungsprozesses zu vergleichen und zu testen. In Anmerkung 49 wird auf dieses Verfahren ausführlicher eingegangen.

Die Tabelle auf der nächsten Seite stellt eine Zusammenfassung der verschiedenen Manifestationen von Zugehörigkeit, Steuerung und Offenheit dar. Liest man jede Spalte von oben nach unten, so erhält man einen Eindruck von diesen Dimensionen. (Anmerkung 49, Stichwort FIRO, enthält eine vollständige Übersicht, wie andere Theoretiker diese Bereiche beschreiben.)

Zugehörigkeit, Steuerung und Offenheit

	Zugehörig-keit	Steuerung	Offenheit
Zentrale Frage	Zugehörig oder außenstehend	Oben oder unten	Offen oder verschlossen
Interaktion	Begegnung	Konfrontation	Umarmung
Selbstver-ständnis	Bedeutung	Kompetenz	Liebenswert
Körperebene	Energie	Integration	Akzeptanz
Sexuelle Reaktion	Potenz	Orgasmus	Gefühl
Organ-systeme	Sinne Atmungs- Verdauungs- Ausscheidungs-system	Nervensystem Skelett-muskulatur Endokrines System	Genitalien Kreislauf
Extreme Erkrankung	Krebs	Rückenleiden	Herz
Eltern-Kind-Beziehung	Interaktion	Unabhängig-keit	Akzeptanz
Analytiker	Jung	Adler	Freud
Ich und die Natur	Religion	Wissenschaft	Kunst
Ich und du	Vereine Wirtschaft Militär	Politik	Ehe
Entschei–dungsprozeß	Wer weiß, wer sich kümmert	Gleichheit mit Vetorecht	Jedermann ist offen

ANWENDUNGEN

Einleitung

*»Ich glaube nicht, daß die Gesellschaft der Vereinig-
ten Staaten in den letzten vierzig bis fünfzig Jahren
eine erfolgreiche Gesellschaft ist. Ich glaube, dieses
Land wird Rückschläge erleiden, die unweigerlich
tragisch und in ihren Ausmaßen riesig sein werden ... Diese Gesellschaft trägt die Saat ihrer
eigenen Schrecken in sich – die Luft wird man nicht
atmen, das Wasser wird man nicht trinken können,
Hunger und Elend werden sich ausbreiten ... Wir
haben nichts, was wir die Welt lehren könnten. Wir
müssen zugeben, daß wir keine Antworten auf die
Probleme der Menschheit im heutigen Zeitalter
haben.«*

George Kennan[57]

Viele Anzeichen deuten auf eine wachsende Erkenntnis hin,
daß unsere gesellschaftlichen Institutionen, die zum großen
Teil auf Prinzipien beruhen, die den hier dargelegten konträr
sind, nicht gut funktionieren. Sobald es um den Menschen
geht – als Individuum oder als Mitglied einer Gruppe –, ist
unser Fortschritt armselig, da seine Basis fragwürdig ist. Die
Trennung von Geist und Körper im Menschen; die soziale Pa-
tina und Heuchelei, die die Ehrlichkeit verdrängen; die mas-
sive Verunsicherung in bezug auf Verantwortlichkeit sowie die
allgemeine Tendenz, dem Selbst-Bewußtsein zu entfliehen,
haben uns das beschert, was im besten Fall ein völliger Stillstand und im schlimmsten Fall eine unheilbare Krankheit ist.
Die Arbeitslosigkeit nimmt nicht ab, die Krebsforschung ist
nicht erfolgreich, die Lebenserwartung ist seit Jahren nicht
mehr gestiegen, die Psychologie zweifelt an sich selbst, und
die Organisationen ändern sich nicht. Die Entrüstung über die

Watergate-Affäre ist verebbt, es werden keine wesentlichen neuen Gesetze mehr verabschiedet, und die Korruption dauert an. Es geschieht nichts Grundlegendes. Unsere oberflächlichen Lösungen, die nicht dazu führen, daß die Menschen sich selbst ändern, tragen nur dazu bei, daß sich die alten Schwierigkeiten wiederholen.

»Sozialpsychologen wußten einst, wer sie waren und welches Ziel sie verfolgten ... Oft wurde über aufsehenerregende neue Forschungsergebnisse berichtet, und theoretische Entwicklungen schienen dramatische Fortschritte in bezug auf das Verständnis des menschlichen Verhaltens zu versprechen ... Im letzten Jahrzehnt ... scheinen viele Wissenschaftler nicht nur den Glauben an die Zukunft ihrer Disziplin verloren zu haben ... Die meisten scheinen sich darüber einig, daß eine Krise bevorsteht.«[58]

»Trotz der hohen Ausgaben für Verbrechensbekämpfung wird sich die Kriminalität wahrscheinlich in den nächsten fünf bis zehn Jahren nicht wesentlich verringern«, stellt der Leiter der Bundesforschungsstelle für Kriminalitätsbekämpfung fest.[59]

»In diesem Buch wurde ein bemerkenswerter Mißerfolg auf dem Gebiet der Organisationsentwicklung beschrieben ... Diese Erfahrungen wurden im Hinblick auf einen angestrebten Erfolg gemacht, aber das Projekt scheiterte ... Argyris' Buch wird als Bericht über einen der großen Mißerfolge auf dem Gebiet der angewandten Sozialwissenschaften ein herausragendes Ereignis sein, falls es dazu führt, daß die intellektuelle und wissenschaftliche Unterstützung der Entwicklung von Organisationen die nötige Neubewertung erfährt. Dieses optimistische Ergebnis steht aber keineswegs fest, da Individuen den Prozessen der ›Selbstabschottung‹ und des ›Nicht-lernen-Wollens‹ genauso unterliegen ..., wie dies Argyris bei Organisationen festgestellt hat.«[60]

Auf medizinischem Gebiet enthüllen mehrere Bücher und Artikel die Unzulänglichkeiten (wofür ein Titel, »The End of Medicine«[61], als typisches Beispiel erwähnt werden soll). Wir müssen auch mit der Tatsache leben, daß unser System der Inhaftierung zur Verbrechensbekämpfung weder zur Abschreckung taugt noch der Resozialisierung nützt (das beweist nicht von ungefähr der ähnlichlautende Titel »The End of Imprisonment«[62]).

Diese Situation ist nicht unbedingt schlimmer, als sie vorher war, doch das, was über die Watergate-Affäre, den Vietnamkrieg sowie die Kavaliersdelikte der CIA und des FBI bekannt wurde, hat das allgemeine Bewußtsein für die Mängel der Institutionen geschärft. Das kritischere Bewußtsein ist ein Vermächtnis der achtundsechziger Revolutionen – die Forderungen nach einem Ende der ganzen Schönfärberei.

Die Prinzipien von »Mut zum Selbst« liefern eine Grundlage für die Umgestaltung von Institutionen im Sinne einer konsequenten Sozialphilosophie – einer Philosophie, die, ausgehend von der Natur des menschlichen Organismus, die Gesellschaft aufbaut. Diese Prinzipien könnten zu einer schon lange notwendigen Evolution der zwischenmenschlichen Beziehungen führen, die den heutigen Fortschritten auf dem Gebiet der Technik vergleichbar wäre.

Anwendungsprinzipien

Es folgt ein Leitfaden für die Anwendung der Prinzipien von »Mut zum Selbst«.

Ziel

Das Ziel jeder gesellschaftlichen Institution ist die Schaffung solcher gesellschaftlichen Bedingungen, unter denen die Individuen es leichter finden, ihr Leben selbst zu bestimmen.

Dieses Ziel wird dadurch erreicht, daß die Hindernisse für die Selbstbestimmung des Individuums beseitigt und die Bedingungen geschaffen werden, die sein Bewußtsein fördern.

Freiheit

Gestatte jede Handlung, die ein Individuum bewußt vollzieht und die sich nicht negativ auf ein anderes Individuum auswirkt.

Übereinkunft

Erlaube jede Handlung von zwei oder mehr Menschen, die von beiden bewußt vollzogen wird und die sich nicht negativ auf andere auswirkt.

Beschränke die Rolle fremdbestimmender Faktoren, wie sie zum Beispiel Gesetz, Richter und Schiedsrichter darstellen. Wenn sich jeder sich selbst bewußt ist, sind letzten Endes Gesetze überflüssig. Alles, was geschieht, beruht auf einer Übereinkunft.

Wahrheit

Schaffe durch Beseitigung der Unehrlichkeit Bedingungen, die es dem Individuum leichter machen, bewußt zu leben.

Derzeit ist es für eine Einzelperson meist nicht möglich, auf die Ehrlichkeit eines anderen Individuums, wie zum Beispiel eines Verkäufers oder eines praktizierenden Spezialisten, zu vertrauen. Eine staatliche Institution kann mit gewährleisten, daß die Angaben eines Verkäufers stimmen und nicht jeder potentielle Verbraucher selbst Zeit und Kraft aufwenden muß, um die Empfehlungen, die Erfahrungen und die Produktqualität zu überprüfen.

Einfachheit

Sorge für wirklich einfache Lösungen von Problemen, die gern an Organisationen delegiert werden.

Wenn es für ein Problem (wie zum Beispiel den Verkehr, die Sozialhilfe oder Drogen) eine komplizierte Lösung gibt, dann ist dies darauf zurückzuführen, daß wir es noch nicht gut verstehen. Wirklich einfache Lösungen vertiefen das Verständnis des Problems und setzen Energie für andere Lebensbereiche frei. Einfache Lösungen lassen sich leichter verstehen und praktisch realisieren.

Wahl

Schaffe Bedingungen, unter denen Individuen sich leichter entscheiden können, wie sie leben wollen.

Möglichkeiten

Schaffe Bedingungen, unter denen die Menschen ihre Möglichkeiten leichter erkennen.

Wenn ich nicht zulasse, daß ich erkenne, welche andere Möglichkeiten existieren, blockiere ich meine Selbstbestimmung. Bewußtsein kann zum Beispiel durch Erziehung, durch eine bestimmte Art von Werbung und durch alternative Formen der Medizin geschaffen werden.

Selbstverantwortung

Belohne Selbstverantwortung.

Es bedeutet einen großen Rückschlag für die Bemühungen, die Selbstbestimmung der Individuen zu fördern, wenn das Gesetz eine solche Rechtfertigung akzeptiert: »Ich bin nicht verantwortlich für das, was ich getan habe; ich habe nur Befehle ausgeführt.« Dies fördert das Bestreben, anderen die Schuld zuzuweisen und sich von anderen abhängig zu fühlen, und entmutigt Individuen, sich unabhängig zu fühlen.

(Wer wählt für sich selbst, bestimmte Befehle auszuführen?)

Bewußtsein

Belohne Bewußtsein.

Wenn ich aus der Verantwortung entlassen werde, »weil ich nicht gewußt habe, was ich tat«, werden fehlendes Bewußtsein und Selbstbetrug gefördert, und das Individuum wird entmutigt, bewußt zu leben. (Wer wählt für sich selbst, sich einer Sache nicht bewußt zu sein?)

Übergang

Sorge dafür, daß bestimmte soziale Übereinkünfte mit einer gewissen zeitlichen Verzögerung geändert werden, damit Personen, die sich ihrer Möglichkeiten nicht bewußt sind, sich dieser bewußt werden und eine bewußte Wahl treffen können.

Den Individuen wird für die Veränderung Zeit gelassen, um den Übergang bis hin zur freien Entscheidung zu erleichtern; der Übergang muß jedoch nach einer bestimmten Zeit erfolgen. Wählt eine uninformierte Person für sich, weiter uninformiert zu bleiben, ist die Frist abgelaufen.
Dieses Prinzip leitet sich offensichtlich nicht von den bisherigen Darlegungen ab, doch wird es eingeführt, weil die meisten von uns noch nicht sehr ehrlich sind, kein sehr entwickeltes Bewußtsein haben und nicht so handeln, als ob sie selbst entscheiden, was für ein Leben sie führen wollen.
Eine sofortige Abschaffung von gängigen gesellschaftlichen

Praktiken, verbunden mit einer Entstellung der hier dargelegten Praktiken, könnte dazu benutzt werden, so unerwünschte Auswüchse wie die Sanktionierung von Mord und Vergewaltigung oder die vernachlässigte Hilfeleistung bei Verkehrsopfern zu entschuldigen, da alle Beteiligten mitschuldig wären. Daher muß der vernünftige Vollzug des Übergangs sorgfältig überlegt werden. Die Tatsache, daß dieser Übergang als spezielles Problem behandelt wird, das einer Lösung bedarf, unterstreicht eine der Hauptaufgaben gesellschaftlicher Institutionen – dem einzelnen Zeit zu lassen, sich seiner unbewußten Möglichkeiten bewußt zu werden. Eine ebenso wichtige Funktion von Institutionen besteht darin, das Individuum in seiner Selbstbestimmung zu unterstützen. Diese beiden Aufgaben erfordern ein feinfühliges Gleichgewicht, das in einer zeitlichen Verzögerung Ausdruck findet, die den Individuen eine gewisse Zeit für ihre Selbstbestimmung gewährt.

Liberale und Konservative

Dieses Gleichgewicht ist ein Eckpfeiler der politischen Philosophie. Mit Hilfe dieses Konzepts läßt sich der traditionelle Unterschied zwischen den beiden großen politischen Parteien Amerikas ausgleichen.

Es ist Tradition der Demokratischen (oder liberaleren) Partei, die Regierungsvollmachten zu nutzen, um den Armen, den Behinderten oder den völlig Hilflosen zu helfen. Den Demokraten wird Verschwendungssucht vorgeworfen – sie verbrauchen zuviel Geld.

Im Mittelpunkt des Interesses der Republikaner (der konservativeren Partei) steht »ein begrenzteres Engagement der Regierung, wobei die primäre Verantwortung soweit wie möglich bei den Menschen selbst liegen muß ... die individuelle Freiheit und das Vertrauen auf die eigene Kraft – viele der alten Tugenden – müssen erhalten bleiben.«[63] Die Art und Weise, wie die Republikaner dieses Prinzip verwirklicht haben, hat nach Ansicht ihrer eigenen Parteispitzen[64] dazu geführt, daß sie »von vielen als hart, gefühllos, grausam und unsensibel angesehen werden«.

Diese Kritik ist in beiden Fällen zumindest teilweise berechtigt. Die Liberalen verstehen die Bedeutung der Hilfe für Menschen, die sich momentan nicht selbst helfen können; aber sie machen sich nicht genügend bewußt, daß eine solche Hilfe nur für eine begrenzte Zeit geleistet werden darf, damit sie den größtmöglichen Nutzen bringt. Wenn die Hilfe über eine bestimmte Zeit hinaus gewährt wird, dient sie nicht der Selbstbestimmung des Individuums, sondern zur Förderung seiner Abhängigkeit. Der Staat setzt die Zahlungen fort, und das Budget wird überzogen.

Die Konservativen dagegen setzen auf den Erfolg des Vertrauens auf die eigene Kraft, berücksichtigen jedoch nicht in ausreichendem Maße, daß viele Leute innerlich nicht darauf vorbereitet sind. Ihre Programme leisten solchen Menschen nicht genügend Hilfe, damit sie selbst auf die Beine kommen können. In diesem Sinne sind die Konservativen unsensibel, und das führt dazu, daß ihre Politik als gefühllos und grausam bezeichnet wird.

Dieses Dilemma wird überwunden, wenn eine Institution sich dazu entschließt, Menschen, die sich über ihre Möglichkeiten nicht bewußt sind, dadurch zu helfen, daß sie ihnen Zeit läßt, diese Möglichkeiten zu erkennen, während sie ihnen gleichzeitig klarmacht (durch Informationen und durch Aufklärung über Alternativen), daß diese Hilfe zeitlich begrenzt ist und einzig und allein dazu gewährt wird, ihnen den Weg zur Selbstbestimmung zu ebnen.

Auf diese Weise vermeidet die Institution, daß ihr die Verschwendungssucht und der Paternalismus der Demokraten sowie die Gefühllosigkeit und Grausamkeit der Republikaner vorgeworfen werden. Diese minimale zeitliche Verzögerung und die Unterstützung bieten uns die Möglichkeit, von unserem jetzigen Zustand zu einer durch die Prinzipien von »Mut zum Selbst« bestimmten Situation zu gelangen.

In vielen gesellschaftlichen Bereichen – zum Beispiel in der Medizin und im Schulwesen – fördern die Anwendungsprinzipien bereits existierende Entwicklungstendenzen. In anderen Bereichen – speziell im Rechtssystem und im Sport – erfordern sie einige durchgreifende, wenn auch nicht beispiellose Neuerungen. Ich werde einige Vorschläge für institutionelle Veränderungen unterbreiten, die sich von den obigen Prinzipien herleiten. Diese Vorschläge stellen philosophische Leitlinien für soziale und gesetzgeberische Programme dar.

In vielen Fällen werden Programme oder Teile von Programmen verwirklicht. In anderen Fällen ist nie etwas in dieser Art versucht worden. Der langfristige Nutzen besteht darin, daß man ein auf klaren Prinzipien beruhendes System hat, in dem unsere Handlungen und Worte übereinstimmen, daß wir eine daraus resultierende Philosophie haben, von der wir uns bei unserem sozialen Engagement leiten lassen können, und daß wir über eine Grundlage verfügen, unsere Vorgehensweisen zu ändern, falls sie sich als ungeeignet erweisen.

Diese Vorschläge sind Leitlinien. Damit sie praktisch angewendet werden können, sind weitere eingehende Untersuchungen und Erfahrungen nötig.

Gesetze

Gesellschaftliche Institutionen belohnen Unkenntnis. Wenn ich nicht weiß, daß ich mich krank mache, erhalte ich Krankenurlaub und Krankengeld. Wenn ich mir bewußt bin, daß ich mich krank mache, sorge ich dafür, daß ich gesund bleibe, und arbeite mehr. Wenn ich mir darüber nicht bewußt bin, daß ich dazu beitrage, ein Opfer zu sein, erhalte ich vom Gesetzgeber Vorteile und genieße das Mitgefühl der Gesellschaft. Wenn ich mir bewußt bin, daß ich dazu beitrage, ein Opfer zu sein, lasse ich entweder nicht zu, daß ich mich selbst betrüge, oder ich lehne Belohnungen ab. Wenn ich mir nicht bewußt bin, daß ich mich für die Armut entscheide, erhalte ich Sozialhilfe und Unterstützung. Wenn ich mir jedoch dessen bewußt bin, übernehme ich dafür die Verantwortung. Die Gesellschaft belohnt den Kranken, das Opfer und den Bedürftigen.

Je mehr Kranke es im Westen gibt, desto reicher sind die Ärzte. Krankenhäuser machen kein Geschäft, wenn ihre Betten leer sind. Die größte wirtschaftliche Katastrophe, die über die westliche Medizin hereinbrechen könnte, wäre die völlige Gesundheit der Bevölkerung.

Im alten Orient pflegten Akupunkteure den Blutdruck ihrer Patienten zu Beginn jeder Jahreszeit zu normalisieren. Sie wurden bezahlt, solange ihre Patienten gesund blieben. Wenn ein Patient erkrankte, mußte der Akupunkteur den Patienten und die Familie des Patienten für die Dauer der Krankheit unterstützen. Der ökonomische Nutzen war für die Akupunkteure am größten, wenn alle Patienten gesund blieben.

Wir könnten unsere Sozialprogramme so gestalten, daß Gesundheit, ökonomische Unabhängigkeit und Selbstgenügsamkeit, statt das Gegenteil, honoriert würden.[65] Wenn Selbst-Bewußtsein belohnt würde, fiele den meisten Menschen die Wahl schwerer, weiterhin nicht selbst-bewußt sein zu wollen. Wenn ich keine Sozialhilfe erhalte oder wenn mir kein Mitgefühl bekundet wird, weil ich ein Opfer bin, muß ich mich entweder mit dieser Reaktion zufriedengeben oder mir meines eigenen Anteils, ein Opfer zu sein, stärker bewußt werden.

Was aber ist, wenn ich es vorziehe, mir dessen nicht bewußt zu sein? Habe ich nicht ein Recht darauf, mir dessen nicht bewußt zu sein, wenn ich das nicht will? Natürlich habe ich ein Recht darauf, aber ich habe kein Recht, Belohnungen von der Gesellschaft dafür zu verlangen, daß ich es vorziehe, nicht das nötige Bewußtsein zu entwickeln.

Wie ist die Situation zu beurteilen, wenn einer Person durch eine andere Schaden zugefügt, wenn sie geschlagen und beraubt wird? Wie sieht es mit der Verantwortung des Angreifers aus? Existiert nicht so etwas wie ein »richtiges Denken«, eine Moral? Ja, ich vermute, es gibt sie. Das Problem ist, nach welchen Kriterien sie festgestellt werden soll.

Angenommen, eine starke Person schlägt eine schwache. Beide haben, auf irgendeiner Ebene ihres Bewußtseins in heimlichem Einverständnis handelnd, dieses Ereignis herbeigeführt. Angenommen, mir, dem Schwächeren, gefällt nicht, was geschehen ist. Ich habe nicht zugelassen, daß ich mir des Teils bewußt werde, der, in heimlichem Einverständnis handelnd, die Schläge provoziert hat. Wenn ich mir dieses Teils bewußt werde, kann ich feststellen, daß ich mich wegen eines Vorkommnisses in jungen Jahren schuldig fühle und daß mein latenter Masochismus mich dazu verleitet, brutale Kerle zu verhöhnen. Ich erinnere mich vielleicht daran, daß mein schwächerer Bruder ständig beachtet wurde, und ich auf die gleiche Weise Sympathie erwecken wollte, wie er es tat. Des-

216

halb habe ich mich in eine Situation gebracht, in der ich einer Aggression ausgesetzt war. Wenn ich mir all dessen bewußt würde, möchte ich nicht länger geschlagen werden und würde aufhören, andere zu verhöhnen. Ich würde statt dessen Judo lernen, Schlägertypen meiden oder einen Leibwächter anheuern.

Wenn ich noch nicht mit jenem Teil meines Ichs in Verbindung stehe, der geschlagen werden wollte, und wenn ich mir bewußt wäre, daß ich das vermeiden wollte, würde ich mich vielleicht an andere wenden oder die Gesetze in Anspruch nehmen, um eine Wiederholung der Körperverletzung zu verhindern, bis ich mir selbst bewußt darüber werde und bereit bin, mit der Situation fertigzuwerden. Ich führe das Prinzip des Übergangs ein.

Die Funktion des Gesetzes besteht darin, mich daran zu hindern, unbewußt in heimlichem Einverständnis mit jemandem zu handeln und eine Handlung zu vollziehen, an der ich nicht beteiligt sein möchte, wenn ich mir dessen voll bewußt wäre – ein Mord, ein Raubüberfall und eine Vergewaltigung zum Beispiel.

Dir, der stärkeren Person, kann die Situation vielleicht ganz angenehm sein, und du bist an einer Änderung deines Verhaltens nicht interessiert. Aber ist es richtig, so zu denken? Gibt es nicht irgendeine Moral, die in dir ist und dein Handeln bestimmen sollte? Auch wenn es sich bei dem Urteil darüber, welche Denkweise richtig ist, um eine subjektive Meinung handelt, bleibt das Problem bestehen. Hitler hatte eine hervorragende Begründung für seine Taten: Mehr Lebensraum für das deutsche Volk!

Eine Lösung, die auf dem Prinzip der Verantwortung für das eigene Selbst beruht, beruht nicht auf der Notwendigkeit, eine absolute Moral zu erstellen. Wenn du, der Stärkere, feststellst, daß andere mit dir keinen Umgang pflegen, dich nicht mögen, nicht für dich stimmen, in deinem Laden nicht mehr Stammkunden sind oder deine Dienstleistungen nicht mehr in Anspruch nehmen, weil du eine schwächere Person geschlagen hast, kannst du dich dazu entscheiden, dein Verhalten zu ändern. Wenn du feststellst, daß jemand zurückschlägt, wirst du es in dieser oder jener Weise ändern. Wenn du feststellst, daß die Mehrheit (die Gesellschaft) zu der Meinung gelangt ist, du müßtest ins Gefängnis, wird dich das beeindrucken. Du bist dann mit den Konsequenzen deines Verhaltens konfrontiert, und du wirst wahrscheinlich eine andere Wahl treffen wollen. Das alles geschieht, ohne daß ein äußerer Moralkodex nötig ist.

Die Reaktionen der anderen auf dich, den Stärkeren, können dir helfen, dir über dich selbst bewußt zu werden. Du wirst vielleicht herausfinden, daß du eine alte Frustration (deine Unfähigkeit, gegen deinen Vater anzukämpfen) an einer schwächeren Person abreagierst. Du wirst vielleicht ein Gefühl der sexuellen Unzulänglichkeit bei dir feststellen, das du dadurch zu kompensieren suchst, daß du dich als Macho aufführst. Oder du warst vielleicht auf einen Bruder eifersüchtig, weil ihm mehr Aufmerksamkeit zuteil wurde als dir. Sobald du das besser erkennst, stehen dir in bezug auf dein künftiges Verhalten mehr Möglichkeiten zur Auswahl.

Du entwickelst auch ein Gefühl für dich selbst und dafür, was für ein Mensch du sein möchtest. Da dein Selbstverständnis von dir entschieden wird, kannst du bestimmen, wie du sein möchtest. *Das Selbstverständnis ist eine Alternative zu einem Moralkodex.* Du kannst zum Beispiel entscheiden, daß du ein Mensch sein möchtest, der rücksichtsvoll oder hilfreich oder nicht gewalttätig ist. Deine mit diesem Bild übereinstimmende Vorstellung eines Verhaltens ist ein determinierender Faktor für dein tatsächliches Verhalten. Typisch ist, daß sie wirksamer ist als ein gesellschaftlicher Moralkodex, da du das Bild als ein Ergebnis deiner persönlichen Erfahrungen erzeugst und beschlossen hast, mit ihm übereinzustimmen. Dein Verhalten wurde dir nicht von außen vorgeschrieben, und daher wurde der weitverbreitete Widerstand gegen aufgezwungene Verhaltensregeln vermieden. Das Kriterium des eigenen Selbstverständnisses kommt einer Definition der »Freiheit« sehr nahe.

Die Funktion der auf den Prinzipien von »Mut zum Selbst« basierenden Gesellschaft besteht darin, den Menschen ihre Verantwortung für sich selbst bewußt zu machen, ihnen zu helfen, mehr Selbstbewußtsein zu erlangen, der Wahrheit Geltung zu verschaffen, zu entscheiden, welche Regeln die Gesellschaft wünscht, um bestimmte Verhaltensweisen hintanzusetzen, sowie denen, die in heimlichem Einverständnis mit anderen handeln, mehr Zeit zu geben, über sich mehr Klarheit zu gewinnen.

Das einzige Verbrechen

Es gibt nur ein Verbrechen, und zwar, Bedingungen zu schaffen, die es anderen erschweren, die von ihnen gewünschten Möglichkeiten zu realisieren.

Ein Verbrechen ist einfach die Fortführung einer unerfreulichen Wechselwirkung, genauso wie Krebs als die Fortführung einer chronischen Spannung angesehen werden kann. Wenn ich Bedingungen schaffe, die du als schwierig ansiehst, wirst du mich nicht mögen, du wirst mir aus dem Weg gehen, du wirst mich bekämpfen, du wirst versuchen, mich zu einer Änderung der Bedingungen zu überreden, du wirst deine Reaktion auf meine Handlungen ändern oder du wirst versuchen, mich aufzuhalten.

Diese Definition des Verbrechens negiert das Konzept der Verbrechen ohne Opfer. Verbrechen gegen sich selbst sind Unsinn. Wenn Menschen in eigener Verantwortung handelnde Wesen sind, ist es nur eine auf Selbsttäuschung beruhende Arroganz, die Regierungen dazu veranlaßt zu entscheiden, was »das eigene Wohl« einer Person erfordere. Wenn ich einen Sitzgurt nicht anlegen oder einen Sturzhelm nicht aufsetzen möchte, ist es meine Sache. Dagegen ist es Sache des Staates zu entscheiden, was passiert, wenn ich mir selbst schade. Wenn ich unangeschnallt in einen Unfall verwickelt bin und ich den Staat auffordere, meine Arztrechnungen zu bezahlen, hat der Staat das Recht, mir das zu verweigern. Wenn ich eine Verletzung riskiere, bin ich für die Folgen verantwortlich. Ich möchte vielleicht einen Deal mit dem Staat machen: Wenn er damit einverstanden ist, meine Arztrechnungen zu bezahlen, werde ich damit einverstanden sein, meinen Sitzgurt anzulegen. Das ist vollkommen legitim, vorausgesetzt, beide Seiten stimmen zu. Jede Übereinkunft zwischen zwei Personen oder Gruppen, die niemandem sonst schadet, ist legitim. Dieses Prinzip entspricht dem Grundsatz: Jede Handlung eines Individuums, die einem anderen nicht schadet, ist erlaubt.

John Stuart Mill brachte ein ähnliches Gefühl zum Ausdruck:

»Der Grundsatz lautet: Der einzige Fall, in dem Menschen individuell oder kollektiv berechtigt sind, die Freiheit des Handelns irgendeines ihrer Mitmenschen zu beeinträchtigen, ist dann gegeben, wenn es um deren Schutz geht. Das bedeutet, daß gegen ein beliebiges Mitglied einer zivilisierten Gemeinschaft einzig und allein dann Gewalt gegen seinen Willen an-

gewendet werden darf, wenn von anderen Schaden abge-
wendet werden soll.
Das eigene physische oder moralische Wohl des Betreffen-
den reicht als Rechtfertigung nicht aus. Er kann rechtlich nicht
gezwungen werden, etwas zu tun oder zu unterlassen, weil
es ihn glücklicher machen wird und weil dies nach Meinung
von anderen klüger oder sogar richtig wäre.
Dies sind gute Gründe, Vorbehalte vorzubringen oder ihn zu
überzeugen oder ihn inständig zu bitten, aber nicht, ihn zu
zwingen oder ihm Böses anzudrohen, falls er anders handeln
sollte. Um das zu rechtfertigen, muß bei dem Verhalten, von
dem er aus guten Gründen abgebracht werden soll, geprüft
werden, ob es irgend jemand anderem schaden könnte.«[66]

Wann immer du Bedingungen schaffst, die ich als eine Beschränkung empfinde, muß die Sache in erster Linie zwischen
dir und mir geklärt werden. In den meisten Fällen können wir
unsere Differenzen beilegen. Entscheidungen, die von den
betroffenen Personen herbeigeführt werden, beeinträchtigen
die Gesellschaft am wenigsten und befördern die persönliche
Verantwortung am meisten.
Wenn wir unsere Differenzen nicht klären, kann eine außen-
stehende Person hinzugezogen werden. Das kann eine »nicht
interessierte« Amtsperson sein, wie zum Beispiel ein Richter,
oder eine Person, die uns beiden genügt. Sie ist einem Richter
vorzuziehen, weil wir die Wahl selbst, ohne Einmischung von
außen, getroffen haben. Wir sind beide motiviert, uns selbst
gut zu vertreten, wenn wir erreichen wollen, was wir haben
möchten, und wir sind damit wahrscheinlich sehr zufrieden
und bleiben bei der Entscheidung, da wir an ihrem Zustande-
kommen mitgewirkt haben (siehe Anmerkung 49, Konkordanz).
Von offizieller Seite wurde dies in Tucson[67] getestet. Das

Opfer eines Verbrechens und der Täter wurden zusammengebracht. Sie tauschten ihre Versionen des Strafhergangs aus und diskutierten darüber, was dann zu tun sei. Einigten sie sich, käme der Fall nicht vor Gericht.

Ein junger Mann hatte ein Fernsehgerät gestohlen. Bei dem Zusammentreffen mit seinem Opfer erfuhr er, daß es sich um eine alte, invalide Frau handelte, für die das Fernsehen das Wichtigste in ihrem Leben war. Er begriff, daß er nicht nur einfach ein Fernsehgerät gestohlen, sondern die Lebensqualität der alten Frau beeinträchtigt hatte. Als Resultat ihrer Begegnung erklärte er sich dazu bereit, das Fernsehgerät zurückzugeben, das Haus der Frau mit einem neuen Anstrich zu versehen, ihren Rasen zu mähen und sie zu ihrem wöchentlichen Arztbesuch zu fahren.
In einem anderen Fall zahlte das wohlhabende Opfer dem Täter schließlich ein Stipendium in Höhe von 10 000 $, damit er Medizin studieren konnte.
Nach einem Jahr war das Programm in allen 204 Fällen bei neun Ausnahmen erfolgreich (die Erfolgsquote betrug 96 Prozent). Die Kosten des Verfahrens je Fall betrugen ein Fünftel der Kosten eines durchschnittlichen Verfahrens bei einem schweren Verbrechen (304 $ im Vergleich zu 1566 $).

Dieses Verfahren ist einfach, es erfordert Ehrlichkeit und eine größere Einsicht – die Aufgabe des Vermittlers –, und es basiert auf der Überzeugung, daß die Verantwortung für eine Klage in der Hauptsache bei den Tatbeteiligten liegt und nicht bei einem Nichtbetroffenen, oft einem uninteressierten Fremden, dem Richter. Diese Methode entspricht dem Prinzip der Einfachheit, und der Aufwand an Kosten und Energie für die Lösung ist erheblich geringer als üblich.

Lizenzvergabe

»Behördliche Zulassungen haben sich nicht als ein wirksames Mittel zur Gewährleistung der Qualität von Programmen erwiesen. Mehr noch, Versuche, durch Lizenzen die Qualität von Programmen zu regeln oder zu steuern, richten im allgemeinen mehr Schaden als Nutzen an, indem sie Barrieren gegen die Entwicklung notwendiger Dienstleistungen errichten.« Committee, California Assembly[68]

Die Vergabe von Lizenzen für Angehörige der freien Berufe war nicht immer eine gelungene Aktion. Viele Leute mit Lizenzen sind fachlich inkompetent, und viele, die keine Lizenz haben, zählen zu den erfahrensten Fachleuten. Mehrere Fachgebiete haben offenkundig unklare Berufskriterien, und die Bildung eines Ausschusses für akademische Berufe, der entscheiden soll, was sich wissenschaftlich noch nicht entscheiden läßt (zum Beispiel ein psychotherapeutischer Erfolg) lädt zur politischen Einmischung ein. Die Vergabe von Lizenzen wird zu einem Mittel, mit dessen Hilfe eine spezielle Gruppierung ein Gebiet abstecken und Außenseiter als ökonomische Konkurrenten ausschalten kann.

Außerdem ist die Lizenzvergabe mit dem Prinzip der Wahrheit und der Wahl unvereinbar. Wenn zugelassen wird, daß durch ein Verfahren entschieden wird, wer praktizieren darf und welche Verbraucher die Dienste eines praktizierenden Experten in Anspruch nehmen können, wird dem Verbraucher das Recht auf freie Wahl genommen, und es wird nicht genügend die Bedeutung von Ehrlichkeit und Klarheit im Verhältnis Experte-Kunde betont – diese könnten durch Gesetze verstärkt hervorgehoben werden.

Das Lügen schafft Bedingungen, unter denen es mir schwerfällt zu handeln, das heißt, eine nützliche Alternative auszuwählen. Genauso wie mir mein Lügen große Schwierigkeiten bereitet, kann sich dein Lügen auf mich auswirken. Weitere Dinge passen nicht zusammen, und ich wende zusätzliche Energie auf, um dies auszugleichen. Das ist einer Situation vergleichbar, in der ich Nahrungsmittel esse, die mir nicht bekommen, und in der mein Körper zusätzliche Energie aufwenden muß, um Körper und Nahrung in Übereinstimmung zu bringen. Ein sorgfältig abgefaßtes Gesetz gegen Unehrlichkeit würde der Öffentlichkeit sehr nützen und wäre eine angemessene Aufgabe für den Gesetzgeber.

Das gläserne Prinzip

In der letzten Zeit hat es in einigen Bundesstaaten Versuche gegeben, das gläserne Prinzip als Ersatz für die Vergabe von Lizenzen einzuführen. Ich möchte die Version eines Gesetzes darlegen, das eine solche vollständige Offenlegung, auf eine Beratertätigkeit angewandt, vorsieht und den Prinzipien von »Mut zum Selbst« entspricht.

Angenommen, ich möchte meine Dienste anbieten, um das gesundheitliche Befinden oder die psychische Verfassung eines Menschen zu verbessern, indem ich entweder Blockaden, wie zum Beispiel in der Psychotherapie, beseitige, oder indem ich dir, dem Verbraucher, helfe, deine Möglichkeiten besser zu erkennen. Entsprechend den Bedingungen des gläsernen Prinzips müßte ich potentiellen Kunden alle Informationen geben, die meine fachliche Kompetenz betreffen. Dazu würden Angaben über meine Schulbildung, meine Schulabschlüsse, meine berufliche Ausbildung, meine Philosophie, meine Zugehörigkeit zu Fachverbänden, Auszeichnungen, mein Staatsexamen und alles übrige gehören, was ich als wichtig erachte. Die staatliche Behörde, die beauftragt wäre, das Gesetz zu realisieren, würde ein Formular für diese Angaben vorbereiten und von mir verlangen, daß ich es so in meinem Büro auslege, daß jeder potentielle Kunde Einsicht nehmen könnte. Die Behörde würde eine Kopie meiner Erklärung, verbunden mit den Unterlagen zu jeder einzelnen Information, erhalten und würde mit einem Symbol die Richtigkeit der Angaben bestätigen.

Dieses Gesetz hätte nur die Aufgabe sicherzustellen, daß ich, der Angehörige eines freien Berufes, nicht lüge und die Entscheidung der Kunden nicht in unzulässiger Weise beeinflusse. Das Gesetz spielt die Rolle eines Lügendetektors, weil es für jeden potentiellen Kunden praktisch zu zeitaufwendig ist, die Angaben über die Qualifikation jedes in Frage kommenden praktizierenden Spezialisten zu überprüfen.

Die Angaben über meine Qualifikation sind unzweideutig – ich kenne meine Schulbildung und meine Berufsausbildung –, daher gibt es nur zwei Gründe für Ungenauigkeiten: Entweder kenne ich das Gesetz nicht, oder ich lüge bewußt. Es ist die Pflicht des Gesetzgebers, dafür zu sorgen, daß alle Angehörigen freier Berufe durch die Veröffentlichung des Gesetzestextes in den Medien oder durch spezielle Postsendungen an entsprechende Berufsgruppen über das Gesetz informiert werden und daß genügend Zeit – vielleicht ein Jahr – vorgesehen wird, damit jeder informiert werden kann. Es liegt dann an dem in einem freien Beruf Tätigen, ob er informiert ist oder nicht.

Wenn das geschehen ist, werden alle Verstöße bewußt unternommen und tragen vorsätzlichen Charakter. Weil das Gesetz dazu da ist, falsche Angaben zu verhindern, können Strafen ein wirksames Abschreckungsmittel sein. Sie sollten hart ausfallen. So käme zum Beispiel eine ein- bis zweijährige Gefängnisstrafe in Frage.

Selbst wenn ich gegen das Gesetz verstoßen hätte und im Gefängnis gewesen wäre, dürfte ich nicht daran gehindert werden, meinen Beruf weiter auszuüben. Als ein ehemaliger Straftäter könnte ich wie zuvor Kunden werben. Der einzige Unterschied besteht darin, daß ich verpflichtet wäre, in meiner Erklärung zur vollständigen Offenlegung die Tatsache zu vermerken, daß ich ein Jahr im Gefängnis verbrachte, weil ich falsche Angaben über meine Qualifikation gemacht hatte.

Es ist nicht notwendig, daß der Staat darüber befindet, worüber er nicht befinden kann, nämlich, wer kompetent ist. Es ist nicht notwendig, daß der Staat festlegt, was ein Verstoß gegen die ethischen Normen ist – zu oft wird der Konformität Vorschub geleistet. Ob ich an der Hochschule X im Jahre Y studierte oder nicht, ob ich einen akademischen Grad in X oder in Z erhielt, ob ich ein Staatsexamen ablegte oder ob ich Empfehlungen von bestimmten Personen habe – all das sind Behauptungen, die eine Behörde leicht nachprüfen kann.

In der gegenwärtigen Situation verläßt du dich als Kunde auf den Staat, damit er dir sagt, wer fachlich kompetent ist; du begibst dich passiv in die Hände eines Beraters, und wenn dir nicht gefällt, was ich mache, kannst du mich wegen Vernachlässigung meiner Sorgfaltspflicht gerichtlich belangen. Du spielst eine abwartende und kindliche Rolle. Wenn du weißt, daß du für die Auswahl eines Beraters verantwortlich bist, wirst du wahrscheinlich eine kritischere Haltung einnehmen. In vielen Fällen hat die Tatsache, verantwortlich zu sein, eine therapeutische Wirkung.

Die Prinzipien von Wahl und Wahrheit verdrängen also Täuschung und Trugbild. Das gegenwärtige Lizenzierungsverfahren schließt oft nicht aus, daß inkompetente Leute zugelassen werden. Die Lizenzierung fördert keine Neuerungen. Sie macht sie zunichte. Das gläserne Prinzip behandelt sowohl den praktizierenden Spezialisten als auch den Kunden als ver-

antwortlichen Erwachsenen und ändert die Rolle des Gesetzgebers dahingehend, daß er die Wahrheit feststellen muß.
Diese Aufgabe kann er gut erfüllen. Zugleich wird er von der
Aufgabe entbunden, Kompetenzen festzustellen, dazu ist er
nicht befähigt.

Gefängnisreform

Meinungsverschiedenheiten darüber, ob Gefängnisse zur Resozialisierung oder zur Bestrafung da seien, haben zu Forderungen nach Umgestaltung des Systems geführt. Ein System,
das auf den Anwendungsprinzipien von »Mut zum Selbst« beruht, umfaßt einige Vorschläge für eine Gefängnisreform,
deren Ziel die Resozialisierung ist.
Die Verantwortung für das eigene Selbst ist der Schlüssel zur
Resozialisierung und zur Leitung einer Haftanstalt. Die Nutz-
losigkeit der Versuche, ein Gefängnis ohne die Zustimmung
der Strafgefangenen zu betreiben, ist wohlbekannt. Wird ein
Gefängnis als ein autoritäres System aufgefaßt, ist das sicherlich dem Ziel abträglich, die Leute zur Verantwortung für sich
selbst zu erziehen.
Als Alexander Maconochie im Jahre 1840 Aufsichtsbeamter
in Norfolk Island in Australien wurde, führte er ein System ein,
bei dem den Strafgefangenen die Verantwortung dafür übertragen wurde, bei der eigenen Bewachung mitzuhelfen und
durch ein Punktesystem ihre Entlassung aus dem Gefängnis
zu erarbeiten. Von 1450 Strafgefangenen, die aufgrund dieses
Systems entlassen wurden, kamen nur weniger als drei Prozent wegen eines Verbrechens wieder vor Gericht. Mehr als
hundert Jahre später schlug Thomas Murton, Direktor des
Staatsgefängnisses von Arkansas, 1968 ein System partner-

schaftlicher Demokratie vor, bei dem Häftlingen die Verantwortung für wichtige Entscheidungen für ihr Leben übertragen werden sollte. Diese Verantwortung war mit dem Risiko eines wirklichen Mißerfolgs verbunden, falls die falschen Beschlüsse gefaßt wurden. Murton gründete einen Häftlingsrat und einen von den Häftlingen gewählten Disziplinarausschuß. Murton plante schließlich, sein Vetorecht über die Entscheidungen der Häftlinge aufzugeben, wurde aber entlassen, ehe er dazu kam, sein Vorhaben zu verwirklichen.

Die Anwendung der Prinzipien von »Mut zum Selbst« und die Verantwortung für das eigene Selbst sind mit Toleranz nicht gleichzusetzen. Im Gegenteil, das oben dargelegte Konzept vom »Helfen« erfordert, daß die Gefängnisbeamten wissen, wann sie streng und wann sie nachgiebig sein müssen. Die Antwort kann nicht darin liegen, daß einem die Kriminellen leid tun und daß man ihr Verhalten als milieubedingt entschuldigt. Ein Mann, der siebzehn Jahre lang hinter Gittern war, brachte das Problem gut zum Ausdruck.

Tom[69] *grinste nur über die Bemühungen, ihn zu resozialisieren. Sein Vater, ein Einwanderer, arbeitete für einen Hungerlohn, und seine Mutter war mal in Nervenkliniken und mal wieder draußen. Sozialarbeiter sagten zu ihm nur: »Armes Baby, geht es dir wirklich so schlecht?« Der einzige Effekt, den dies hatte, war, daß er sich noch hilfloser vorkam.*

Er ging zur Delancey Street[70], *einer Organisation, die nach Prinzipien ähnlich denen von »Mut zum Selbst« geleitet wurde. Immer wieder wurde ihm gesagt, er sei »ein Idiot«, und es sei an der Zeit, daß er etwas tue, um sich selbst zu ändern. Das reichte. »Wir sollten den einzelnen verantwortlich machen. Die Gesellschaft sollte uns in den Hintern treten, wenn wir es nötig haben, und sagen: ›Wir werden dir Kenntnisse für einen aussichtsreichen Beruf vermitteln und dir hel-*

fen, einen Job zu bekommen, wenn du willst. Und wenn du
nicht willst, dann zum Teufel mit dir.«

Das ist eine überzeugende Aussage. Die Gesellschaft soll es
vorziehen, Kriminellen zu der Erkenntnis zu verhelfen, daß sie
selbst entscheiden, was für ein Leben sie führen wollen, und
sie soll es ihnen leichter machen, sich für ein anderes Leben
zu entscheiden. Wenn die Kriminellen nicht auf dieses Ange-
bot reagieren, kann die Gesellschaft den Standpunkt vertreten, daß sie es vorziehen, von der Gesellschaft abhängig zu
sein, und daß sie mit ihnen machen kann, was sie will. Sie aus
der Gesellschaft auszuschließen ist eine der Alternativen.
Auch das Konzept eines Gefängnisses als eines Ortes, an dem
alle Gefangenen eingesperrt sind, ist fragwürdig. Die Schwierigkeit wird deutlich, wenn man ein Phänomen betrachtet, das
damit scheinbar gar nichts zu tun hat. Wenn Musiker im Sommer in Aspen zusammenkommen, rücken musikalische
Aspekte in den Mittelpunkt. Viele Menschen haben ein ge-
meinsames Interesse an Klaviermusik und Komposition. Die
gemeinsamen Aspekte ihres Lebens werden erneut bekräftigt.
Wenn Kriminelle in einem Gefängnis untergebracht sind, krei-
sen die Gespräche und Gedanken oft um Verbrechen. Sie diskutieren über ihr Leben als Kriminelle, über kriminelle Strategien und darüber, wie sie das Gesetz überlisten können. Auch
sie sind von den Dingen beansprucht, die sie mit ihrer gesellschaftlichen Gruppe gemein haben.
Das Fernsehen funktioniert wie eine große Gesellschaft. Alles,
was auf dem Fernsehschirm zu sehen ist, besonders wenn es
sich um etwas Neues handelt, muß das sein, was jedermann
tut. Ich bezweifle, daß ich jemals in einem Leben eine Ahnung von Verbrechen bekommen hätte, wenn ich nicht Fern-
sehkrimis gesehen hätte. Die verschiedenen Arten von Verbrechen und deren Ausführung hätten kaum mein Denken in

Anspruch genommen. Ich wäre nur mit meinem Leben und meinen Erfahrungen beschäftigt gewesen.

Seit 1896 sind die Olympischen Spiele der Neuzeit eine Veranstaltung, auf der einige der größten Leistungen des menschlichen Körpers und Geistes vollbracht wurden. Neue Rekorde wurden in bezug auf Geschwindigkeit, Stärke, Anmut, Behendigkeit, Beweglichkeit, Ausdauer und Mut aufgestellt. Der Fernsehsender ABC brachte eine zweistündige Sondersendung über die Olympischen Spiele. Ein Viertel davon war den politischen Streitigkeiten und ein weiteres Viertel den Terroristen von 1972 gewidmet. Die Botschaft, die vermittelt wurde, lautete: Die Tragödien sind viel wichtiger, sprich medienwirksamer, als die vollbrachten Leistungen. Das ist ein Jammer.

Die Tatsache, daß in den Medien über ein Ereignis berichtet wird, impliziert, daß das Ereignis wichtig ist. Menschen, die Dinge schlecht einordnen und einschätzen können, das heißt Menschen, denen es schwerfällt zu wissen, was wichtig ist, werden von den Medien Maßstäbe gesetzt. Morde sind wichtig. Das gleiche gilt für Kriege, Flugzeugentführungen, Brände, Flugzeugabstürze, Terroristen, Kindesentführungen, Streiks und Attentate. Unwichtig ist eine Kontaktgruppe, in der zwei Menschen sich wie neugeboren fühlen und in der sich ihr Leben für immer zum Besseren gewendet hat, unwichtig ist ein Mensch, der seinen Körper entdeckt – wie er ihn bewegt und wie er an ihm mehr Freude haben kann. Wenn ich »in« sein und am Cocktailklatsch teilnehmen möchte, interessiere ich mich für die Fernsehschlagzeilen.

Was müßte getan werden, damit die Medien die lohnenderen Seiten des Lebens betonen? Füttert die Medien mit Alternativen, besonders mit solchen, die dem Wachstum dienlicher sind. Entwickelt für Kriminelle Lebensbedingungen, in denen sie sich unter Nichtkriminellen befinden. Bringt Krankenhauspatienten, und zwar sowohl psychisch als auch physisch

Kranke, in gemeinschaftlichen Einrichtungen unter oder verteilt sie mitten unter euch, damit sie mit anderen Möglichkeiten, im Leben zurechtzukommen, konfrontiert werden.

Auf diese Weise würden anstelle der kriminellen Seiten andere Charakterzüge der Häftlinge gefördert werden. Ebenso wie in Kontaktgruppen die Stärke jedes Teilnehmers dadurch zum Vorschein gebracht wird, daß dieser die Verantwortung für sich selbst übernimmt und daß die Gruppe dieses Verantwortungsgefühl fördert, würden dadurch die starken Seiten der Persönlichkeit von Kriminellen ans Licht gebracht werden.

Zur Gefängnisreform gehört also die Schaffung von Bedingungen, unter denen die Gefangenen es leichter finden würden, ihre nichtkriminellen Charakterzüge zu entwickeln, sowie die Schaffung von Voraussetzungen, die den Übergang in diesen Zustand erleichtern.

Medizin

> »Nicht die Wissenschaft, nicht die Antibiotika ...,
> nicht die Maschinen oder die neuen Geräte ... sind
> der Held, der Körper ist es. Noch immer besteht die
> Aufgabe des Arztes heute darin, dem Körper zu hel-
> fen, das zu tun, was er während seines nie enden-
> den Kampfes um das Überleben so gut gelernt hat –
> sich selbst zu heilen. Der Körper, nicht die Medizin,
> ist der Held.«
>
> R. Glasser, Doktor der Medizin[71]

Wenn die Medizin die Prinzipien von »Mut zum Selbst« be-
herzigte, würde ihr Banner die Inschrift tragen: »Patient, heile
dich selbst.«

Medizinisches Modell

Unser Verständnis von Medizin beruht auf der Annahme, daß
der Experte, der Arzt, über die Krankheit Bescheid weiß, der
Patient aber nicht. Der Arzt ist deshalb für den Patienten ver-
antwortlich, das heißt, der Arzt hat in dieser Beziehung die
Macht. Unser medizinisches Modell geht davon aus, daß die
Krankheit von gewissen Gesetzen bestimmt ist, wie zum Bei-
spiel der Infektionstheorie, der Erhöhung des Cholesterinspie-
gels und dem Ansteigen des Blutdrucks. Die Einstellung des
Patienten ist zwar von einiger, jedoch nicht von primärer Be-
deutung. Ärzte wissen über diese Dinge angeblich Bescheid,
Laien dagegen nicht.
Dieser Standpunkt führt zu einer seltsamen Auffassung von

Krankheit. Die Medizin nimmt an, daß ich, der Patient, sorglos, fast nicht auf meine Gesundheit, meine Erkrankungen oder meine Verletzungen achtend, dahinlebe. Eine schlechte Gesundheit habe ich dann, wenn ich das »Opfer« fremder Organismen, wie Viren, Bakterien und Bazillen, werde, die die Ursachen von Epidemien sind. Vom Willen der Natur hängt es ab, ob ich krank werde. Durch reinen Zufall gelangen Viren und Bakterien in die Luft, die ich atme, in die Nahrungsmittel, die ich esse, und in das Wasser, das ich trinke. Vielleicht wird mir auch eine Spur von Schuld gegeben, falls ich die Anordnungen des Arztes nicht befolge oder meine Gummihandschuhe nicht anziehe oder im Durchzug sitze oder zuviel arbeite. Aber selbst das ist fragwürdig, wenn man sieht, wie viele gesunde Menschen die Hinweise der Ärzte in den Wind schlagen, niemals Gummihandschuhe tragen, sich der Zugluft aussetzen und zu hart arbeiten.

Nachdem ich mir nicht durch eigenes Verschulden eine Krankheit zugezogen habe, werde ich sie durch äußere Mittel wieder los. Ich gehe zum Arzt, der mir sagt, was nicht in Ordnung ist und welches Medikament ich einnehmen oder welcher Operation ich mich unterziehen soll. Wenn ich gesund werde, so ist das darauf zurückzuführen, daß ich einen guten Arzt habe und daß das Medikament oder die Operation geholfen hat. Mein einziger Beitrag besteht darin, die Anordnungen des Arztes gewissenhaft zu befolgen. Vielleicht habe ich durch einen genetischen »Zufall« auch eine gute Konstitution, die bei meiner Genesung eine Rolle spielt.

Das Modell der Wahl

Wenn dieses Modell (das vielleicht ein bißchen übertrieben dargestellt wurde und nicht von allen Ärzten so praktiziert wird) erneuert würde, könnte die ganze Medizin geändert werden. Grundlage dafür ist ein anderes Selbstverständnis.

Ich wähle meine Krankheit aus und heile mich selbst.

Viren und Bakterien befinden sich sowohl innerhalb als auch außerhalb meines Körpers. Sie sind nicht meine Feinde. Sie sind an sich nicht giftig. Im Gegenteil, sie sind ein Teil des natürlichen Gleichgewichts und haben eine bestimmte Rolle zu spielen. Sie nehmen den Charakter ihrer Umgebung an. Manche Bakterien, die in einem gesunden Organismus vorkommen, sind insofern von Nutzen, als sie an Körperfunktionen, wie zum Beispiel der Verdauung, beteiligt sind. Befinden sie sich in einer toxischen Umgebung, werden sie toxisch und beschleunigen einen toxischen Prozeß. Pasteurs Worte, die er 1895 angeblich im Sterben äußerte, zeigten, daß er dies erkannt hatte: »Bernard hatte recht. Die Mikrobe ist nichts, das Terrain ist alles.«[72]

Wenn ich mich unbewußt dazu entschließe, krank zu werden, schwäche ich meinen Körper und unterlasse es, Abfallprodukte zu eliminieren. Dadurch schaffe ich eine toxische Umgebung für Viren. Ich schalte das Immunsystem aus, setze einer Invasion fremder Organismen nichts entgegen und werde krank.[71] Meine Entscheidung hinsichtlich der Krankheit wird während meines Lebens getroffen, wenn sich mein Organismus entwickelt.

Falls ich in jungen Jahren beschlossen habe, gesund zu sein, hat sich mein Organismus so entwickelt, daß er gegen jede Bedingung gefeit ist, die die Krankheit begünstigt. Wenn ich der Krankheit eine funktionelle Bedeutung beigemessen habe, hat sich mein Körper entsprechend entwickelt. Nicht immer gestatte ich mir zu wissen, daß ich es vorziehe, krank zu sein. Ich bin mir nicht immer bewußt, daß ich eine Wahl

235

treffe. Manche Situationen erfordern mehr Widerstandskraft als andere, und manchmal weigere ich mich zu lernen, wie ich mich gegen eine bestimmte Situation wappnen soll.

Ich heile mich auch selbst. In meinem Körper schlummert das Wissen und die Fähigkeit zur Selbstheilung. Alles, was ich tun muß, ist, mich bewußt dafür zu entscheiden, gesund zu sein, und zu lernen, auf mein Körpergefühl zu achten. Vorausgesetzt, ich gönne mir die nötige Erholung und wünsche mir nichts sehnlicher als Gesundheit, wird mein Körper jeden beliebigen Schaden reparieren, den er erlitten hat. Ist der Schaden sehr groß und liegen die Gründe dafür tief in mir verborgen, muß ich herausfinden, warum ich mich dafür entschieden habe, krank zu sein, welchen Nutzen ich jetzt aus dem Schaden ziehe, und wie ich das ändern kann. Das kann mit Hilfe vieler Methoden zur Entfaltung meiner inneren Kräfte und Fähigkeiten geschehen.[7]

Ich wähle meine Gesundheit und meine Krankheit ist keine moralische Aussage. Damit wird nicht gesagt, an meinem Gesundheitszustand bin ich »schuld«, oder »ich bin dafür verantwortlich«, oder »ich habe unbedacht, falsch, schlecht, unmoralisch gehandelt.« Gesagt wird einfach: Ich wähle. Es ist ein Versuch, das Problem zu verstehen, nicht eine Wertung oder ein Urteil.

Wenn ich will, kann ich das, was ich getan habe, für »schlecht« halten. Ich kann mich auch dazu entschließen, die Dinge so zu sehen. Es ist einfach eine andere Wahl, die ich treffe. Ich ziehe es deswegen vor, meine Entscheidung als schlecht anzusehen, weil ich ein gewisses Vergnügen daran habe, Schmerz zu empfinden oder deprimiert zu sein.

Die meisten der verschriebenen Medikamente beseitigen nicht die Krankheitsursache. Sie unterdrücken nur die Sym-

236

ptome. Aspirin bringt bei Kopfschmerzen Linderung, Penicillin reduziert die Symptome einer Lungenentzündung. Die toxische Situation, die zur Erkrankung führte, bleibt jedoch bestehen. Außerdem muß mein Körper das Medikament, das ich genommen habe, abbauen. Die Wahl ist auf Ursachen gerichtet.

Wird das Konzept der Wahl einer Krankheit akzeptiert – ich habe die Wahl getroffen, mir eine Krankheit zuzuziehen, und ich kann mich dazu entschließen, mich selbst zu heilen –, besteht die Aufgabe des Arztes darin, Bedingungen zu schaffen, unter denen ich mich dafür entscheide, mir des wahren Charakters der Krankheit bewußt zu sein, zu erkennen, daß ich die Wahl getroffen habe, krank zu sein, und zu wissen, ob ich gesund werden möchte. Wenn ich gesund werden möchte, wünsche ich vielleicht, daß der Arzt mich mit Methoden vertraut macht, mit deren Hilfe ich die Ursache der Erkrankung herausfinden und mich selbst heilen kann. Wenn die Heilung so erfolgt, wird die Krankheitsursache tatsächlich beseitigt. Diese Bemühungen gehen über die Unterdrückung von Symptomen hinaus.

Das Modell der Wahl schließt die Anwendung der üblichen praktischen Methoden der Medizin nicht aus. Es liefert einfach eine zusätzliche Orientierung für die Verbesserung der Gesundheit des einzelnen.

Die Situationen, in denen die allopathische Medizin – die in der westlichen Welt praktizierte Behandlung – nutzbringend ist, sind die folgenden: Prüfung des Zustandes, in dem sich der Organismus befindet; chirurgische Eingriffe, bei denen Körperfunktionen unterbunden werden; Verlängerung des Lebens so lange, bis der Prozeß der Selbstheilung bei den Patienten einsetzt. Die letzten beiden Funktionen entsprechen dem Übergangsprinzip.

Simonton

Das vielleicht anschaulichste Beispiel, das die praktische Anwendung des Modells der Wahl in der Medizin demonstriert, lieferten die Simontons.[4] Sie arbeiteten mit einhundertzehn Krebspatienten, die sich nach der Klassifikation der westlichen Medizin im vierten Stadium befanden, in dem der Krebs bereits Metastasen gebildet hat und unheilbar ist. Diese Patienten, bei denen davon ausgegangen wurde, daß sie nur noch sechs bis zwölf Monate zu leben hatten, hielten streng Diät, verbunden mit regelmäßigen gruppentherapeutischen Sitzungen, auf denen die Gründe für die Entscheidung, an Krebs zu erkranken und mit dieser Krankheit weiterzuleben, untersucht wurden. Die Strahlen- und die Chemotherapie wurde bei ihnen fortgesetzt, obwohl einige Patienten nach einer gewissen Zeit freiwillig auf diese Behandlungen verzichteten. Die Patienten unterzogen sich kurzen gelenkten Imaginationsübungen, und dabei sahen sie zuerst die Krebszellen, danach erblickten sie die weißen Blutzellen, die die Krebszellen zerstörten, und schließlich sahen sie nach dem Kampf das gesunde Gewebe. Sie unterzogen sich gewöhnlich zweimal täglich dieser Übung.

Nach zwei Jahren lebten noch 81 Prozent dieser Patienten. Bei 40 Prozent dieser Patienten befand sich die Krebserkrankung in der Remission, das heißt sie waren völlig frei von Krebssymptomen, und bei 35 Prozent war die Erkrankung zum Stillstand gekommen.

Diese bemerkenswerten Ergebnisse werden bei Patienten erzielt, die die Verantwortung für ihre eigene Heilung übernommen haben. Die Aufgabe des Arztes besteht darin, den Patienten bei seinen Bemühungen zu helfen, zu verstehen, warum und wie es zu der Erkrankung gekommen ist. Sie besteht auch darin, dem Patienten eine Methode beizubringen, die er selbst anwenden kann. Es wird angenommen, daß es sich bei Krebs um eine Erkrankung des ganzen Organismus – des Körpers, des Gemüts und des Geistes – handelt und eher als Teil eines gesamten Lebensstils zu verstehen ist, denn als eine Krankheit, die man bekommt, weil man zufällig einen speziellen Virus aufnimmt oder eine karzinogene Substanz ißt oder einatmet.

Wahl des Patienten

Die Frage, ob Menschen, wie im berühmten Fall von Karen Quinlan, künstlich am Leben erhalten werden sollen, erscheint unter dem Gesichtspunkt der Wahl in einem anderen Licht. Bei der Debatte ging es darum, ob die Eltern das Recht hätten, die Geräte, die vermutlich Karen Quinlans Leben verlängerten, abzuschalten, um das Mädchen »mit Würde« sterben zu lassen – ein merkwürdiger Ausdruck. Der Streit wurde zwischen den Eltern und den Ärzten ausgetragen. Es wurde nicht darüber berichtet, ob irgend jemand die Frage nach Karens Wünschen stellte. Es wurde davon ausgegangen, daß sie nicht in der Lage war, selbst eine Wahl zu treffen.

Wenn angenommen wird, daß Karen Quinlan zumindest unbewußt diesen ihren Zustand gewählt hatte, so bedeutet dies, daß sie selbst die Frage entscheiden wollte, ob sie stirbt oder nicht.

Viele Menschen, bei denen die Geräte abgeschaltet wurden, haben gelebt. Bei einer bestimmten Bewußtseinsstufe ihres Organismus wählen sie, ob sie weiterleben oder sterben wollen.

Im allgemeinen wird die Frage, ob ein Arzt Geräte weiter einsetzen möchte oder ob ein Elternteil wünscht, daß ihr Kind nicht mehr künstlich am Leben erhalten wird, entsprechend den Wünschen des Arztes oder des Elternteils entschieden, nicht entsprechend den Wünschen des Patienten. Vielleicht scheuen die Eltern die weiteren Kosten oder den Aufwand an Kraft, oder der Arzt möchte nicht aufgeben – all das sind durchaus verständliche Gründe. Aber wenn man jemand »mit Würde« oder aus anderen angeblich altruistischen Gründen leben läßt, betrügt man sich selbst.

Interessant und vom Standpunkt des Wahlprinzips vorherzusehen war der Ausgang dieser Geschichte: Die Geräte wurden abgeschaltet, und zur Verwunderung aller: Karen Quinlan starb nicht. Sie lebte noch neun Jahre, nachdem sie nicht mehr an die lebenserhaltenden Maschinen angeschlossen war.

Einen weiteren Beweis dafür, daß Karen ihren ganzen Zustand selbst gewählt hatte, lieferte ein aufschlußreiches Gedicht, das unter ihren Sachen gefunden wurde und zwei Monate, bevor sie ins Koma fiel, geschrieben worden war:

»Der ständige Kampf gegen die Unterordnung ist ermüdend.
Die sogenannte Stärke, die ich gewonnen,
Ist eine weitere schwere Last.
Ich möchte mich in eine fötale Rose verwandeln
Und eine Weile im ewigen Bauch ruhen.«

Der Arzt als Lehrer

Ärzte handeln zum Teil deswegen wie Ärzte, weil die Patienten mit ihnen unter einer Decke stecken. Viele Patienten verspüren ein Verlangen danach, jemand anderem die Verantwortung für ihre Gesundheit zu übertragen, und halten diese Person dann für verantwortlich, wenn es ihnen nicht gutgeht. Wenn nicht so vielen Patienten die Rolle des hilflosen Invali-

240

den gefiele, würden die Ärzte nicht auf ihrem gegenwärtigen unrealistischen Standpunkt verharren.

Diese Eltern-Kind-Situation gleicht der Lage, die beim Thema der Lizenzvergabe beschrieben wurde. Dort verhielt sich der Kunde wie ein Kind. Als Patient nehme ich an, daß ich wenig über meine Krankheit weiß. Auch habe ich keine Ahnung, an wen ich mich wenden soll, um Hilfe zu erhalten, wenn mir das andere nicht sagen – in diesem Fall ist es die Behörde, die Ärzten die Zulassung erteilt. Ich verhalte mich dann passiv, und wenn mir die Arbeit des Arztes nicht gefällt, kann ich ihn gerichtlich belangen.

Es werden weniger Gerichtsprozesse wegen falscher ärztlicher Behandlung stattfinden, wenn sowohl die Ärzte als auch die Patienten aufhörten zu glauben, daß die Ärzte für die Patienten verantwortlich sind und Menschen heilen können. Der neue Arzt entscheidet sich, mir, dem Patienten, zu helfen, den Umstand zu verstehen, daß ich meine Krankheit wähle, und mir Alternativen vor Augen zu führen, die ich vorher nicht zur Kenntnis nehmen wollte. Ärzte helfen, den Prozeß der Selbstbestimmung und der Heilung des Patienten zu erleichtern, wie es jeder gute Lehrer tun würde. Lehrer werden nicht wegen mangelnder beruflicher Sorgfalt gerichtlich belangt, weil sie nicht überheblich erklären, sie seien für die Leistungen ihrer Schüler verantwortlich.

Deine Rolle als Arzt/Lehrer läßt sich nicht bewerten. Deine Aufgabe besteht darin, mir zu helfen, der Ursache auf die Spur zu kommen. Als Person kannst du bestimmte Ahnungen haben, was ich wegen meiner Gesundheit unternehmen sollte, aber das ist schon alles. Du sagst: »Ich möchte, daß du andere Entscheidungen in bezug auf dich triffst, als du bereits getroffen hast.« Mir steht es frei, mich zu diesem Wunsch so zu verhalten, wie ich es möchte.

Diese Einstellung führt das Wort »Doktor« (Arzt) auf seine ur-

241

sprüngliche Bedeutung zurück, die vom lateinischen *docere,* lehren, stammt. Der Doktor schafft Bedingungen, die dazu beitragen, daß die Patienten etwas lernen, was sie selbst, speziell ihren Organismus betrifft. Letzten Endes ist es höchst nützlich, die Krankheit als eine Lernerfahrung anzusehen. Indem ich, der Patient, meine Verantwortung für meine Krankheit übernehme, habe ich Gelegenheit, mehr über mich selbst zu erfahren, indem ich herausfinde, weshalb ich es vorziehe, auf diese spezielle Weise und zu diesem speziellen Zeitpunkt krank zu sein. Während einer Erkrankung können lebensverändernde Erfahrungen gemacht werden, wenn ich gewillt bin, die Dinge so zu sehen.

Etwa einen Monat, nachdem bei Beth Leukämie festgestellt worden war, kam sie in meine Gruppe. In den ersten vier Tagen des fünftägigen Workshops sah sie mürrisch drein und sagte kein Wort. Nachdem mehrere Personen Interesse für sie bekundet hatten, war sie schließlich dazu bereit zu sagen, wie sie sich fühlte. Sie saß in der Gruppe in der Ecke, wurde sehr ängstlich und verbarg ihr Gesicht hinter ihrem langen Haar. Nach einigen Augenblicken ging sie zur Wand hinüber und starrte sie an. Den Rücken hatte sie der Gruppe zugekehrt. Nach einer langen Pause sagte sie: »Ich bin ein schrecklicher Mensch.« Sie erzählte uns weiter, wie sie ihren Mann in den Selbstmord getrieben, ihre Kinder faktisch im Stich gelassen und ihren Eltern unsagbares Leid zugefügt hatte und daß sie ihren Freunden sehr zu Last gefallen war.
Nachdem die Gruppe Beths schreckliche Geschichte über ihre dunklen Seiten vernommen und Beth alles gesagt hatte und einige Gruppenmitglieder ihr gut zusprachen, vernahm Beth die Reaktion der Gruppe: Völliger Quatsch!
Das war offensichtlich nicht das, was Beth erwartet hatte, und sie war so perplex, daß sie ihr Haar so weit beiseite schob,

242

daß sie einen kurzen Blick auf die Gruppe werfen konnte. »Was glaubst du, wer du bist, Beth, daß du die Macht hast, Menschen zu vernichten oder ihr Leben zu ruinieren? Es hört sich so an, als seist du Gott.«

Sie fing an zu erkennen, daß die Verantwortung für einen Selbstmord immer bei der Person liegt, die ihn begeht, und daß Eltern wählen können, ob sie sich verletzt und von ihren Kindern schwer enttäuscht fühlen. Beth lebte sichtlich auf und begann zu überlegen. Jetzt dämmerte es bei ihr, daß die Leukämie eine Art von Selbstbestrafung für ihre Taten sein konnte, und die Absurdität der Situation wurde ihr plötzlich bewußt.

Am nächsten Tag kehrte Beth frisch und munter zurück und hatte einige Witze auf Lager. Es stellte sich heraus, daß sie sehr humorvoll war; ihre Spezialität waren »Saubere und Schmutzige«. Sie fing an, mit einigen Gruppenmitgliedern zu joggen, und nach zwei Wochen lief sie täglich neun Meilen. Bei ihrer nächsten Untersuchung, die zwei Monate später stattfand, wollten die Ärzte die Ergebnisse kaum glauben. Sie war völlig frei von Symptomen und ist es heute, Jahre später, immer noch. Nicht nur ihr Zustand normalisierte sich, sie war auch in der Lage, die durch die Krankheit gewonnenen Erfahrungen zu nutzen, um ihr Leben zu verstehen und zu verbessern – die allerletzte Funktion einer Erkrankung.

Die spezifische Krankheit, die ich wähle, hängt davon ab, mit welcher Lebenssituation ich fertigzuwerden suche. Die Wahl, die getroffen wird, hängt mit den grundlegenden Dimensionen der Zugehörigkeit, Steuerung und Offenheit zusammen, die ab Seite 160 beschrieben worden sind.

Politik

> »Das Ziel der Demokratie besteht darin, die Notwendigkeit staatlicher oder administrativer Einmischung unaufhörlich zu vermindern und die Macht des Selbstmanagments sozialer Gruppierungen durch fortwährende Beseitigung der Hindernisse auf dem Wege zur Selbstregulierung ständig zu erhöhen ... Um Frieden und Freiheit sowie die entsprechenden Möglichkeiten zu gewährleisten, besteht die grundlegende Aufgabe aller wissenschaftlichen und sozialen Organisation – mag es sich um die Bekämpfung der Armut, die Zurückdrängung der Wüsten oder die Überwindung der Schwerkraft handeln – darin, die ›den Weg versperrenden Hindernisse‹ wegzuräumen.«
>
> Wilhelm Reich[73]

Nach der anfänglichen Begeisterung der Human Potential Movement trat der Gegensatz zwischen Individuum und Gruppe, zwischen innerer und äußerer Revolution, zwischen persönlicher Entwicklung und sozialem Engagement zutage. In der Formulierung mancher der eher selbstgerechten Erklärungen oder Interpretationen[74] kommt Narzismus statt Selbstlosigkeit zum Asudruck.

Ende der sechziger und Anfang der siebziger Jahre, als sich die Human Potential Movement und die Bewegung des sozialen Engagements erfolgreich entwickelten, gab es wegen dieses Problems viele heftige Auseinandersetzungen. Ich beteiligte mich einmal an einem Rededuell mit Mike Rossman, einem der Pioniere der Berkeley Free Speech Movement. Hierbei ging es darum, welcher Weg zur Änderung der Welt der »richtige« sei. Abgesehen davon, daß wir uns persönlich näherkamen, schien das Ergebnis der Debatte darauf hinzudeuten, daß jeder von uns beiden weiter heimlich an seiner Wahrheit festhielt.

Von seinem Aktivistenstandpunkt aus sah Mike *Encounter* (»Begegnung«) als Opium für das Volk an. Wenn wir den Menschen helfen, ihre persönlichen Probleme zu lösen, wird ihre Motivation abnehmen, die soziale Ungerechtigkeit zu beseitigen. Ich dagegen war der Meinung, soziale Aktion ohne Selbstbewußtsein müsse zur terroristenähnlichen Selbstvernichtung führen, die die Sache, der man sich verschrieben hatte, mit zum Scheitern brächte.

Die religiös orientierte Sozialarbeit geht davon aus, daß ich meines Bruders Hüter sein soll. Diese Richtung steht auf dem Standpunkt: »Es ist mit der Ethik unvereinbar, die eigene Verantwortung für die Mitmenschen aufzugeben, wenn wir eine lebensfähige biologische Gattung bleiben und die Zierden der Humanität wiedergewinnen wollen.« Dieses Anliegen entwickelte sich, als die Human Potential Movement Mitte der siebziger Jahre immer mehr die Konzepte der Verantwortung für sich selbst und der eigenen Wahl akzeptierte. »Ich bin für mich selbst und für niemand sonst verantwortlich, es sei denn, ich entscheide mich dafür.«

Helfen

Als Mensch, der ich das Prinzip der »Wahl« nachdrücklich vertrete, möchte ich einen Fall schildern, welcher folgendes zeigt:

Hilfe ohne Bewußtmachung ist gewöhnlich nicht hilfreich.

Jane gehörte einer Gruppe an, die ich zusammen mit Helen leitete. Jane war offensichtlich sehr durcheinander, extrem verschreckt und äußerst empfindlich. Ihre Furcht war so groß, daß sie zu jeder Zusammenkunft eine Decke mitbrachte. Sie brach leicht in Tränen aus, sah finster, niedergeschlagen und elend aus. Ständig war sie krank. Ihre Geschichte war herzzerreißend. Sicherlich ging es ihr sehr schlecht. Das Leben hatte ihr übel mitgespielt, und sie versuchte, tapfer weiterzuleben. Mehrere Personen in der Gruppe waren sehr bemüht, ihr zu »helfen«. Sie äußerten ihr Mitgefühl, gaben ihr Kleenex-Taschentücher, setzten sich neben sie, machten ihr Mut, blieben mit ihr zusammen die ganze Nacht auf, erzählten ihr ähnliche Geschichten aus ihrem eigenen Leben, brachten ihr das Essen, priesen ihre Bemühungen, ihren Kummer zu überwinden, und gingen ihr in vielen Dingen zur Hand.

Dieses fürsorgliche, emphatische Verhalten war eigenartigerweise wenig hilfreich. Jane sah weiter so aus, als ob sie dem Tode geweiht sei, und suchte Helen und danach mich auf, um mit mir unter vier Augen zu sprechen, da sie das Gefühl hatte, ihre Probleme seien allzugroß und ihr Zustand viel zu prekär, als daß sie es riskieren könnte, an einer Gruppe von Laien teilzunehmen. Wir lehnten ihre Bitte ab und bestanden darauf, daß sie in der Gruppe mitarbeitete.

Schließlich konnte Helen, die spontaner war als ich, es nicht länger aushalten. Auf einer Zusammenkunft explodierte sie wegen Jane. »Du bist das erbärmlichste Geschöpf, dem ich je begegnet bin! Du spielst dich die ganze Woche als das arme, unglückliche Opfer auf, und hast das in allen sechs Gruppen gemacht, an denen du teilgenommen hast. Du verlangst, daß dich jeder bemitleidet, während du wahrscheinlich die umsorgteste Lady hier bist.« Helen brüllte durch den ganzen Raum. Sie ergriff Janes Decke, und die angeblich so schwache Jane krallte sich daran fest, als Helen sowohl die Decke

247

als auch Jane in die Mitte des Raumes zog. Die Gruppe saß wie gelähmt da. Jane war so empört, daß sie vergaß, ihre Gekränktheit und Bedrücktheit zur Schau zu stellen.

Dann fingen Jane und Helen an sich zu raufen. Helen, die einen Kopf kleiner und viel leichter als Jane war, gewann mit Leichtigkeit. Jane lag mit einer Märtyrermiene auf dem Boden. Helen warf ihr die Decke ins Gesicht und sprach dann die magischen Worte: »Es ist schlimm genug, daß du herumgehst und ständig diese verdammte Geschichte auswälzt, aber du könntest wenigstens als Entertainerin auftreten. Du bist nicht einmal das ärmste, unglücklichste Geschöpf in diesem Workshop. Nancy in Daves Gruppe macht es noch viel besser. Du solltest hinübergehen und dir noch ein paar gute Tips von ihr geben lassen, damit du wenigstens überzeugend wirkst. Deine Vorstellung ist langweilig.«

Als das gesagt war, hob Jane ihren Kopf, und auf ihrem Gesicht erschien der vielsagende Ausdruck eines Menschen, der weiß, daß sein Spiel durchschaut ist. Ein verschmitztes Lächeln spielte um ihren Mund. Die Gruppe brach in ein lautes, befreiendes Gelächter aus. Jane ergriff Helens Hand mit einem Gefühl von Ärger und Herzlichkeit, und sie umarmten sich.

Ich schaltete mich ein, und wir untersuchten, warum Jane die Wahl getroffen hatte, sich so elend zu fühlen. Sie war nun in der Lage, die Möglichkeit zu bedenken, daß sie nicht eines von Gottes auserwählten Opfern war, sondern daß es an ihr lag, wenn sie ihr Leben als sorgenschwer und elend interpretierte. Wir untersuchten, woher das kam und welchen Nutzen sie davon hatte, so zu leben.

Sobald der Bann gebrochen war, sagte Jane ungeschminkt die Wahrheit. Helen saß dabei neben ihr, redete ihr gut zu, berührte sie und war bemüht, ihr wirklich zu helfen. Es gab nun kein heimliches Einverständnis mehr, das Jane erlaubt

248

hätte, ihr Spiel fortzusetzen. Helen half ihr, sich über die Motive klarzuwerden, die sie vor sich selbst verborgen hatte.

Damit der Durchbruch über das Verbale hinausging, fragte ich Jane, ob sie bereit wäre, ihre Decke zu verbrennen, die ihr ein Gefühl der Sicherheit bot. Es folgte ein langes, qualvolles Schweigen. Das Lachen war verstummt, der verbale Durchbruch war erzielt. Aber würde sie bereit sein, das aufzugeben, was sie, wie sie nun wußte, in falscher Sicherheit wiegte? Während sie zögerte, forderte ich sie auf, uns zu erzählen, was hinter ihrem Spiel der »armen, elenden Jane« tatsächlich steckte. Sie begann uns von ihren bemerkenswerten Talenten und Leistungen zu erzählen – es war eine wirklich beeindruckende Liste. Als sie geendet hatte, sah sie die Gruppe an, machte eine lange Pause und sagte: »Los, gehen wir die Decke verbrennen.«

Wir alle gingen nach draußen und veranstalteten eine phantastische Deckenverbrennung. Es nieselte den ganzen Tag, und die Decke bestand aus Wolle, der das Lanolin nicht entzogen worden war. Es kostete uns viel Mühe und jede Menge Zeitungen, die Decke zu verbrennen. Fast eine ganze Stunde brauchten wir dazu. Jane wedelte sogar mit ihrem Mantel, um das Feuer noch mehr anzufachen. Als alles vorbei war, hatte Jane, die die ganze Woche wie eine Invalide herumgelaufen war, rote Backen. Sie war lebhaft und hungrig. Und alle fühlten wir uns mit ihr zusammen sehr wohl.

Bei der nächsten Zusammenkunft fing jemand anders an, wie ein Opfer zu reden. Zu unserer großen Freude mischte Jane sich ein. Sie begann das Spiel des Opfers darzulegen. Die Patientin wurde zur Therapeutin, die Schülerin wurde zur Lehrerin. Das ist eine der besten Methoden, um das Gelernte zu vertiefen. Jane handelt heute sehr aktiv, und Helen ist ihre beste Freundin.

Die Quintessenz lautet, daß Helfen eine Kunst ist. Hilfe ist mehr als nur Unterstützung. Die kritiklose Äußerung von Mitgefühl, Kleenex-Taschentücher und Umarmungen sind ein Versuch, die unterstützende Person als einen wunderbaren Menschen hinzustellen. Ob es das wirklich ist, was die unterstützte Person benötigt, ist fast ohne Bedeutung. Helen war wirklich hilfreich, weil sie sich die Zeit nahm zuzuhören, weil sie das Spiel (sprich Wörter, die nicht mit den Gefühlen übereinstimmten) durchschaute, weil sie gewillt war, die Mißbilligung der Gruppe in Kauf zu nehmen, und weil sie riskierte, sich einfach zu irren.

Sie mußte sich auch dessen bewußt sein, daß Jane es vorziehen könnte, sich elend zu fühlen. Wenn sie sich die vorherrschende Meinung zu eigen gemacht hätte – die Schwierigkeiten der bedauernswerten Jane seien eine Folge von Verarmung, der Scheidung ihrer Eltern, eines schwachen Vaters, eines alkoholsüchtigen Ehemanns, einer schlechten Konstitution usw. –, hätte Helen das nie getan, was sie tat. Helen erkannte, daß Jane selbst an ihrer Misere schuld war, und deshalb konnte sie sie stoppen. Sobald Jane die Verantwortung für ihre Situation übernahm, hatte sie die Kraft, sie zu ändern.

Das ist das liberale Paradoxon. Es klingt nicht liberal, wenn man den »Unterdrückten« sagt, sie müßten die Verantwortung für ihre Unterdrückung übernehmen, aber in Wirklichkeit erhalten die Unterdrückten durch diese Position ihre Macht zurück. Solange wie Jane sich in dem Glauben wiegte, an ihrer tragischen Situation seien böse irdische Kräfte schuld, lähmte sie sich und tat nichts Produktives. Als sie schließlich diese nicht liberale Meinung akzeptierte, daß sie selbst an ihrer Situation schuld war, leuchteten ihre Augen auf, sie strahlte und lebte auf. Sie hatte mit einer Lüge gelebt – die Lüge lautete, sie sei für sich nicht verantwortlich. Die Lüge erforderte die Verfälschung des wahren Sachverhalts bei vielen nachfolgenden Geschehnissen, damit sie mit der Lüge übereinstimmten.

Was Jane erkannte, war, daß alle Geschehnisse ihres Lebens real waren: Wenn sie wollte, konnte sie sie als tragisch ansehen; wenn sie wollte, konnte sie sich als nicht verantwortlich für diese Geschehnisse betrachten; wenn sie wollte, konnte sie ihrer persönlichen Reaktion auf diese Geschehnisse die Schuld geben; wenn sie wollte, konnte sie aufgebracht sein und sich miserabel fühlen. Die Erfahrung half ihr, alle »Wenn-sie-wollte«-Teile der obigen Feststellung zu erkennen. Sie bestimmte ihr Leben. Sie konnte es ändern. Als sie das begriff, konnte sie sich selbst helfen. Und sie tat es.

Was dagegen Helen tat, war, daß sie sich dazu entschloß, Bedingungen zu schaffen, die Jane helfen konnten, sich ihres Selbstbetrugs bewußt zu werden – und sich vielleicht dafür zu entscheiden, ihre Situation zu ändern. Helen tat es, weil sie Jane gern hatte, weil sie gern das Gefühl hat, eine fähige Gruppenleiterin zu sein, und weil sie sich gern für einen guten Menschen hält. Sie tat es auch, weil sie selbst das Opferspiel mitgespielt hatte und weil sie sich darüber freut, wenn jemand das Spiel nicht mehr mitmacht. Ich könnte sagen, daß sie das für Jane tat, aber das stimmt nicht. Wenn die obigen Gründe nicht existiert hätten, hätte Helen es wahrscheinlich überhaupt nicht getan.

Als Helen das Gefühl hatte, daß ihre Hilfe Jane nützen würde – wie das der Fall war, als Jane zu erkennen begann, daß sie ihr eigenes Selbst gewählt hatte –, half Helen ihr. Es ist hilfreich, das, was real ist, zu unterstützen. Dagegen ist es – von gelegentlichen Ausnahmen abgesehen – nicht hilfreich, Rechtfertigungen zu unterstützen.

Helfen ist eine Kunst.

Die Kunst, zu helfen, hängt nicht nur davon ab, daß das Konzept der Wahl des eigenen Selbst begriffen wird, sondern auch davon, daß der Helfer sich seines Selbst bewußt ist. Leider benutzen viele sozial denkende Personen soziale Ereignisse dazu, ihre eigenen Probleme aufzuarbeiten. Das führt dazu, daß sie oft über jene entrüstet sind, die gesellschaftlich nicht aktiv sind, und ihr eigenes Wirken hat nur begrenzten Wert.

In der Zeit, in der der Aufruhr der schwarzen Bevölkerung Ende der sechziger Jahre seinen Höhepunkt erreicht hatte, wurde ich gebeten, nach Seaside in Kalifornien zu fahren, um den Schwarzen dort zu helfen. Meine Kollegen und ich fuhren von Big Sur, wo wir wohnten, fünfzig Meilen weit, um an einem der nächtlichen Meetings teilzunehmen. Nachdem wir höflich vorgestellt worden waren, sah uns einer der schwarzen Ghettobewohner an und sagte: »Was macht ihr hier? Warum habt ihr die Plätze vor euren warmen Kaminen verlassen und seid fünfzig Meilen weit im Regen gefahren? Wie könnt ihr euch um uns kümmern? Ihr wißt überhaupt nichts über uns.«
Ich stotterte, dann fing ich an, etwas von sozialer Gerechtigkeit, Brüderlichkeit, den fachlichen Kenntnissen, die wir haben und die von Nutzen sein könnten, usw., zu faseln ... Er starrte mich nur an. Was machte ich hier? Tatsächlich, er hatte recht. Ich hatte gezögert, mein Haus zu verlassen. Wir kamen spät. Ich kannte sie nicht. Vielleicht würde ich sie nicht einmal mögen. Warum war ich hier?
Ich wußte nicht, weshalb ich hergekommen war. Ich wollte, daß jedermann wußte, ich sei ein sozial denkender Liberaler, der seine Zeit für lohnende Ziele opferte. Kurzum, ich wollte, daß die Leute wüßten, ich sei wunderbar. Als ich das schließlich erkannte, konnte ich akzeptieren, daß ich wirklich nicht

da sein wollte, daß es unwahrscheinlich war, daß ich von Nut-
zen sein konnte, daß es vielleicht besser wäre, Schwarze zu
trainieren, damit sie ihre Angelegenheiten selbst in die Hand
nehmen konnten, daß ich einfach warten sollte, bis die
großen Spannungen zwischen Schwarzen und Weißen nach-
ließen, um danach zu sehen, was ich tun wollte und was am
wirksamsten sein könnte.

Wir fuhren bald ab und kehrten nie wieder dorthin zurück.
Die Schwarzen von Seaside arbeiteten ihr eigenes Programm
aus. Sie hatten uns geholfen, uns der Rolle als soziale Akteure
bewußt zu werden. Das Resultat unserer Selbsterkenntnis
hätte sein können, daß wir mit Hilfe einer Lobby auf die Annahme von Gesetzesvorlagen hinarbeiteten, daß wir auf
Weiße erzieherisch einwirkten, daß wir streikten oder daß wir
revoltierten. Keine Aktion ist verboten, da soziale Akteure
selbstbewußt handeln. Die Hauptkonsequenz unseres Bewußtseins ist, daß alles, was wir unternehmen, ganz gleich,
um welche soziale Aktion es sich auch handeln mag, eine viel
bessere Chance hat, von wirklichem Nutzen zu sein.

Sozialhilfe

Es ist weder notwendig noch hilfreich, anderen zu verkündi-
gen, wie wunderbar und selbstlos man ist. Es ist wahrscheinlich sowieso eine Lüge, derer eine erfolgreiche Gesellschaft
nicht bedarf.
Wenn ich auf eine Weise agiere, die die Leute nicht mögen,
ist es mehr als wahrscheinlich, daß ich Folgen zu spüren bekomme, die ich mir nicht wünsche. Wenn ich fühle, daß ich
mich selbst nicht mag, werde ich darüber nicht glücklich

sein. Das genügt. Das reicht, um mich zu motivieren, meine Verhaltensweise zu ändern, damit ich mich mehr mag. Diese Motivationen sind für mich und für jedermann ausreichend, um auf natürliche Weise zur idealen Gesellschaft zu gelangen.

Robert Benchley schrieb einmal auf seine unverwechselbar präzise Weise einen Essay über die Betrachtung von Gruppenfotos. Wären andere zugegen, würde er »Oh!« und »Ah!« ausrufen und das Baby bewundern. Er würde sagen, wie jung die Oma aussähe. Und wenn schließlich die anderen gegangen seien, würde Benchley sich alle Fotos erneut vornehmen und stundenlang sich selbst genau betrachten.

Wenn Leute gefragt werden, was auf der letzten Zusammenkunft ihrer Gruppe geschah, werden sie unweigerlich erzählen, was mit ihnen passiert ist. Wenn ich ein neues Buch über Human- oder Sozialpsychologie entdecke, warte ich, bis niemand zu mir hinsieht, dann schaue ich im Namensregister nach, ob es Hinweise auf mich enthält. Die Menschen betrachten die Welt von ihrer Warte aus.

Und das ist richtig so. Leider lassen sich manche Kritiker dazu verleiten, keinen Unterschied zu machen zwischen dem, was ist, und dem, wie sie das, was ist, beurteilen.

Tatsache ist, daß wir alle um uns selbst herum organisiert sind. Selbst Leute wie Albert Schweitzer müssen Genugtuung darüber empfinden, daß sie sich aufopfern, oder sie würden es nicht tun. Der Unterschied zwischen verschiedenen »hilfreichen« Aktionen besteht darin, daß die Empfänger von Hilfe sich über einige Aktionen mehr freuen als über andere.

Wenn wir von der Prämisse ausgehen, daß jeder für sich selbst verantwortlich ist, vermeiden wir die Heuchelei oder die »Selbstaufopferung« und gehen miteinander in einer Weise um, wie die Dinge wirklich sind.

254

Eine berühmte talmudische Geschichte weist auf ein einfa-
ches Prinzip sozialer Aktion hin. Wenn ich einem Hungrigen
begegne und ihm einen Fisch gebe, wird er nicht mehr hung-
rig sein, aber wenn ich ihm das Fischen beibringe, wird er nie
mehr Hunger haben. Ich möchte hinzufügen: Wenn ich Be-
dingungen schaffe, unter denen er sich dafür entscheidet, fi-
schen zu lernen, wird er nie mehr Hunger haben, und seine
Selbstachtung wird steigen.

Unser derzeitiges Sozialhilfeprogramm entspricht der Prozedur, einem Hungrigen einen Fisch zu geben. Die Sozialhilfe,
wie wir sie heute praktizieren, besteht darin, den armen Leuten für unbegrenzte Zeit kaum genug Geld zum Leben zu
geben. Dieses Verfahren, bei dem sie wie Kinder behandelt
werden, die ein Taschengeld bekommen, erschwert es ihnen,
ihren Unterhalt selbst zu verdienen. Ganz andere Zeichen
würden gesetzt, wenn die Sozialhilfe als ein Mittel anerkannt
würde, den Sozialhilfeempfängern zu helfen, folgendes zu
verstehen: (1.) Sie entscheiden, wie ihre Lage ist; (2.) sie können die Wahl treffen, sich nicht zu entrüsten; (3.) der Staat ist
gewillt, ihnen beim Übergang vom Zustand der Abhängigkeit
zu dem der Unabhängigkeit zu helfen. Dieses Haltung signalisiert den Sozialhilfeempfängern, daß sie auf ihre inneren Ressourcen vertrauen sollen.
Dieser Sozialhilfe-Mechanismus sieht vor, daß jeder Sozialhilfeempfänger für eine kürzere Zeitdauer mehr Geld bekommt als
gegenwärtig. Sozialhilfeempfänger würden genug Geld haben,
um ziemlich gut zu leben und Zeit und Mittel zu haben, eine
Schule zu besuchen und irgendeine Ausbildung zu erhalten.
Die Geldzahlungen würden nach einer festgelegten Zeit, vielleicht nach drei Jahren, eingestellt. Der Staat würde davon ausgehen, daß die Person bis dahin auf eigenen Füßen steht. Danach würde der Empfänger kein Geld mehr von der Sozialhilfe

erhalten. Auf diese Weise würde die Regierung vermeiden, moralistisch oder edelmütig zu sein, und dem Empfänger bliebe erspart, wie ein Kind behandelt zu werden. Die Regierung übernimmt die Verantwortung für sich selbst, indem sie sich dafür entscheidet, dem Prinzip des Übergangs folgend (siehe Seite 210) zeitweilig Hilfe zu leisten, und sich dann dazu entschließt, einer Person, die sich nicht auf eigene Füße gestellt hat, Hilfe zu verweigern. Ebenso ist klar, vor welche Alternativen der Empfänger gestellt ist: Entweder wird er dank der Hilfe unabhängig, oder er erhält von der Sozialhilfe kein Geld mehr und muß in Armut leben.

Wenn sich dies als unvertretbar hart erweisen sollte, würde das Programm entsprechend angepaßt werden. Vielleicht müßte entweder der Zeitraum, in dem Hilfe geleistet wird, oder der Geldbetrag größer sein, und vielleicht sollten Beratungsstellen eingerichtet oder spezielle Schulen gegründet werden. Ein Anhörungsverfahren könnte für Sonderfälle vorgesehen werden. Das könnte Personen betreffen, die eine Schule fast beendet hätten, oder eine alleinstehende Mutter, die noch für ein Kind zu sorgen hat. Das sind zwei Probleme, die gelöst werden können, sobald sie auftreten.

Dieses Modell eines Sozialhilfeprogramms ist nicht neu. Eine der erfolgreichsten Vorlagen zur Sozialgesetzgebung, die je angenommen wurde, war die während des Zweiten Weltkriegs beschlossene *G.I. Bill.*

Auf dem Gebiet der Ausbildung war die *G.I. Bill* ein Modell für das Prinzip der Wahl und des Übergangs. Befähigte Kriegsveteranen bekamen genügend Geld für ihre Ausbildung, für Bücher, Lehrmaterialien und Unkosten und erhielten diese Hilfe für eine begrenzte Zeit – bis sie ihre Ausbildung beendet oder erfolgreich ihr Ausbildungsziel erreicht hatten. Dann stellte die Regierung die Zahlung ein, und zwar für immer. Das Zeichen, das die Regierung damit setzte, war: Wir halten dich für fähig, eine Ausbildung zu beenden, die dir helfen wird, ein Bürger zu werden, der auf eigenen Füßen steht. Wir unterstützen dich großzügig für eine angemessene Zeit. Diese zeitweilige Unterstützung dient dazu, dir deinen Übergang zur Unabhängigkeit zu erleichtern. Wir beabsichtigen nicht, dich über diesen Punkt hinaus zu unterstützen, weil wir annehmen, daß du in der Lage bist, auf eigenen Beinen zu stehen.

Der Erfolg der *G.I. Bill* ist legendär. Ihr war zum größten Teil der Nachkriegsboom bei der Bereitstellung von qualifiziertem Personal zu verdanken. Die Empfänger dieser Unterstützung wurden nicht geringschätzig angesehen, wie dies die Sozialhilfeempfänger heute oft erleben. Das Geld wurde mit einem großen Nutzeffekt ausgegeben. Das Land bekam wahrscheinlich das Vielfache seiner Investition von den Hunderttausenden zurück, die ohne *G.I. Bill* nie eine höhere Ausbildung hätten erhalten können.

Eine Sozialhilfepolitik dieser Art erfordert, daß wir den Menschen vertrauen. Wenn die Menschen sich ihrer Chancen bewußt sind, können sie ihr Leben so gestalten, wie sie wollen. Wir helfen einander wirklich, wenn wir Bedingungen schaffen, unter denen es uns leicht fällt, für uns selbst verantwortlich zu sein. Das bedeutet, daß wir die Wahrheit herausfinden und sagen müssen. Das bedeutet, daß wir bewußt leben.

Besteuerung

Einkommenssteuern sind viel zu kompliziert. Milliarden werden für das Berechnen und Erheben der Steuern vergeudet. Es verstößt gegen das Prinzip der Einfachheit. Die Besteuerungsgrundlage stimmt nicht.

Steuern dienen dazu, öffentliche Einrichtungen wie Schulen und Straßen zu unterhalten, private Unternehmen durch Steuererleichterungen und Subventionen zu unterstützen, für das Wohl der Bedürftigen und Kranken zu sorgen und die nationale Sicherheit zu gewährleisten. Steuern sind also die Beiträge von Individuen zu nützlichen Projekten, deren effiziente Verwirklichung die Möglichkeiten des einzelnen überfordert. Steuern sind nicht notwendig, wenn jeder von uns individuell für sich sorgt.

Ich müßte Einkommenssteuern in dem Umfang zahlen, wie ich von den Steuerausgaben Nutzen habe. Eine Besteuerung des Geldes, das ich akkumuliere, ist bedeutungslos. Es spielt überhaupt keine Rolle, wieviel Geld ich erworben habe, ich habe nichts vom vielfältigen Nutzen der Besteuerung, wenn ich mein Geld nicht ausgebe. Ich habe nichts von einer Straße, wenn ich kein Auto besitze. Ich habe nur Stapel von Papier, wenn ich nichts kaufe. Was besteuert werden sollte, das sind der Kauf und die Inanspruchnahme von mit Steuergeldern finanzierten Dingen und Leistungen. Je mehr ich von der Lebensqualität profitiere, die mit Hilfe von Steuergeldern geschaffen wird, um so mehr Steuern müßte ich zahlen.

Das führt zu folgender Idee: Die Einkommensteuer des einzelnen soll durch die Umsatzsteuer ersetzt werden. Die Umsatzsteuer soll je nach Notwendigkeit gestaffelt werden. Ist etwas eindeutig lebenswichtig, wie zum Beispiel Grundnahrungsmittel, sollte die Steuer fast null sein. Ist etwas Luxus, wie zum Beispiel eine Jacht, sollte die zu zahlende Steuer gewaltig sein. Dazwischen würde die Höhe der Steuer entsprechend variieren. Das sollte die einzige Steuer sein, die wir persönlich zu zahlen haben.

Die Botschaft an den Bürger würde dann lauten: Erwirb dein Geld auf jede beliebige legale Weise und zahle keine Steuer. Zahle nur dann, wenn du davon profitierst. Lebst du verschwenderisch, zahle verschwenderisch. Beanspruchst du nicht viel von der Gesellschaft, bezahlst du nicht viel.

Eine spezielle Steuerbehörde würde (1.) den relativen steuerlichen Anteil an jeder Ware oder Leistung; (2.) die absolute Höhe der Steuer; (3.) die Methode der Steuererhebung und (4.) die Verteilung der eingenommenen Steuergelder festlegen. Es folgen einige der ersten Kalkulationen:

▸ Was die Höhe der Umsatzsteuern betrifft, so soll ausgehend von der Annahme, daß es einen größeren Bedarf an notwendigen Dingen als an Luxusgütern gibt, damit begonnen werden, eine Ware oder eine Leistung umgekehrt proportional zur Menge der gekauften Ware oder der in Anspruch genommenen Leistung zu besteuern. Die Zahl der verkauften Brote ist sicherlich größer als die Zahl der verkauften Ferraris. Es wird viele Ausnahmen von dieser Regel geben, aber das wäre eine gute erste Kalkulation, die wahrscheinlich für eine große Anzahl von Waren richtig wäre.

▸ Die absolute Höhe jeder Steuer wird berechnet, indem die absolute Höhe des vom Land benötigten Steueraufkommens aus Einkommensteuern bestimmt wird, indem die Gesamtmenge der Waren und Dienstleistungen geschätzt wird, welche besteuert werden können, und indem der Steuersatz festgelegt wird, damit die geplante Gesamthöhe der Steuereinnahmen den nationalen Erfordernissen entspricht.

▸ Die Steuererhebung ist so weit wie möglich computergesteuert. Die Geschäfte könnten die Umsätze elektronisch erfassen, so daß die Höhe und die Überweisung der Steuern automatisch registriert werden könnten. Wo es machbar wäre, würde das Kreditkartensystem, verbunden mit Banken oder Steuererhebungszentren, genutzt werden, so daß die zu zah-

259

lenden Beträge automatisch vom Bankkonto des Käufers abgebucht und dem Konto des Geschäfts sowie des Staates gutgeschrieben würden. Ein solches System wird jetzt getestet. Im Vergleich dazu würden die Probleme der Steuererhebung erheblich vermindert werden.

▶ Die erste Schätzung für die Verteilung der eingenommenen Steuern sieht vor, daß sie gleichmäßig auf die Regierung, die Länder, den Bezirk und die Kommunen aufgeteilt werden, wobei die meisten Steuergelder in die Orte fließen, in denen die meisten Menschen wohnen. Jedermann erhält damit die gleiche Gelegenheit, von den Steuereinnahmen zu profitieren.

▶ Die Steuerbehörde würde sich zweifellos mehreren Problemen gegenübersehen, wie zum Beispiel dem der Besteuerung von Ausgaben im Ausland, dem der Tauschgeschäfte und dem der Behandlung von Geschenken, aber diese Probleme scheinen unkompliziert und lassen sich mit Verstand, mit Erfahrung und durch ständige Korrekturen lösen, die vorgenommen werden müssen, sobald das System zusammenbricht.

Dieses System bringt viele Vorteile:

▶ Ungerechtigkeiten in der Steuergesetzgebung würden praktisch verschwinden.

▶ Die eingesparten Kosten der Berechnung und Erhebung von Steuern belaufen sich auf Millionen, vielleicht sogar auf Milliarden.

▶ Steuerbetrug wäre äußerst schwierig. Da der Betrug in der Hauptsache geplant und vorsätzlich begangen würde – wie

260

bei der Lizenzvergabe –, wären harte Strafen wahrscheinlich ein wirksames Abschreckungsmittel. Gefängnisstrafen von etwa zwanzig Jahren ohne die Möglichkeit der bedingten Strafaussetzung wären angebracht.

▶ Die Steuerlast wäre gerecht verteilt. Es wäre damit Schluß, daß Millionäre nichts zahlen. Das System belohnt nur das Horten von Geld, was für die meisten eine wenig attraktive Beschäftigung ist.

▶ Die Steuern würden sofort eingenommen, so daß die Regierung jederzeit eine bessere Vorstellung von der Lage der Staatsfinanzen hätte, und den Steuerzahlern bliebe das Trauma der jährlich wiederkehrenden Steuererklärung erspart.

▶ Die ständigen Kosten der Ausarbeitung neuer Gesetze sowie der Berücksichtigung und Integrierung aller derzeitigen Steuerbestimmungen würden enorm reduziert.

Damit ein Gesetz über die Einkommenssteuer mit der Verantwortung für das eigene Selbst übereinstimmt, würden alle Erbschaften abgeschafft. Alle meine bei meinem Tod vorhandenen Vermögenswerte würden dem Staat zufallen und genau so aufgeteilt werden wie das Steueraufkommen. Wenn ich dir etwas schenken möchte, muß ich das zu meinen Lebzeiten tun. Mein Ziel in einer solchen Gesellschaft besteht darin, nicht mehr Geld zu machen, als ich verbrauchen kann, und von meinem Geld zu profitieren, während ich lebe. Wenn mir Philanthropie Spaß macht, kann ich selbstverständlich Geld oder Dienstleistungen verschenken. Aber der Anreiz, riesige Vermögen aufzuhäufen und zu besitzen, würde beseitigt.
(Das Erbschaftsthema ist sehr strittig und kann so lange vertagt werden, bis der übrige Plan unter Dach und Fach ist.)

In diesem System besteht das Hauptziel des Gesetzgebers darin, die Beiträge zur Gesellschaft zu egalisieren, den persönlichen Besitz zu fördern und Unehrlichkeit zu verhindern. Wenn ein leitender Angestellter einer Kapitalgesellschaft, der 800 000 Dollar im Jahr verdient, eine Strafe in Höhe von 1000 Dollar zahlen muß, weil er falsche Angaben über die Zahlung von Zuschüssen zur Finanzierung einer politischen Kampagne gemacht hat, so ist das ein Witz. Es besteht kein Zweifel daran, daß das Gesetz Lügen nicht ernsthaft unterbindet. Lügen verhindert vielleicht mehr als alles andere eine effektive Durchführung der Staatsgeschäfte und kann nur durch schwere Strafen eingeschränkt werden. Wenn ein Unternehmen dabei ertappt wird, daß es falsche Angaben über die abzuführenden Steuern gemacht hat, könnten seine Bruttoeinnahmen von einem Jahr konfisziert und alle an der Steuerhinterziehung beteiligten Personen mit zehn Jahren Gefängnis bestraft werden. Mit anderen Worten, die Strafe für das Lügen bestünde in der Beseitigung des von den Schuldigen geleiteten Unternehmens. In diesem Fall ist die Botschaft eindeutig: Lüge nicht. Wenn du das tust, werden wir uns dazu entscheiden, deiner Karriere einen mächtigen Dämpfer zu verpassen. Ich vermute, daß es unter solchen Bedingungen schnell vorbei wäre mit Lügen und Unaufrichtigkeit.

Sport

»Alles beginnt bei dir selbst – damit, daß du darüber nachdenkst, was du mit deinem Leben anfangen wirst. Ich sage den Kindern, daß das eine grausame Welt ist und daß die Welt sie entweder nach links oder nach rechts biegen wird, und daß sie entscheiden müssen, in welche Richtung sie gebogen werden.«
Tony Dorsett, Footballspieler[75]

Sport ist das westliche Yoga. Hauptsächlich im Sport und beim Tanz wird unser Körper für gesellschaftlich akzeptable Zwecke eingesetzt. Die heutige Art und Weise, Probleme anzupacken, kann viele Anwendungen im Sport finden; manche pflegen revolutionär zu sein, die meisten aber führen zur Klärung und Verstärkung bestimmter bereits vorhandener Tendenzen.

Die Anerkennung der zwischenmenschlichen Faktoren ist eine dieser Anwendungen. Die Auswirkungen, die das gegenseitige Verhältnis der Spieler auf die Qualität ihres Spiels hat, sind in den letzten Jahren klarer geworden. Im professionellen Basketball wurde das Teamkonzept der Golden State Warriors von 1975/1976 und der Portland Trail Blazers von 1977/1978 vielerorts bewundert und nachgeahmt. Die Trainer dieser Mannschaften brachten es fertig, alle Spieler des Teams so einzusetzen, daß sich alle gegenseitig unterstützten und bestrebt waren, beim Spiel ihr Bestes zu geben. Mit Hilfe dieser Methode sorgten die Warriors für eine der größten Überraschungen in der Geschichte des Basketballs, indem sie als Sieger aus den Meisterschaften hervorgingen und die stark favorisierte Washingtoner Mannschaft mit vier zu null schlugen.

263

Zwischenmenschliche Faktoren werden in Sportmannschaften oft inoffiziell anerkannt. »Unruhestifter« werden abgeschoben; Manager, die mit ihren Spielern im persönlichen Umgang nicht gut »zurechtkommen«, werden gefeuert; der eine Baseballfänger spielt mit einem bestimmten Werfer am besten zusammen; Mannschaften, die nur aus Stars bestehen, sind oft nicht so erfolgreich wie Teams mit weniger erfahrenen Spielern.

Encounter-Methoden können direkt dazu verwendet werden, Probleme im zwischenmenschlichen Bereich zu klären und zu lösen und zur Entwicklung der Sportlerpersönlichkeit sowie zu einem effektiveren Mannschaftsspiel führen.

Der Wettkampf

Der Wettkampf ist ein heftig diskutiertes Problem. Die Ansichten schwanken von der entschiedenen Befürwortung des rücksichtslosen Kämpfens, die angeblich in Vince Lombardis Markenzeichen »Siegen ist nicht alles, es ist das Allerwichtigste« zum Ausdruck kommt, bis zur entschiedenen Ablehnung des Konkurrenzdenkens, die durch die *New-Games*-Philosophie symbolisiert wird.[76]

Der Wettkampf ist schädlich, wenn er mich dazu verleitet, zu betrügen, übermäßig viel Kraft für den Sieg zu verausgaben, wodurch ich mein Selbstbewußtsein einbüße, oder den Gegner hereinzulegen. Der Wettkampf ist nützlich, wenn er mich dazu veranlaßt, einen Teil meiner Fähigkeiten zu entwickeln, den ich sonst nur sehr schwer hätte entfalten können. In dieser Hinsicht wird mir von meinem Gegner ein Geschenk gemacht. Das ist vielleicht der lohnendste Aspekt.

Wenn ich den ganzen Tag Tennis trainiere, indem ich den Ball gegen eine Wand schlage, ist es nicht wahrscheinlich, daß ich meine Fähigkeit annähernd so gut vervollkommne, wie wenn ich drei Sätze mit einer Tennisspielerin von annähernd gleicher Stärke spiele. Ihre Anwesenheit zwingt mich, auf Geschwindigkeit und Kraft zu achten und zu denken. In dieser Hinsicht macht sie mir ein Geschenk. Die meisten Menschen erkennen das, wovon die Tatsache zeugt, daß sie ständig nach Spielpartnern suchen, selbst wenn sie verlieren.

Gelegentlich werden die Grenzen des Wettkampfs überschritten. Das Spiel nimmt eine Qualität jenseits von Sieg oder Niederlage an. Der Nervenkitzel bei einem Spiel, die Atmosphäre, die Spannung, der Kampf und die überragenden Leistungen der Sportler tragen dazu bei, daß das Ganze die Qualität eines spirituellen Erlebnisses bekommt: die Olympischen Winterspiele 1976 mit Dorothy Hamill, Olga Korbuth bei den Olympischen Spielen 1972, der dritte Kampf Ali gegen Frazier, bei dem jeder Boxer die Größe des anderen anerkannte, und das sechste Spiel bei der Endrunde der Phoenix-Golden-State-Basketball-Meisterschaft im Jahre 1976.

Gewöhnlich werden die Grenzen bei allen überschritten, die sich voll den Gefühlen einer Wettkampfsituation hingeben. Das Prinzip der Vollendung deutet darauf hin, daß ich, wenn ich Rivalitätsgefühle vermeide, besonders wenn ich sie leugne, ständig Energie aufwenden muß, um diese Gefühle zu verdrängen. Das Ausleben der Gefühle ermöglicht es mir, sie zu überwinden und das nächste, was kommt, zu erleben.

Pete Rose, der große Baseballspieler aus Cincinnatti, lieferte bei den klassischen World Series im Jahre 1975 ein Beispiel für dieses Phänomen. Rose war allgemein als der besessenste Baseballspieler bekannt. Sein Spitzname war Charley Hustler. Nach dem brillanten sechsten Spiel rief er Carlton Fisk von der gegnerischen Mannschaft der Bostoner Red Socks ju-

belnd zu: »Das war ein tolles Spiel.« Rose war begeistert –
und seine Mannschaft hatte verloren!
Pete Rose, einer der rücksichtslosesten Baseballspieler, war
nach der Niederlage in Ekstase. Er hatte die Grenzen des Sie-
gens und Verlierens überschritten und wußte die ästhetische,
ja vielleicht mystische Schönheit eines brillanten Spiels voll zu
schätzen. Es war kein Zufall, daß Pete Rose dies so empfand.
Er hatte zugelassen, daß er voll im Kampf aufging, daher
konnte er über den Kampf hinauswachsen.

Athleten zögern oft, diese Erfahrung zuzugeben.[77] Tatsächlich
werden diese Erlebnisse oft verschwiegen, weil sie nicht geschätzt werden. Könnten wir sie ins rechte Licht rücken und
sie als transzendente menschliche Erfahrungen charakterisieren, würde der Sport vielleicht zu einer umfassenderen
menschlichen Aktivität werden.

Schiedsrichter

Die vorzeitige Einschaltung von Schiedsrichtern und Richtern
führt sowohl im Sport als auch im Rechtswesen zu vielen
Schwierigkeiten. Es handelt sich um ein generelles Problem.
Das läßt sich am besten am Sport verdeutlichen. Unlängst ver-
faßte ich einen leidenschaftlichen Brief zu diesem Thema. Er
betraf den Handball.[78]

Sehr geehrter Chefredakteur,

nachdem ich an Vorträgen von Handballexperten über raffinierte Strategien, neue Würfe, tolle Turniere, hervorragende
Methoden des Konditionstrainings und andere Wunder die-

266

ses Sports teilgenommen habe, nun plötzlich eine ärgerliche Notiz. Ich höre, wie manche Spieler versuchen, betrügerische Tricks anzuwenden (»Finesse« war die milde Umschreibung). Mogeleien bei einem Sport wie diesem! Wer braucht das? Ein meisterhaftes Spiel ist eine intellektuelle, körperliche und ästhetische Leistung. Es ist schändlich, es wegen betrügerischer Tricks in Verruf zu bringen.

Mir scheint, der Handball, der das perfekte Spiel genannt wird, hat die Möglichkeit, ein Modell für andere Sportarten – eigentlich für das menschliche Leben –, ein menschlicher Verhaltensmodus zu sein. Der Handball hat die Möglichkeit, der Öffentlichkeit nicht nur eine neue Art von Sport vor Augen zu führen, sondern auch eine neue Ethik.

In den meisten Sportarten wird heute nach dem Motto »Betrügen, ohne erwischt zu werden« gehandelt. Viele Football- und Baseballtrainer üben mit ihren Spielern tatsächlich diese Techniken ein. Es besteht im Grunde kein Unterschied zur Watergate-Affäre, wo die Moral die gleiche war: Wir wollen sehen, wie weit wir gegen das Gesetz verstoßen können, ohne erwischt zu werden.

Bis jetzt ist der Handball noch nahezu ein ehrlicher und fairer Sport. Handball wird gespielt, um die geschicktesten Spieler – und nicht den cleversten, der den Schiedsrichter hinters Licht führt – festzustellen. Ich bemerke einige Tendenzen, die von diesem ehrenvollen Zustand weg- und zum traditionellen Sportkrieg hinführen. Mit ein wenig Verständnis für die Problematik kann man diesen Tendenzen entgegenwirken und den Handball als einen richtigen Sport erhalten.

Spiele, die auf den Spielplätzen unter Freunden stattfinden, ändern ihren Charakter, sobald Schiedsrichter hinzukommen und beim Spiel das Kommando führen. Wenn zwei Kinder oder Erwachsene in einer Turnhalle oder im Freien Handball spielen, sind Streitigkeiten wegen eines Regelverstoßes selten.

Bei Anwendung der Methode der beiderseitigen Einigung wird das Spiel zu 99 Prozent ohne Probleme gespielt. Ist man sich über einen Punkt nicht einig, löst man das Problem gewöhnlich dadurch, daß man einfach weiterspielt.

Wird ein Schiedsrichter hinzugezogen, begehen wir einen unverzeihlichen Fehler. Wir gestatten ihm nicht nur, bei dem einen Prozent von Regelverstößen, über die Meinungsverschiedenheiten bestehen, eine Entscheidung zu treffen, sondern auch bei den 99 Prozent, wo es kein Problem gibt. Manche dieser 99 Prozent schaffen immer Probleme. Beide Spieler wissen, daß ein Regelverstoß schlecht ist, aber aufgrund des Schiedsrichtersystems entwickeln sich Ressentiments, man fühlt sich ungerecht behandelt, und viele Spieler werden motiviert zu überlegen, wie sie die Fehlbarkeit des Schiedsrichters ausnutzen können. Sie fangen an, damit Erfolg zu haben, und das führt zu der paradoxen Forderung nach kompetenteren Schiedsrichtern!

Die Lösung ist einfach. Haltet die Entwicklung zur Förderung des Betrugs auf, indem die Regeln so geändert werden, daß die zwischen den Spielern erzielte Einigung Vorrang vor dem Verdikt des Schiedsrichters hat. Das Spiel würde wie bisher gespielt werden, und der Schiedsrichter träfe alle Entscheidungen. Wenn beide Spieler eine andere Meinung haben als der Schiedsrichter, soll die Meinung der Spieler gelten. Wenn der Schiedsrichter glaubt, daß sie eine Regel falsch verstanden haben, kann er sie darauf hinweisen, aber die Meinung der Beteiligten hat immer noch den Vorrang. Sind die Spieler sich uneins, gilt die Entscheidung des Schiedsrichters.

Oft wird der Einwand erhoben, die Methode der gegenseitigen Einigung verschaffe den skrupellosen Spielern, die die Gutgläubigkeit eines ehrlichen Spielers ausnutzen, einen Vorteil. Sicherlich geraten die Spieler in ein moralisches Dilemma; sie stehen vor der Wahl, entweder ein unehrlicher Champion oder ein ehrlicher Verlierer zu sein. Meines Erachtens würde eine gegenseitige Einigung den Zuschauern die Ethik der Spieler deutlich machen. Den Spielern – die es anscheinend bereits wissen – und den Zuschauern würde schnell klar werden, wer die ehrlichen und wer die unehrlichen Spieler sind. Der Zwang, fair zu spielen, wäre sehr groß.

Ihr ...

Wieder ist die vorgeschlagene Lösung einfach. Sie basiert auf Ehrlichkeit, Verantwortung sich selbst gegenüber, Bewußtsein und dem Prinzip der Übereinkunft.

Feldenkrais

Feldenkrais' Auffassung vom Körper[7] könnte den Sport revolutionieren. Nach Ansicht von Moshe Feldenkrais gebrauche ich meinen Körper nicht richtig, wenn ich mich sehr anstrenge. Mein Körper wird alles tun, wozu er fähig ist. Ich muß lernen, mit ihm zu kommunizieren.
Wenn ich mich überanstrenge, muß ich gegen mich ankämpfen, um eine Leistung zu vollbringen. Nähme man Feldenkrais ernst, würde sich fast alles im Sport ändern einschließlich der Art und Weise, wie ich mich aufwärme, wie ich trainiere, wie ich meine Beweglichkeit zu verbessern suche. Das betrifft auch die Vorstellungen über Rechts- und Linkshändigkeit, die Methoden zum Erlernen komplexer Bewegungen und das Vermeiden von Verletzungen.
Feldenkrais behauptet, ich gebrauche meinen Körper mit einem so geringen Wirkungsgrad, daß an jeder Bewegung im Grunde nur eine geringe Anzahl von Muskeln teilhaben,

während andere entweder nicht teilnehmen oder der Bewegung entgegenwirken. Eine Bewegung wie der Schlag mit einem Tennisschläger wird gewöhnlich mit dem rechten Arm ausgeführt und von Muskeln auf der linken Seite des Körpers behindert. Die Übungen von Feldenkrais zielen darauf ab, alle Muskeln des Körpers zu integrieren, damit eine Bewegung so elegant wie möglich und mit dem geringsten Kraftaufwand ausgeführt wird.

Eine elegante Bewegung kommt zustande, wenn das Nervensystem in einem bestimmten Tempo und in einer bestimmten Sequenz Impulse an die Muskeln aussendet. Feldenkrais sagt, daß ich, wenn ich mir meines Körpers bewußt werde, viel besser und mit einem viel geringeren Kraftaufwand funktioniere. Das gilt nicht nur für die Bewegung, sondern auch für die anderen Funktionen, an denen das Nervensystem beteiligt ist, und zwar das Denken, die Sinneswahrnehmungen und die Gefühle.

Die Ideen von Feldenkrais fanden unerwarteterweise von ganz anderer Seite Unterstützung. In Untersuchungen, die sich über einen Zeitraum von acht Jahren erstreckten, wurde festgestellt, daß fast alle Kinder, die nach der Methode von Frederick Leboyer[27] »gewaltlos« geboren wurden, mit gleicher Geschicklichkeit beide Hände gebrauchen konnten.

Nach Leboyers Methode werden Kinder in einer ruhigen Umgebung ohne helles Licht geboren. Sie kommen auf natürliche Weise zur Welt, ohne daß die Mütter Medikamente erhalten haben (ausgenommen sind Notfälle). Die Säuglinge werden nie geschlagen und nie so behandelt, als hätten sie kein Bewußtsein. Sie werden sofort ihren Müttern gegeben, erhalten ihren Klaps, werden massiert und in warmem Wasser bei 37 Grad gebadet, in dem sie sich nach ihrer Arbeit entspannen können. Ihre Umgebung ähnelt der nach ihrer Zeugung. Sie gelangen sanft in eine Welt der Stille und Ruhe, die sie vorher nicht gekannt haben, da sie während der Schwangerschaft in einem lebenden, gluckernden, atmenden und sprechenden Körper lebten. Der Sinn von all dem besteht darin, dem Säugling ein Gefühl von Sicherheit und Liebe zu geben, damit er spürt, daß er willkommen ist, und damit sich seine Angst legt. Das erstaunlich häufige Auftreten von »Beidhändigkeit« deutet darauf hin, daß sie der natürliche Zustand von Menschen ist, die bei der Geburt nicht traumatisiert wurden. Rechts- oder Linkshändigkeit kann eine Art Schutzreaktion auf die Angst des Säuglings sein, der sich sozusagen an das erste positive Signal »klammert«. Wenn keine Angst besteht, können beide Seiten des Körpers erforscht und ein vollständiger Organismus entwickelt werden. Rechts- oder Linkshändigkeit führt gewöhnlich zur Vernachlässigung einer ganzen Hälfte des Körpers, während die starke Seite entwickelt wird.

Was die sportliche Betätigung betrifft, so ist Feldenkrais der Ansicht, daß beim Aufwärmen am besten die Muskeln nie überanstrengt werden; die Gliedmaßen werden nur bis zur Grenze ihrer Beweglichkeit wiederholt bewegt. Die Muskeln werden gelockert, wenn die üblichen Bewegungsmuster durchbrochen und Bewegungen gemacht werden, die die Unabhängigkeit jedes Muskels ausnutzen. Diese Methode ist viel wirksamer als die Übungen, die Kraft erfordern, wie zum Beispiel Liegestütz, Hampelmann oder andere Methoden des Aufwärmens.

Feldenkrais legt besonderen Wert auf das Körperbewußtsein, das für ihn Schlüssel zum Vermeiden von Verletzungen und Erkrankungen ist. In Anbetracht dessen sind die derzeitigen Auffassungen über Verletzungen bei Sportveranstaltungen zu überdenken. Verletzte Spieler würden nicht länger als Opfer unglücklicher »Zufälle« angesehen werden. Unfälle sind Entscheidungen, die der Spieler trifft. Ein Training zur Steigerung des Körperbewußtseins könnte dazu dienen, die Zahl der Verletzungen zu verringern.

Erziehung

Will sich eine Bildungsanstalt nach den Prinzipien von »Mut zum Selbst« richten, so muß sie sich auf zweierlei konzentrieren: Sie muß erstens Bedingungen schaffen, die den Lernprozeß optimal fördern, und sie muß zweitens den Lernenden ermöglichen und helfen, das Gefühl der eigenen Verantwortung für ihr Lernen maximal zu entwickeln. Diese Prinzipien stehen mit einigen Bestrebungen im Einklang, die bereits in manchen Bildungsanstalten praktiziert werden, weisen jedoch auch in neue Richtungen.

Als ich in Israel war, besuchte ich den Geburtsort von Jesus. Ich ließ mich im Toten Meer treiben und weilte in Galiläa, Bethlehem und Nazareth. Ich war fasziniert. Und ich verspürte das starke Verlangen, die Bibel zu lesen. Um dieses Verlangen zu haben, mußte ich nach Jerusalem reisen.

Für die Bildungsanstalt von morgen bedeutet dies, daß sie fachspezifische Einrichtungen hätte. Das ganze Umfeld wäre der Unterrichtsraum. Französisch würde in Paris oder Montreal, Astronomie in einem Observatorium, Botanik auf den Feldern, Rechtskunde in den Gerichtssälen und Finanzwesen im Finanzsektor gelernt werden. Es ist weder schwierig noch übermäßig teuer, Unterrichtsräume an den genannten Orten statt in einem Universitätsgebäude zu schaffen.

Auch die Zeitabschnitte müßten flexibel sein. Ein fünftägiger Workshop hat die gleiche Zahl von Stunden wie die meisten einsemestrigen Studienkurse. In *Encounter*-Workshops haben viele von uns die Erfahrung gemacht, daß Zusammenkünfte mit kurzer Dauer meist viel effektiver sind als solche, die lange dauern. Das Abhalten eines Seminars in einer isolierten

Umgebung (die Teilnehmer wohnen ein oder zwei Wochen unter einem Dach) führt gewöhnlich zu viel besseren Lernergebnissen, als wenn die gleiche Zahl von Stunden über Monate oder Jahre bei ein bis drei Stunden täglich verteilt werden. Der Workshop konzentriert sich lieber auf ein Thema als auf zu viele.

Wenn ich den Veranstaltungsort und den Zeitrahmen von Seminaren ändere, bedeutet dies nichts weiter als eine einfache Änderung der normalen Abläufe an der Hochschule. Es kann jedoch einen enormen Unterschied in der Motivation und im Verständnis der Studenten ausmachen; die Änderung läßt sich durch eine minimale Abweichung vom normalen Lehrplan herbeiführen und kann auch mit etwas Einfallsreichtum ganz leicht praktisch durchgeführt werden.

Wachsende Aufgeschlossenheit der Studenten beginnt mit Bewußtsein. Das Bildungssystem hat eine unsägliche *Ehrfurcht vor dem Nicht-Naheliegenden* entwickelt. Wenn ich als Student etwas über die Rindfleischproduktion in Argentinien oder die Geschichte der Essener oder die Wolkendecke auf dem Mars erfahren möchte, erhalte ich von der Bildungseinrichtung viel Anregung und Unterstützung. Möchte ich aber etwas mehr darüber wissen, weshalb ich nur ungern eine Frage stelle, oder was ich von meinem Dozenten zu halten habe, oder was ich mit meinen sexuellen Gefühlen machen soll, die ich für einen Mitstudenten empfinde, so bin ich in Schwierigkeiten. Die Hier-und-Jetzt-Fragen werden nicht als wichtige Themen für das traditionelle Seminar angesehen.

Paradox ist, daß es sich bei diesen persönlichen Problemen um Fragen handelt, die mich beschäftigen und die direkt meine Lernentscheidung betreffen. Wenn ich mich für dumm halte, werde ich nur ungern irgendwelche Fragen stellen, aus Angst davor, von den anderen gedemütigt und ausgelacht zu werden. Wenn ich meinen Dozenten nicht mag oder wenn ich Angst vor ihm habe, kann ich rebellieren als Ausdruck des Widerstandes gegen alles, was gelehrt wird. Unterlasse ich es, meinen gegenwärtigen Zustand zu erforschen, so hat das auch zur Folge, daß ich mich mit Themen beschäftige, die mich nicht wirklich interessieren.

Dies verdeutlicht, wie wichtig es ist, mich selbst und meine Gefühle zu dem, was ich lerne, zu erforschen. Ich muß mir stärker bewußt werden, daß ich nur mit dem in Berührung komme, was ich zu lernen bereit bin. Ich kann dann für mich entscheiden, was ich erfahren möchte.

Bewußtsein erfordert Ehrlichkeit. Studentische Arbeiten sollten sich damit befassen, was gerade aktuell ist, Ziel sollte dabei nicht die Bewertung der Studenten sein. Die Einschätzung der Leistungen soll von den Studenten selbst vorgenommen werden. In allen Kursen, in denen ich in letzter Zeit unterrichtete, überließ ich es den Studenten, sich selbst am Ende des Kurses Zensuren zu geben, nachdem sie der Gruppe gesagt hatten, was für Noten sie sich selbst geben würden und warum; sie erfuhren dann die Meinung der anderen Studenten und von mir. Ihre Zensuren sind wahrscheinlich genauer als meine, sie liegen oft nicht so hoch, wie ich sie gegeben hätte, und sie berücksichtigen viele Faktoren, an die ich nicht einmal im Traum gedacht hätte. Wenn ich die Macht der Notengebung abtrete, trägt dies dazu bei, daß der Student sich leichter auf sein Studium statt auf seine Noten konzentriert.

Dank meines Bewußtseins bin ich, der Student, in der Lage, mich selbst zu bilden. Ich kann ermessen, was ich lernen will und wie ich es lernen möchte. Die Bildungseinrichtung bietet mir eine Vielzahl von Lernmöglichkeiten, sowohl zeitlicher als auch räumlicher Art. Ich plane nun meinen eigenen Weg. Die Rolle der Universität oder des Dozenten besteht darin, für sich und nicht für mich verantwortlich zu sein. Statt mir zu sagen, welche Fächer ich wählen soll, entscheiden sie nur, ob sie meinen Vorschlag unterstützen werden, ob sie mir einen akademischen Grad verleihen wollen oder ob sie mehr von mir verlangen, was auch immer. Auf diese Weise bestimme ich mein eigenes Lernen.

Die moderne Bildungseinrichtung schafft so Bedingungen, die für Studenten optimal sind, und bietet vieles zur Auswahl an. Die Studenten erlangen Bewußtsein; sie lernen dadurch, daß sie ihr ganzes Sein kennenlernen, ehrlich zu sein, und sie übernehmen die Verantwortung für ihre eigene Entwicklung.

Der Autor startete 1979 an der Antioch University in San Francisco ein Programm für die Erlangung des akademischen Grades eines Masters, das die Bezeichnung »Holistische Studien« trägt und auf vielen dieser Prinzipien beruht.[79]

Bewußtsein ist auch für Lehrer wichtig. John Smith, ein sehr erfolgreicher Leichtathletiktrainer an der University of California, sagte treffend: »Wenn ich ein Problem mit einem meiner Sportler habe, gehe ich ins Freie und laufe dann so, wie er es tut, und versuche danach, die Sache zu korrigieren ... Ich habe festgestellt, daß ich, wenn ich den Kontakt zu mir selbst habe, ihn mit jedermann in meiner Umgebung ebenso habe.«

Familie

Ehe

Bhagwan Shree Rajneesh hat gesagt, man müsse einander lieben, bevor man sich selbst lieben kann. Das ist das genaue Gegenteil von dem, wovon ich überzeugt war, nachdem ich das erste Mal Erich Fromm gelesen hatte. Doch als ich hörte, was Bhagwan geäußert hatte, hatte ich das Gefühl: Er hat recht. Ich hatte dafür keine logische Erklärung. Ich fühlte das einfach.

Als ich allein lebte, kam ich mit mir selbst gut zurecht. Als ich aber eine Liebesbeziehung hatte, kamen viele meiner Seiten zum Vorschein, die ich nie bemerkt hatte, als ich noch allein war. Ich hatte nie so viel Zorn oder Rachsucht empfunden. Ich hatte nie so viel Liebe und Erfüllung empfunden. Ich war nie gezwungen gewesen, Gefühle zu prüfen, die, wie ich zu meiner Überraschung feststellte, ein Teil von mir waren. Kurzum, die Beziehung legte viele Züge meiner Persönlichkeit offen, derer ich mir vorher nicht bewußt gewesen war.

Die einfache und tiefe Basis einer Paarbeziehung ist Ehrlichkeit. Eine auf Ehrlichkeit basierende Ehe – eher als Monogamie oder eine offene Beziehung – scheint mir am meisten erstrebenswert. Wir übernehmen die Verantwortung für uns selbst, und das gemeinsame Verhalten entspricht unserer ausdrücklichen Übereinkunft. Eine offene Beziehung ist möglich, wenn wir sie wünschen. Wir können uns auch für Monogamie oder für zwei oder mehrere Beziehungen entscheiden oder irgendein anderes Arrangement treffen, dem wir beide zustimmen.

Wie bisher ist es Aufgabe der Gesellschaft, verschiedene Möglichkeiten zur Auswahl anzubieten und die Auswahl zu erleichtern. Andere Arrangements werden vereinfacht, wenn die Gesellschaft sie billigt. Die Scheidung ist auch eine zur Auswahl stehende Möglichkeit, die in gegenseitigem Einvernehmen realisiert wird. Das Konzept einer Scheidung ohne Schuldzuschreibung, das jetzt zunehmend anerkannt wird, stimmt mit unserer Betrachtungsweise überein. Die Forderung, daß zwei Menschen einer dritten Person gegenüber den Wert einer Scheidung nachweisen müssen, ist absurd und bedeutet, daß öffentliche Mittel sowie Zeit und Energie von Richtern vergeudet werden.

Kindererziehung

Ehrlichkeit und Wahl sind auch wesentliche Elemente der Kindererziehung. Sage ich dem Kind immer die Wahrheit, so trägt das zu meiner Glaubwürdigkeit bei, und ich gehe davon aus, daß das Kind fähig ist, mit der Welt zurechtzukommen. Meinen Kindern wurde gesagt, daß es keinen Mann namens Nikolaus gibt, aber daß es Spaß macht, anzunehmen, daß es ihn gibt. Ich bemerkte, daß dies der Freude in der Weihnachtszeit keinesfalls abträglich war, ich brauchte die Existenz vieler Nikolause nicht zu erklären, und meinen Kinder blieben die Desillusionierung und das unbehagliche Gefühl erspart, eines Tages feststellen zu müssen, daß ich sie belogen hatte.

Den Kindern gegenüber ehrlich zu sein beantwortet die Frage: »Was sollen wir den Kindern sagen?« Viele Eltern glauben, die Kinder sollten davor bewahrt werden, von der Existenz unangenehmer Dinge, wie Krankheit, Scheidung, Bank-

278

rott, Untreue usw., zu wissen. Der Versuch scheitert gewöhnlich; das einzige, was erreicht wird, ist die Förderung der Unselbständigkeit des Kindes. Die meisten Kinder haben zumindest ein vages Gefühl dafür, daß etwas schlecht ist, und verwenden große Mühe darauf, sich einen Reim auf die sonderbaren Geschehnisse zu machen, wenn ihnen nicht die Wahrheit gesagt wird.

Mangelnde Ehrlichkeit kann das Kind auch in der Entwicklung seines Bewußtseins hemmen. Das Kind wird von der Welt, wie sie ist, ferngehalten und muß erst die Lüge überwinden, um die Wahrheit zu erkennen. Wird den Kindern die Wahrheit gesagt, vereinfacht das auch die elterlichen Beziehungen. Es wird vermieden, daß man alle Kraft aufbieten muß, um ein Lügengespinst aufrechtzuerhalten.

Wenn also nach diesen Prinzipien gelebt wird, herrscht Ehrlichkeit in den Familienbeziehungen. Wir sind alle für uns verantwortlich, und wir alle kooperieren, um dieses Bewußtsein zu bewahren und eine ausdrückliche Übereinstimmung über unser gegenseitiges Verhalten zu erzielen. Selbstbestimmung wird so bei jedem Familienmitglied gefördert und weiterentwickelt.

Geburt

Elternschaft beginnt vor der Zeugung. Die Zeugung ist der Zeitpunkt, an dem das Leben beginnt. Die Umstände der Zeugung haben ohne Zweifel einen wichtigen Einfluß auf den Fötus und schließlich auf das Kind. Ideal ist, wenn Eltern vor der Zeugung anfangen, für das Kind zu planen.

Ari, mein letztes Kind, wurde gezeugt, nachdem seine Mutter zweiundzwanzig Tage lang gefastet und nur Wasser getrunken und ich vierunddreißig Tage lang gefastet hatte und wir zum ersten Mal wieder miteinander schliefen. Obwohl ich mich irren kann, scheint mir, daß Ari ein besonders aufgewecktes und fröhliches Kind ist.

Ich möchte natürlich allen angehenden Eltern etwas Ähnliches empfehlen. Fastet oder entschlackt auf andere Weise euren Körper. Treibt Sport, tankt Sonne und frische Luft, erholt euch gut, seid körperlich fit und klärt die emotionalen Probleme, eure eigenen und die, die ihr miteinander habt. Kurzum, seid kurz vor der Zeugung in jeder Hinsicht in einer erstklassigen Verfassung. Dies könnte das wichtigste Geschenk für euer Kind überhaupt sein.

Das Prinzip der Einfachheit deutet darauf hin, daß die Entbindung einfach und verantwortungsbewußt vollzogen werden soll. Das bedeutet die Anwendung der Methoden der natürlichen Geburt, die so hervorragend von Dick-Read, Lemaze und Leboyer entwickelt wurden.[27] Die Entbindung sollte – mit einem Minimum an Hilfe – soweit wie möglich von der Mutter gesteuert werden, die keine Medikamente einnehmen sollte. Das Kind kann dann gelassen zur Welt kommen und leicht vom intrauterinen Zustand in den eines Neugeborenen übergehen.

Medikamente blockieren den Energiezyklus der Mutter. Die Vollendung sowohl des Energiezyklus bei der Entbindung als auch der damit verbundenen Gefühle wird gestoppt, wenn die Mutter diese Phase nicht bewußt durchlebt. Die Erfahrung der Geburt kann auch beim Säugling blockiert werden, wenn das Kind bei diesem entscheidenden Erlebnis nicht voll wach ist. Häufig empfinden psychisch gehemmte Menschen den Wunsch, ihre Geburt noch einmal zu erleben, vielleicht weil die Mutter Medikamente erhielt, die beide Energiezyklen, sowohl ihren als auch den der Mutter, unterbrachen.

Stillen ist eine Vollendung der Schwangerschaft. Die Natur hat die Mutter mit der Fähigkeit ausgestattet, den Fötus bis zum Zeitpunkt der Geburt und den Säugling bis zum Zeitpunkt des Abstillens zu entwickeln. Der vollständige Energiezyklus der Geburt umfaßt den Zeitraum von der Zeugung bis zum Abstillen. Während dieser Periode schafft die Mutter die einfachsten und nahrhaftesten Bedingungen, damit das neue Wesen auf der Welt bestehen kann. Jede Blockade dieses Zyklus wird vom Säugling wahrgenommen und kann zu späteren Problemen oder Beeinträchtigungen führen.

Statt auf die Energie des Kindes zu vertrauen, läßt sich die moderne Kinderpflege oft davon leiten, daß Katastrophen vermieden werden müssen. Der zwei Tage alte Ari wurde einer Routineuntersuchung unterzogen, die einer der progressivsten Ärzte im unkonventionell-progressiven Norden von Kalifornien vornahm. Trotzdem war es eine Vergewaltigung. So sanft wie möglich hörte der Arzt das Baby mit dem Stethoskop ab, maß die Temperatur des Säuglings, drückte seine Hoden und machte einen Probeabstrich am Auge, um die Ursache für Aris geschwollene Augenlider feststellen zu können. Ari war zwei Tage lang durcheinander.

War diese Untersuchung notwendig? Die Augen waren gereizt, und es war dumm zuzulassen, daß dem Baby »nur für den Fall, daß es eine Bindehautentzündung sein könnte« Salbe in die Augen getan wurde. Die Temperatur wurde rektal gemessen »nur für den Fall, daß es eine Infektion hat«. Impfungen sollten später vorgenommen werden, »damit es gegen verschiedene Krankheiten geschützt ist«.

Alle diese Prozeduren beruhen auf der Annahme, daß man sich im Handumdrehen eine Krankheit zuziehen kann. Präventive Medizin bedeutet, daß der Körper zum Schutz vor einer Krankheit schwach infiziert wird, damit er Resistenzen entwickeln kann. Im Grunde sind alle präventiven Maßnahmen strapaziös, besonders für Säuglinge wie Ari. Er fing ge-

rade an, sich in der Welt zurechtzufinden, da wurde er verge-
waltigt.

Ich nehme an, Ari führt ein angenehmes Leben, er wird nicht
krank sein wollen. Wenn die Eltern klar in ihrer Beziehung
und mit sich selbst sind, werden sie keine Bedingungen
schaffen, mit denen Ari schwer zurechtkommt. Keine unangenehmen Untersuchungen, keine Medikamente, keine
Heilverfahren, keine Traumata irgendwelcher Art sind notwendig. Er soll essen, wenn er hungrig ist, er soll gesäubert
werden, wenn es ihn – nicht seine Eltern – stört, schmutzig
zu sein, und er soll Zuwendung erhalten, wenn er es
wünscht. Er soll seine Möglichkeiten erkunden. Er soll seine
innere Welt kennenlernen, damit er nicht soviel Be-
wußtseinstraining benötigt, wenn er älter ist. Er soll seine
Aufmerksamkeit Leuten zuwenden, wenn er es wünscht.
Wenn er weint, ist es ein Signal, daß er etwas möchte, nicht
Ausdruck eines Bedürfnisses nach Beachtung, das nicht
direkt befriedigt wird. Wenn ich mich durch ihn gestört
fühle, lasse ich es ihn wissen. Er kann mit dieser Realität fertig werden. Ari genießt, wie A. S. Neil es formulierte, Freiheit, aber keine Narrenfreiheit. Er macht, was ihm paßt, aber
zwingt anderen nicht seinen Willen auf.

Impfungen werden selten nur im Interesse des Kindes vorgenommen, sie dienen der Beruhigung der Eltern und des Arztes. Sie sind die einzige Möglichkeit, sich der »Verantwortung«
entsprechend zu verhalten, »keiner Kritik ausgesetzt zu sein
oder zu vermeiden, gerichtlich angeklagt zu werden.« Was
der Säugling wünscht, ist, manchmal alleingelassen zu werden, manchmal Kontakt mit jemandem zu haben und Wünsche erfüllt zu bekommen. Ich bezweifle, daß Säuglinge Injektionen lieben.

Beschneidung wird in der Hauptsache vorgenommen, um
Unannehmlichkeiten vorzubeugen. Manchmal basiert sie auf

religiösen Vorstellungen, die mit der Regelung der sexuellen Stimulation zu tun haben. Früher glaubte man, daß Gebärmutterkrebs bei solchen Frauen weniger häufig vorkomme, deren Männer beschnitten seien. Inzwischen ist medizinisch nachgewiesen, daß diese Theorie nicht stimmt.[80] Lowen[48] und andere sind durch Patienten, die durch »Regression« ihre ersten Jahre wiedererlebten, zu dem Schluß gelangt, daß viele emotionale Probleme auf die Beschneidung zurückzuführen sind. Es ist eine andere Art von Vergewaltigung eines Säuglings.

Der jetzige Standpunkt läßt sich, wie folgt, zusammenfassen: Gebäre das Kind auf so natürliche Weise wie möglich. Die Methode von Leboyer ist wahrscheinlich die vollkommenste. Sorge dafür, daß die Beziehung zwischen den Eltern völlig offen und ehrlich bleibt und das Bewußtsein jedes Elternteils auf einem hohen Level ist. Richte dich nach der Energie des Säuglings. Betrachte ihn nicht als einen Feind, der seine Eltern überlisten möchte. Stille den Säugling und befriedige all seine Bedürfnisse, sobald sie erkennbar sind, besonders ganz am Anfang, wenn sich die Vorstellung des Säuglings von der Welt herausbildet. Tu dem Kind keine Gewalt an. Keine Beschneidung, keine Injektionen oder ähnliches, außer in den dringendsten Fällen. Wenn du das Kind untersuchen läßt, sorge dafür, daß die Untersuchung visuell und sanft vorgenommen wird, damit selbst ein momentanes Unbehagen vermieden wird.

Diese Art von Behandlung wird oft als Verzärtelung oder Verhätschelung bezeichnet, und sie wird mißbilligt, da das Kind »auf das künftige rauhe Leben« vorbereitet werden müsse. Das ist Unsinn. Je besser alle Wünsche des Kindes erfüllt werden, wenn es jung ist, um so stärker wird sein Ego sein und um so leichter wird es ihm später als Erwachsener fallen, mit Rückschlägen fertig zu werden.

Liedloff[81] hat einen wichtigen Beitrag zur Praxis des Umgangs mit dem Kind während der Zeit der Geburt geleistet. In Anlehnung an die Erfahrungen der Yequana-Indianer in Südamerika empfiehlt er, daß das Kind in einem Zeitraum von sechs bis acht Monaten täglich vierundzwanzig Stunden lang (hauptsächlich – aber nicht immer – von der Mutter) im Arm gehalten werden soll, bis das Kind es nicht länger wünscht. Das Kind sollte auch bei der Mutter schlafen und beim Geschlechtsverkehr mit dabei sein – kurzum, es sollte mit dazugehören.

Entsprechend dem sogenannten Kontinuumkonzept, wie er es nennt, ist Liedloff der Ansicht, daß das Im-Arm-gehalten-Werden das richtige für ein Neugeborenes ist, und er führt zahlreiche Tiere und primitive Stämme, die dieser Praxis folgen, als Beispiel an. In gewisser Hinsicht vollendet dies den Geburtsvorgang. Er meint, Kinder weinen, wenn sie niedergelegt werden, und zwar nicht deswegen, weil sie verhätschelt sind, sondern weil sie dort unten nicht in erster Linie hingehören. Wird der Wunsch nach dem Im-Arm-gehalten-Werden so lange befriedigt, bis das Kind freiwillig vom Schoß krabbelt und zu kriechen anfängt, so verringert das die Wahrscheinlichkeit, daß das Kind ein Leben lang versucht, in diesen Zustand der Geborgenheit zurückzukehren.

Das Kontinuumkonzept ist ein hervorragendes Beispiel für das Prinzip der Vollendung. Ermögliche dem Kind, den Energiezyklus der Geburt zu vollenden, und es wird später in der Lage sein, sein Leben zu leben, ohne ständig den Wunsch zu verspüren umzukehren, um das Unvollendete zu vollenden.

Ich empfehle nicht allen Eltern alle obengenannten Verfahren. Nur wenn du mit dieser Philosophie übereinstimmst, werden sie optimal sein. Wenn du dir wegen einer Krankheit Sorgen machst, dann laß impfen. Wenn du Angst hast, weil du die Beschneidung nicht machen läßt, dann laß sie machen. Die Angst vermindern, ist ein ausreichender Grund dafür, alle diese Dinge machen zu lassen. Wenn du aber keine Angst hast, dann sind die empfohlenen Maßnahmen meines Erachtens sehr nützlich.

Leben

In jungen Jahren waren mir, dem Autor, solche Begriffe wie Wahl und absolute Ehrlichkeit fremd. Sonderbar scheint auch das ganze Streben nach »Selbstaufklärung«. Ich entstamme einer zerrütteten, nicht strenggläubigen jüdischen Familie, die kaum zur Mittelschicht gerechnet werden konnte. In ihr wurden solche hochtrabenden Gedanken kaum erwähnt. Meine Familie bewegten vor allem die praktischen Fragen des Lebens.

Manchmal spüre ich immer noch jene alte Reaktion auf die Ideen von »Mut zum Selbst«. Vom Standpunkt meiner Jugend aus betrachtet ist alles, was ich hier geschrieben habe, Unsinn. Ich kann hören, wie meine Verwandten zu mir sagen: »Das ist alles gut und schön, Bubi, aber warum gehst du nicht los, besorgst dir einen netten Job und machst dir über solche Dinge keine Gedanken mehr. Und zieh dich schön warm an.« Doch meine Überzeugung von der Richtigkeit dieser Ideen wächst, und ich spüre Veränderungen in meiner Daseinsweise. Mit mehr Ehrlichkeit denke ich klarer und fühle mich freier. Indem ich akzeptiere, daß ich mein Leben wähle, fühle ich mich beschwingter. Ein großer Teil meiner inneren Spannungen haben sich gelöst, und ich fühle mich besser in der Lage, mit allem, was geschieht, fertig zu werden. Ein gesteigertes Bewußtsein führt dazu, daß die großen Rätsel kleiner werden. Das Leben ist nicht so kompliziert, weil ich jetzt erkenne, wie ich es beeinflussen kann.

Sobald sich mein Glauben an all diese Prinzipien vertieft, fühle ich mich leichter. Das Leben ist weniger düster und verdrießlich. Es gleicht eher einem Spiel, bei dem ich jederzeit zurücktreten und sehen kann, wie ich spiele. Ich fange an, zu begreifen, wie ich meine Spielweise ändern kann, falls mir das, was geschieht, nicht gefällt.

Dieses Wissen ermöglicht es mir, mir immer wieder bewußt zu werden, wie wohl man sich fühlt, wenn man ehrlich, bewußt, verantwortungsbewußt und einfach lebt. Wenn ich nicht fühle, daß ich ehrlich, verantwortlich und einfach sein sollte, dann ist dies auch in Ordnung. Wenn du das Kind nicht stillst, ist es in Ordnung. Wenn ich zum Arzt gehe oder Eiscreme esse oder wütend, ängstlich und deprimiert bin oder keinen Sport treibe, ist alles in Ordnung. Obwohl ich weiß, daß man sich bei der praktischen Anwendung der Prinzipien von »Mut zum Selbst« wohl fühlt, bedeutet das nicht, daß ich mich die ganze Zeit nach ihnen richten muß. Ich brauche mich nicht schuldig oder schlecht zu fühlen. Alles, was dann passiert, ist, daß ich mich eben nicht nach ihnen richte. Das ist alles.

Das Prinzip der Umkehrung

Jener Teil meines Ichs, der mich beobachtet, amüsiert sich gelegentlich über mein Streben nach Weiterentwicklung. Vor einigen Jahren hatte ich es satt, mich weiter zu hinterfragen. Zumindest für eine Weile wollte ich verschlossen und unehrlich sein, geröstete Zwiebelringe essen und Pickel bekommen, deutsche Schokoladentorte essen und fett werden. Daher dachte ich mir einen Workshop mit der Bezeichnung »Das Prinzip der Umkehrung« aus, um mir zu erlauben, gerade das zu tun, wonach mir der Sinn stand.

Bei diesem Workshop wurden alle sonst üblichen Regeln geändert. Eine ganze Woche lang waren wir unaufrichtig. Oberflächlichkeit war »in«, es war wichtig, einen guten Eindruck zu machen, Lügen aufzutischen, um zu erreichen, was wir haben wollten, und anderen die Schuld für unsere Probleme in die Schuhe zu schieben. Wir stellten Fragen, statt Erklärungen zu geben, und sagten »die Leute denken« statt »ich glaube«, »es« statt »ich«, »ich kann nicht« statt »ich möchte nicht« und »ich weiß nicht«, wenn wir nicht nachdenken wollten. Die Gruppenmitglieder wurden dazu animiert, viel Alkohol zu trinken, besonders Scotch pur.

Im Workshop lehrten wir die Teilnehmer, wovon man besessen sein mußte, wenn man meditierte, wie man steif geht und flach atmet. Rauchen wurde gefördert – zwei Zigaretten auf einmal. Wir redeten uns mit den Titeln an, hatten eine Sitzung der Schuldzuweisungen, in der Gruppenmitglieder Dinge nannten, die sie an sich selbst nicht schätzten. Dann gaben sie anderen Gruppenmitgliedern die Schuld für ihre Schwierigkeiten. Sie erklärten, warum an diesen Problemen die Männer und Frauen in der Gruppe, der Leiter, die Umgebung, die wirtschaftliche Lage des Landes, das politische Klima, ihre Eltern, der Ehepartner, ihre Erwartungshaltung oder ihre Verpflichtungen und die Dinge, die Nixon dem Land angetan hatte, schuld waren, und schließlich, daß für alles Schlechte in ihrem Leben Gott, der Allmächtige, verantwortlich war. Die unangenehme Entdeckung, die wir bei dieser Übung machten, war, wie leicht uns für jede Schuld sehr logische Gründe einfielen. Die Lehre lautete: Schuld ist sinnlos. Wenn alles vorbei ist, bleibt mir allein das Vergnügen, anderen die Schuld zugewiesen zu haben.

Eine verblüffende Schlußfolgerung des Workshops war, daß das Ergebnis mit dem eines regulären Workshops fast übereinstimmte: *Bewußtsein war der Schlüssel.* Sobald die Teilnehmer sich bewußt waren, wie sehr sie sich gequält und für wie schlecht sie sich gehalten hatten, erkannten sie, wie sie diese Dinge vermeiden konnten. Sie hatten einen Riesenspaß daran, sich selbst zu karikieren und das, was ihnen eine düstere Seite des Lebens zu sein schien, aus einem anderen Blickwinkel zu betrachten. Sie nahmen mit dem Bewußtsein, das sie erlangt hatten, die menschliche Komödie wahr, begriffen die Bedeutung der Wahl und erkannten, daß alles wandelbar war.

Ein wichtiger Bestandteil dieses Workshops waren die »Schulungen«. Jede Person teilte der Gruppe ihre schlimmste Charaktereigenschaft mit und lehrte danach die übrigen Gruppenmitglieder, wie man sie erwirbt. Der vielleicht beste Umkehrungskünstler war ein junger Mann, der der Gruppe mitteilte, sein Problem bestünde darin, daß er Dinge nicht zu Ende führen könne. Er hatte Dutzende von Projekten gestartet, aber nie die Zeit gefunden, sie zu vollenden. Er erklärte sich dazu bereit, am darauffolgenden Mittwoch nachmittag die Gruppe zu lehren, wie man Dinge nicht zu Ende führt.

Der Mittwoch nachmittag kam, und der junge Mann hatte den Workshop verlassen.

Wenn das Leben sehr, sehr schwer zu sein scheint und ich mich sehr, sehr ernst zu nehmen scheine, betrachte ich mich selbst und denke an den Satz von James Joyce: *»Nos ad manum ballum jocabimus.«*

»Gehen wir Handball spielen.«

Epilog

»Ich hätte mir natürlich gewünscht, daß Ari sich noch eine Minute klar geäußert hätte. Ich wollte ihn noch etwas fragen.«
»*Was wolltest du?*« *fragte seine Mutter.*
»Nun ja, ich hatte den Eindruck, daß Ari mir bestimmte Dinge erklären kann und ...«
»*Wie bitte ... was ... was wolltest du ihn denn fragen?*«
»Wenn wir uns selbst bewußt werden und ehrlich und für uns selbst verantwortlich und ganz und gar und natürlich sind – was dann? Ist das nicht langweilig? Ist das nicht deprimierend? Ist das Leben nicht schwer, und stellt es uns nicht ständig auf die Probe? Was geschieht mit jemandem, der diesen Punkt schließlich erreicht?«
»*Ein Jammer, daß er nicht antworten kann, es sei denn ...*«
»Was denn?«
»*Es sei denn, du akzeptierst eine nichtverbale Antwort.*«
»Was meinst du?«
»*Ari scheint immer guter Dinge zu sein.*«

Die nächsten Schritte

Seit der Erstveröffentlichung von »Mut zum Selbst« wurde das Programm eines hauptsächlich für Unternehmen und Institutionen vorgesehenen Seminars ausgearbeitet. Außerdem wurden mehrere Arbeitsmaterialien – Instrumente – entwickelt. Wenn Sie daran interessiert sind, diese Konzepte für ihre persönliche Entwicklung oder für Bewerbungen bei Unternehmen und Institutionen zu nutzen, können Sie weitere Informationen erhalten. Wenden Sie sich bitte an: WSA, P.O. Box 1339, Mill Valley, CA 94942, U.S.A. Telefon: 001-415 – 383-8275; Fax: 001-415 – 389-1630.

Seminar

»The Human Element« ist eine fünftägige Veranstaltung zur Erforschung der eigenen Persönlichkeit und des beruflichen Fortkommens. Fragen der Führung, der Teamentwicklung, der Entscheidungsfindung und der Produktivität werden auf neue Weise angepackt.

Instrumente: Individuell

ELEMENT B: Verhalten. Die neueste Version von FIRO-B. Ermöglicht die genaue Bestimmung der Präferenzen in den Bereichen Zugehörigkeit, Steuerung und Offenheit. Mit *Element B* läßt sich der Grad der Zufriedenheit ermitteln.

ELEMENT F: Gefühle. Dient zur genauen Bestimmung der Präferenzen in den Bereichen Bedeutung, Kompetenz und Beziehung. Mit *Element F* läßt sich gleichfalls der Grad der Zufriedenheit bestimmen.

ELEMENT S: Selbstauffassung. In sechs Verhaltens- und Gefühlsbereichen läßt sich die emotionale Einstellung zum eigenen Selbst feststellen.

ELEMENT E: Selbstwertgefühl. Bereiche werden erkundet, die zu einem geringen Selbstwertgefühl beitragen, und es ermöglicht, die Folgen eines geringen Selbstwertgefühls abzuschätzen.

Instrumente: Beziehungen

ELEMENT C: Enge Beziehungen. Beziehungen zwischen Ehegatten, Geliebten oder nahen Freunden werden erforscht. *Element C* liefert die Grundlage für Diskussionen und Bewertungen.

ELEMENT P: Familienbeziehungen. Beziehungen, die zu jedem Familienmitglied zu einer beliebigen Zeit in der Vergangenheit bestanden haben, werden erforscht.

ELEMENT W: Arbeitsbeziehungen. Beziehungen zwischen Mitarbeitern werden untersucht. *Element W* liefert eine Grundlage für Diskussionen und Bewertungen.

Instrumente: Team und Organisation

INDEX DER TEAMKOMPATIBILITÄT. Feststellung und Verbesserung der Zusammenarbeit von Teams oder Familien.

KONKORDANZ: Entscheidungsprozeß. Liefert eine Methode für Entscheidungsprozesse, die auf den Kriterien der Zugehörigkeit (wer weiß und wer sich kümmert), Steuerung (alle haben ein Vetorecht) und Offenheit (jeder ist aufgeschlossen) beruht.

ELEMENT O: Betriebsklima. Bietet einen Maßstab für die Bewertung der Zufriedenheit im Unternehmen insgesamt sowie für die Einschätzung in den Bereichen Zugehörigkeit, Steuerung, Offenheit, Bedeutung, Kompetenz und Beliebtheit. Berücksichtigt werden jeweils das gesamte Unternehmen, Teams, Beziehungen und Individuen. *Element O* kann auch dazu verwendet werden, die Auswirkungen jeder organisatorischen Veränderung einzuschätzen.

ELEMENT J: Job. Liefert eine Grundlage für die Bewertung der Zufriedenheit im Beruf und vermittelt eine Methode, die der besseren Anpassung an den Beruf dient. Erhältlich ist ein Computerprogramm.

Leitfäden zu den Instrumenten

Leitfaden zur Wahrheit und Wahl (Guide to Truth and Choice)
Leitfaden zum ELEMENT B (Guide + ELEMENT B)
Umwandlung von FIRO-B in ELEMENT B (Conversion of FIRO-B to ELE-MENT B)
Interpretation von ELEMENT B (Interpretation of ELEMENT B)
Leitfaden zum ELEMENT W (Guide to ELEMENT W)
Leitfaden zum ELEMENT C (Guide to Element C)
Leitfaden zur Teamkompatibilität (Guide to TEAM COMPATIBILITY)

Anmerkungen

1 Schutz, W.: *Elements of Encounter.* New York 1983. (Erstveröffentlichung 1973).
2 Schutz, W.: *Body Fantasy.* New York 1983. (Erstveröffentlichung 1976).
3 Brown, B.: *New Mind, New Body.* New York 1974.
4 Simonton, O., Simonton, S., und Creighton, J.: *Wieder gesund werden.* Reinbek 1978.
5 Geller, U.: *Uri Geller, My Story.* New York 1975.
6 Smith, A.: *Powers of Mind.* New York 1976.
7 Zur Einführung in diese Methoden siehe:
Assaglioli, R.: *Typologie der Psychosynthese. Die 7 Grundtypen.* Astrologisch-Psychologisches Institut 1993.
Barlow, W.: *Die Alexander-Technik.* München [4]1989.
Benson, H., Klipper, M.: *The Relaxation Response.* New York 1976.
Berne, E.: *Spiele der Erwachsenen. Psychologie der menschlichen Beziehungen.* Reinbek 1973.
Dass, R.: *Reise des Erwachens.* München 1986.
Dychtwald, K.: *Körperbewußtsein.* Essen 1981.
Feddon, Sr. J.: *Toward a Holistic Spirituality: Personal Reflections on Behavioral Concepts in The Human Element in Light of Christian Scripture.* San Francisco 1983.
Feldenkrais, M.: *Bewußtsein durch Bewegung.* Frankfurt 1978.
Hoffman, B.: *Getting Divorced From Mother and Dad.* New York 1976.
Janov, A.: *Primal Man: The New Consciousness.* New York 1976.
Matson, Katinka, hat kurze Darstellungen aller dieser Methoden und noch mehr zusammengestellt und unter folgendem Titel veröffentlicht: *The Psychology Today Omnibook of Personal Development.* New York 1977.
Lilly, J.: *The Center of the Cyclone.* New York 1973.
Orr, L., und Ray, S.: *Rebirthing In The New Age.* Millbrae 1977.
Perls, F.: *Gestalt Therapy Verbatim.* New York 1972.
Prestera, H., und Kurtz, R.: *Botschaften des Körpers.* München [7]1993.
Rolf, I.: *Rolfing: Der Weg zu Einheit und Gleichgewicht der Körperstruktur.* Irisiana 1989.

Schutz, W.: *Elements of Encounter.* [Anm. 1].
—: *Body Fantasy* [Anm 2]. (über Rolfen).
—: *Here Comes Everybody.* New York 1972.
—: *The Truth Option.* Berkeley 1984.
—: *Guide to Element B.* Muir Beach 1988.
Shelton, M.: *Fasting Can Save Your Life.* Chicago 1964.
Spino M.: *Beyond Yogging.* Berkeley 1976.
Steiner, C.: *Wie man Lebenspläne verändert.* München 1992.
Vishnudevananda, S.: *Das große illustrierte Yoga-Buch.* Braunschweig ⁵1992.
Yamada, Y.: *Aikido.* Cedar Knolls, New York 1974.

8 Der Gedanke des totalen Körperbewußtseins ist beschrieben in: Michael Murphy: *Jacob Atabet.* Millbrae, CA: Celestial Arts, 1977.

9 Schutz, W.: *Freude, Abschied von der Angst durch Psycho-Training.* Reinbek 1971.

10 Feldenkrais, M. Von seinen Übungen existieren viele Tonbandmitschnitte, die sehr nützlich sind. Sie können bestellt werden bei Big Sur Recordings, c/o Paul Herbert, Big Sur, CA 93920.

11 Die gelenkte Imaginationsmethode ist bei Tiefensondierungen und schwierigen emotionalen Problemen äußerst wirksam. Sie wurde zuerst beschrieben in: Desoille, R.: *The Directed Daydream,* und in: Leuner, H.: *Initiated Symbol Projection;* beide Titel 1965 von der Psychosynthesis Research Foundation veröffentlicht. Die Methode ist eine der wichtigsten im Bereich der *Körperphantasie* [Anm. 2].

12 Alexander, F.: *Psychosomatische Medizin. Grundlagen und Anwendungsgebiete.* Berlin 1985.
Simeons, A. T. W.: *Man's Presumptuous Brain.* New York 1961.

13 Roberts, J.: *The Nature of Personal Reality.* New York 1978.

14 Bradford, L.: *National Training Laboratories: Its History 1970-1974.* Private Veröffentlichung, 1974.

15 Schutz, W.: *An Approach to the Development of Human Potential* (Ein Bericht über das Continuing Human Relations Laboratory in Bethel, Maine, 15. August 1963). Die anderen drei Leiter des Workshops waren Charles Seashore, Herbert Shepard und Robert Tannenbaum.

16 Roberts, J.: *Das Seth-Material.* München ³1989.
—: *Seth Journal.* New York 1974.
—: *Die Natur der persönlichen Realität.* München 1991. [Anm. 13].

17 Axiom 10 des Arica-Trainings von Oscar Ichazo. Erhältlich vom Arica Institute, 57th Street and 5th Avenue, New York City, 10019.

18 Aus est (Erhard Seminars Training) von Werner Erhard.

19 Greenwald, H.: *Direct Decision Therapy*. New York 1973.

20 Reich, W.: *Rede an den kleinen Mann*. Frankfurt 1993. (Erstveröffentlichung 1948.)

21 Perls, F., Hefferline, R., und Goodman, P.: *Gestalt-Therapie*. Stuttgart ^{5}1991.

22 Das ist eine Methode der Gestalt-Therapie [siehe Perls u.a., Anm. 7], bei der eine Person zur einer Seite des Selbsts — in diesem Fall zur Schuld — spricht und das sagt, was ihr spontan einfällt. Sie setzt einen Dialog zwischen sich und der Schuld fort und spricht beide Rollen. Bei jeder Rolle wechselt sie den Platz, spricht mit verschiedenen Stimmen und nimmt verschiedene Haltungen ein, wenn sich dies wähend des Spiels spontan ergibt. Die Methode hilft, rasch die verschiedenen Faktoren zu entdecken, die den sonst unverständlichen Gefühlen zugrunde liegen.

23 Darwin, C., und Wallace, A.: *Evolution by Natural Selection*. Cambridge 1958. Dieser Band enthält die wissenschaftlichen Arbeiten beider Autoren aus dem Jahr 1858, sowie frühe Entwürfe von Darwin. Wallace, der fast zur selben Zeit wie Darwin eine ähnliche Theorie aufgestellt hatte, drängte Darwin, Herbert Spencers Formulierung vom »Überleben des Tüchtigsten« durch Darwins Formulierung von der »Erhaltung der begünstigten Arten« zu ersetzen. Für Darwin war nicht das bloße Überleben das wesentliche Moment in der Wirkung der natürlichen Auslese, sondern die unterschiedliche Reproduktivität der Individuen, die adaptiv durch eine Veränderung der Chancen begünstigt werden, die einen wachsenden Anteil von ähnlich beschaffenen Nachkommen einer Population zur Folge hat. Die psychologische Motivation zum Überleben lag also nicht in Darwins Interesse.

24 Das ist ein Hinweis, den Werner Erhard beim est-Training gegeben hat.

25 Miller, S., Remen, N., Barbour, A., Nakles, M., Miller, S., und Garrell, D.: *Dimensions in Humanistic Medicine*. San Francisco 1974.

26 Hall, M.: *Man, the Grand Symbol of the Mysteries*. Los Angeles 1947. (Erstveröffentlichung 1932.) Dieses Buch geht ausführlich auf okkulte Ansichten über Anatomie und den Zusammenhang zwischen anatomischen Gesetzmäßigkeiten und den Gesetzen des Universums ein.

27 Dick-Read, G.: *Der Weg zur natürlichen Geburt*. Hamburg.

Karmel, M.: *Thank you, Dr. Lamaze: A Mother's Experience in Painless Childbirth*. New York 1971. (Erstveröffentlichung 1959.)
Leboyer, Fr.: *Geburt ohne Gewalt*. München ⁷1992.

28 Shelton, H.: *The Hygienic Care of Children*. Chicago 1970. (Erstveröffentlichung 1931).

29 Eine ausführliche Darstellung über Kontaktgruppen (*encounter groups*) ist zu finden in *Elements of Encounter* [Anm. 1].

30 Russell, B., und Whitehead, A.: *Principia Mathematica* (V. 1–3), Cambridge 1925.

31 Später gab es einen Streit darüber, ob sie wirklich ihr Ziel erreichten. Vgl. Godel, K.: *On Formally Undecidable Propositions of Principia Mathematica and Related Systems* (übers. v. B. Meltzer). New York 1962. (Erstveröffentlichung 1931.)

32 Brief Albert Einsteins an Max Born vom 4. Dezember 1926.
Albert Einstein – Max Born. Briefwechsel 1916–1955. Reinbeck 1972.

33 Thomas, L.: *The Lives of a Cell: Notes of a Biology Watcher*. New York 1975.

34 Shelton, H.: *Fasting Can Save Your Life*. [siehe Anm. 7].

35 Shelton, H.: *Natural Hygiene: Man's Pristine Way of Life*. San Antonio: Dr. Shelton's Health School, 1968.

36 Rajneesh, B.: *The Way of the White Cloud*. Poona, India, 1976.

37 Eine Schilderung dieses Besuchs »Joy Meets Love in Poona«, eine Tonbandkassette, die erhältlich ist von Big Sur Recordings, c/o Paul Herbert, Big Sur, CA 93920.

38 Blake, W.: *Die Hochzeit von Himmel und Hölle*. Bad Münstereifel 1987.

39 Feldenkrais, M.: *Body and Mature Behavior*. New York 1970. (Erstveröffentlichung 1949.)

40 Green, E., und Green, A.: *Regulating Our Mind-Body Processes*. Topeka, KS: Research Department, Menninger Foundation, 1973.

41 McWhirter, N., und McWhirter, R.: *Guinness Book of World Records*. New York 1976.

42 Aus *The Gospel of Peace of Jesus Christ by the Disciple John*. Berkeley 1970.

43 Eine Auswahl von Personen und/oder Organisationen, die den Holismus (Ganzheitlichkeit) erforschen:
Holistic Business. Robert Schwartz, Tarrytown House, Tarrytown, NY.
Holistic Politics. John Vasconcellos, California State Assembly, Sacramento, CA.

Holistic Sports [siehe Anm. 76].
Wholistic Health and Nutrition Institute, Mill Valley, CA.
44 Greenberg, D. Cancer: Now the Bad News: *Journal of the International Academy of Preventive Medicine,* 1975.
45 Schutz, W.: *Here Comes Everybody* [siehe Anm. 7].
46 Kelly, C.: *New Techniques of Vision Improvement.* Santa Monica, CA: Interscience Workshop (jetzt Radix), 1971.
47 Rolfen ist eine Methode der Tiefenmassage, die angewandt wird, um den Körper besser auf die Schwerkraft auszurichten. Die Methode führt zum Lösen von Muskelverspannungen, zur Verbesserung der Bewegungen und zu gesteigerter Energie. Die Methode ist sowohl in Ida Rolfs Buch, *Rolfing* [Anm. 7] als auch in zwei von meinen Büchern ausführlich beschrieben: *Body Fantasy* [Anm. 2] und *Here Comes Everybody* [Anm. 45].
48 Ähnliche Schemata wurden entwickelt von:
Mead, G.: *The Philosophy of the Act.* Chicago 1972. (Impuls, Wahrnehmung, Manipulation, Vollendung — die Handlung bezieht sich auf soziale Situationen.)
Reich, W.: *Die Funktion des Orgasmus.* Köln 1987. (Erstveröffentlichung 1942.) (*Spannung, Ladung, Entladung, Entspannung.*) Die Schritte der wissenschaftlichen Methode werden häufig, wie folgt, bezeichnet: *Problem, Hypothese, Test, Ergebnis.*
Die erwähnten Körpertypen, *Ohne Spannung, Blockiert, Wie von einem Panzer umgeben,* entsprechen etwa Lowens Typen *Oral, Masochistisch* und *Starr.* Vgl. Lowen, A.: *Körperausdruck und Persönlichkeit* München ⁴1991. (Erstveröffentlichung 1958).
49 Die Theorie, die die Begriffe *Zugehörigkeit, Steuerung* und *Offenheit* verwendet (die sogenannte FIRO-Theorie), wurde in den meisten meiner Bücher in ihrer sich nach und nach entwickelnden Form dargelegt. Zum ersten Mal wurde sie in *The Interpersonal Underworld (FIRO),* 1966, vorgestellt (Erstveröffentlichung 1958). Eine Übersicht über viele Studien, die sich der Theorie von den drei Dimensionen annähern, ist in Kapitel 2 von *FIRO* enthalten. Die vollständigste Darstellung, die auf empirischen Untersuchungen beruht und die Schulverwaltung betrifft, ist in meinem Buch *Leaders of the School,* 1977, erschienen.
Es gibt verschiedene Methoden zur genauen Bestimmung verschiedener Aspekte des Verhaltens, zum Beispiel:
ELEMENT B (Interpersonelles Verhalten); ELEMENT F (Gefühle); ELEMENT S (Selbstauffassung); ELEMENT J (Job);

ELEMENT W (Arbeitsbeziehungen); ELEMENT P (Familienbeziehungen); ELEMENT C Enge Beziehungen); ELEMENT O (Betriebsklima); TCI (Teamkompatibilität); ELEMENT E (Selbstwertgefühl); KONKORDANZ (Entscheidungsprozeß).

50 Siehe Spitz, R.: »Hospitalism: An Inquiry into the Genesis of Psychiatric Conditions in Early Childhood«. In: Anna Freud (Hrsg.): *Psychoanalytic Study of the Child.* New York 1945.

51 Elvin Semrad war Psychoanalytiker und mein wichtigster Lehrer für den Gruppenprozeß. Der Begriff »Kelchglas-Problem« stammt von ihm. Er erklärte ihn einer Gruppe während einer Trainingsveranstaltung 1956 in Boston.

52 Johnson, A., Shapiro, L., und Alexander, F.: A Preliminary Report on an Psychosomatic Study of Rheumatoid Arthritis. *Psychosomatic Medicine,* 1947.

53 Gebete in der Synagoge, Stave Off Heart Attacks. *Jerusalem Post,* 29. Februar 1971. Dies ist ein Bericht über das israelische Ischämieprojekt.

54 Berichtet in *Science News,* 113, 378—382.

55 *The Interpersonal Underworld (FIRO)* [Anm. 49].

56 Glueck, S., und Glueck, E.: *Unravelling Juvenile Delinquency.* New York 1950.

57 Kennan, G.: *Encounter Magazine,* Herbst 1976.

58 Elves, A.: »The Crisis of Confidence in Social Psychology.« In: *American Psychologist,* Oktober 1975, 1967—76.

59 Ostrow, R.: »No Substantial drop in Crime for 5—10 Years.« In: Los Angeles Times, 24. Oktober 1974.

60 Dubin, R.: »Assaulting the Tower of Babel«, eine Rezension über Argyris, C.: *Behind the Front Page. Contemporary Psychology,* 1975, 20.

61 Carlson, R.: *The End of Medicine.* New York 1975.

62 Sommer, R.: The End of Imprisonment. New York 1976.

63 Gerald Ford, zitiert in: *Time,* 23. August 1976, S. 21.

64 Rhodes, J.: *The Futile System: How to Unchain Congress and Make the System Work Again.* New York 1976.

65 Schutz, W.: »A Health Care Plan That Rewards The Fit.« In: *San Francisco Chronicle,* 1. August 1979. Überarbeitete Fassung: »Health or Illness: Which Shall We Support? A National Health Insurance Proposal.« Muir Beach 1987.

66 Mill, J. S.: *Über die Freiheit.* Köln 1991. (Erstveröffentlichung 1912.)

67 Greacen, J. Arbitration: »A Tool for Criminal Cases?: A Proposal for Bringing the Wisdom of Criminal Settlements into Our Criminal Justice

System.« Erhältlich vom National Institute of Law Enforcement and Criminal Justice, Washington, D.C.

68 In: *Improving California's Mental Health Systems: Policy Findings and Recommendations* (Seite 46). California Assembly Permanent Subcommitee on Mental Health and Development Disabilities, 31. Januar 1987.

69 »Is It Time To Give Up on Prisons?« In: *San Francisco Chronicle*, 4. Mai 1976.

70 »Former Felon's Plan for Social Reform Is Urged in New Norton Book.« Interview mit John Maher von der Delancey Street. In: *Publishers Weekly*, 1975, 298, 54–55.

71 Glasser, R.: *The Body is the Hero.* New York 1976.

72 In: McQuade, W. und Aikman, A.: *Keine Angst vor Streß.* München 1987.

73 Reich, W.: *The Concept of Space* (V. Carfagus, Übers.). New York 1958.

74 Marin, P.: »The New Narcissism.« In: *Harper's Magazine*, Dezember 1975, 45–50.

75 *Ebony*, August 1978.

76 Fluegelman, A., und Fembeck, S.: *New Games. Die neuen Spiele.* Mülheim 1991.

77 Vgl.: Gallway, A.: *The Inner Game of Tennis.* New York 1974.
Leonard, G.: *The Ultimate Athlete.* New York 1976.
Murphy, M., und White, E.: *The Psychic Side of Sports*, Reading, PA: Addison-Wesley, 1978.
Spino, M.: *Beyond Yogging.* Berkeley 1976.

78 *Handball*, September 1975, Brief an den Editor.

79 Schutz, W.: »Antioch University Center For Holistic Studies.« In: *AHP Newsletter* (für die Association for Humanistic Psychology), November 1978.

80 Bryk, F.: *Circumcision in Man and Woman: Its History, Psychology and Ethnology* (D. Bergen, Übers.). New York 1974. (Erstveröffentlichung 1934.)

81 Liedloff, J.: *The Continuum Concept.* London 1974.

Register